石油和化工行业"十四五"规划教材

高等职业教育教材

劳动教育理论与实践指导手册

马洪玲　张雅萍　主编

王卫平　主审

理论篇

化学工业出版社

·北京·

内容简介

本书全面贯彻党的教育方针，落实立德树人根本任务，有机融入党的二十大精神，以新时代高技能人才培养为主线，以提高学生的劳动意识和劳动素养为目标，从劳动、劳模、工匠"三大精神"与社会劳动、专业实践相融合的角度，科学地构建了理论篇和实践篇共17个模块的内容。理论篇包括树立正确的劳动观、劳动精神、劳模精神、工匠精神和"1+X"证书；实践篇包括日常生活劳动实践、专业生产劳动实践、社会服务劳动实践和传承创新劳动实践四大情境。

本书内容的选取以实用为原则，力求理论准确、案例丰富鲜活，旨在帮助学生把握劳动教育的基本内涵，使学生理解和形成马克思主义劳动观，培养劳模精神、劳动精神和工匠精神，培育遵纪守法、诚实守信等优良品质，做有职业理想、有本领、勇于担当的新时代劳动者。

本书既可作为高等职业院校劳动教育课程的教材，也可作为企业职工劳动教育培训的教材。

图书在版编目（CIP）数据

劳动教育理论与实践指导手册 / 马洪玲，张雅萍主
编. -- 北京 ： 化学工业出版社，2025. 5. -- ISBN 978-
7-122-46320-3

Ⅰ. G40-015

中国国家版本馆CIP数据核字第2024KF4386号

责任编辑：提　岩　熊明燕　　　　装帧设计：关　飞
责任校对：王鹏飞

出版发行：化学工业出版社
　　　　　（北京市东城区青年湖南街13号　邮政编码100011）
印　　装：三河市君旺印务有限公司
787mm×1092mm　1/16　印张14¼　字数309千字　2025年6月北京第1版第1次印刷

购书咨询：010-64518888　　　　　　售后服务：010-64518899
网　　址：http://www.cip.com.cn
凡购买本书，如有缺损质量问题，本社销售中心负责调换。

前　言

立足现代教育的内涵要求和时代使命，为构建德智体美劳全面培养的教育体系，深入贯彻落实习近平总书记关于劳动的论述，新时代劳动教育必须接受新课题、新要求和新挑战。党的二十大报告提出，要深入实施人才强国战略，坚持尊重劳动、尊重知识、尊重人才、尊重创造，完善人才战略布局，加快建设世界重要人才中心和创新高地，着力形成人才国际竞争的比较优势。

本教材以《关于全面加强新时代大中小学劳动教育的意见》和《大中小学劳动教育指导纲要（试行）》为依据，按照劳动教育内容体系要求，结合职业院校学生的学习特点，注重引导学生对劳动产生情感认同、理性认知和实践自觉，力求体现时代性、科学性和实践性，突出劳动技能锻炼，融合劳动精神、劳模精神、工匠精神和创新精神，着力提升学生的劳动综合素养，为学生的全面发展和健康成长提供有益指导。

本教材具有系统性、实用性、时代性和创新性的特点，同时突出实践性，设计了一系列具有可操作性、多样性和创新性的劳动实践活动，让学生们在实践中学习、在劳动中成长。劳动实践活动涵盖日常生活、安全生产、志愿服务、非遗体验等多个领域，旨在让学生们在不同类型的劳动实践中全面发展能力和素质。

本教材内容编排科学，与时俱进，通过融入劳模事迹、大国工匠等典型案例，充分发挥榜样的力量，传递劳动精神、劳模精神和工匠精神，培养学生树立正确的劳动价值观。本教材图文结合，分册式装订，配套提供教学课件等，方便师生学习使用。

本教材明确提出劳动教育的多维目标，包括培养学生的实践能力、创新能力、团队合作精神和劳动意识等。通过参与各种劳动实践活动，学生们可以学习实践操作技能、提高动手能力、体验非遗文化、培养创新思维和合作精神，提高综合素养，提升未来就业竞争力。

本教材编写团队由多位具有丰富劳动教育经验和专业知识的专家学者组成，熟悉劳动教育的理论和实践，能够准确把握劳动教育的目标和要求，保证了教材的高质量。本教材由内蒙古化工职业学院马洪玲、张雅萍担任主编，内蒙古化工职业学院张远、刘佳莹和内蒙古师范大学索昱担任副主编，内蒙古化工职业学院王卫平担任主审。内蒙古化工职业学院袁芳、王靖、肖丽文、杨志杰，内蒙古机电职业技术学院刘志文，乌拉特刺绣传承人娜仁高娃，呼和浩特市第二十七中学张淑芳，呼和浩特市赛罕区西把栅乡中心校武建勇，内蒙古敦布仁钦香业科技有限公司刘威（蒙药香古法制作技艺第四代传承人），内蒙古天一茶书院曹素娟，马家"精点心"制作技艺第四代传承人马利，呼和浩特市贝尔路小学付蕾等参与了教材编写。第四代手工布艺盘扣传承人孙亚杰也为教材的编写工作做出积极贡献，在此深表感谢！

由于编者水平有限，教材尚有不足之处，敬请各位读者批评指正，以期本教材能为劳动教育事业的发展和推进略尽绵薄之力。

编者

2025年1月

目 录

理 论 篇

模块一　树立正确的劳动观 / 002

【故事导入】/ 002

单元一　认识劳动 / 003
一、劳动的概念 / 003
二、劳动的本质 / 003
三、劳动是公民的权利和义务 / 004

单元二　劳动与人类发展 / 004
一、劳动与农业 / 005
二、劳动与制造业 / 006
三、劳动与工业 / 007

单元三　马克思主义劳动观 / 009
一、劳动创造了人本身 / 009
二、劳动创造了人类生活 / 010
三、劳动是一切价值的创造者 / 010
四、新时代马克思劳动观的内涵与价值 / 010

单元四　新时代劳动教育的要求 / 012
一、新时代劳动教育的主要内容 / 012
二、新时代劳动教育的重要性 / 013
【拓展阅读】/ 013
【思考总结】/ 015

模块二　劳动精神 / 016

【故事导入】/ 016

单元一　劳动精神的含义与特征 / 017
一、《说文解字》中的劳动精神 / 017
二、劳动精神的时代内涵 / 018
三、劳动精神的特征 / 023

单元二　劳动精神的价值与养成 / 023
一、劳动精神的价值 / 023
二、劳动精神的养成 / 025
【拓展阅读】/ 026
【思考总结】/ 027

模块三　劳模精神 / 028

【故事导入】/ 028

单元一　劳模精神的理论基础 / 029
一、劳动模范的生成逻辑 / 029
二、劳动模范的社会作用 / 030

单元二　劳模精神的文化历史 / 032
一、中华优秀传统文化 / 032
二、革命文化和社会主义先进文化 / 032
三、劳模评选制度文化 / 032

四、劳模文化的内在属性 / 033

五、新时代劳模文化的本质 / 033

单元三　劳模精神的传承创新 / 034

一、劳模精神的意义 / 034

二、劳模精神的传承 / 035

单元四　总书记这样谈劳模精神 / 036

【拓展阅读】/ 037

【思考总结】/ 043

模块四　工匠精神 / 044

【故事导入】/ 044

单元一　工匠 / 045

【拓展阅读】/ 047

单元二　工匠精神的内涵 / 048

【拓展阅读】/ 049

单元三　工匠精神的本质 / 050

单元四　听总书记讲工匠精神 / 052

【拓展阅读】/ 053

【思考总结】/ 056

模块五　"1+X"证书 / 057

【案例导入】/ 057

单元一　"1+X"证书制度 / 058

一、什么是"1+X"证书制度 / 058

二、"1+X"证书制度的背景 / 058

三、"1+X"证书制度的意义 / 060

单元二　"1+X"证书制度实施 / 061

一、"1+X"证书制度实施的原则 / 061

二、"1+X"证书制度实施的内容 / 061

三、"1+X"证书制度实施的作用 / 064

单元三　"1+X"证书制度实施试点 / 066

一、"1+X"证书制度角色和功能定位 / 067

二、"1+X"证书制度试点策略 / 069

【拓展阅读】/ 070

【思考总结】/ 070

理论篇

模块一
树立正确的劳动观

新时代的伟大成就是党和人民一道拼出来、干出来、奋斗出来的！

——习近平

 【故事导入】

毛泽东的"责任田"

抗日战争时期，国民党顽固派在陕甘宁边区周围修筑了五道封锁线，隔断了边区和外界的交通，给边区的经济造成了很大的影响。为了粉碎国民党顽固派的经济封锁，党中央发出了"自力更生"的号召，于是一场轰轰烈烈的大生产运动在陕甘宁边区开展起来了。

这天，警卫班的战士们正在杨家岭毛泽东住的窑洞附近召开生产动员会。毛泽东双手叉着腰，环顾着两旁的山坡，充满信心地说："杨家岭上的土地足够我们种植瓜果蔬菜了。我们还可以养猪，解决自己的吃肉问题。假如再能搞一个合作社，那我们大家的日常生活用品也不用发愁了。"说到这儿，毛泽东爽朗地笑了。

到了开工那天，天刚蒙蒙亮，战士们就扛着镢头下地了。战士们经过毛泽东住的窑洞门口，看到里面灯光仍然亮着，大家都知道主席又熬夜了，所以谁也不忍心去叫他。大家蹑手蹑脚地从门口走过，生怕打搅了主席，不料还是被毛泽东听到了。没一会儿工夫，只见毛泽东扛着镢头找来了，他边走边说道："不是说好了给我一块地吗？我的一份在哪儿呢？""主席，您考虑革命大事，非常劳累，这开荒种地的小事就不用参加了。您的活儿，我们加把劲就都完成了。"战士们异口同声地说。"不行！不行！开荒种地是党的号召，我也不应该例外。"在毛泽东的一再坚持下，大家只好在临河不远处给他划出了一亩地。

毛泽东分到责任田后，对这一"争"来的土地十分珍惜，只要一空下来，他就去挖地。战士们发现后，一齐赶来帮忙，毛泽东总是坚持自己完成。他说："你们有你们的生产计划，我有我的生产任务，这块地，你们挖了叫我挖什么呢？别看我的年纪比你们大，我还敢与你们比一比，看谁的田种得好！"此后，毛泽东硬是忙里偷闲，一镢头一镢头地把地挖好，又垒了一个小水坝，将河水引到地里。不久，地里便栽上了黄瓜、辣椒和西红柿。毛泽东又经常利用休息时间施肥、锄草，蔬菜越长越茂盛。一分汗水，一分收获。夏天到了，毛泽东田里的西红柿结得又红又大，辣椒又尖又长，黄瓜沉甸甸地低垂着头，个个顶花带刺的，真是诱人极了。人们每走过这里，都禁不住要停下脚步称赞一番。

毛泽东亲手开荒种田的消息很快传遍了延河两岸，军民大生产的劲头更足了。

单元一　认识劳动

人类对于"劳动"的研究由来已久。"春种一粒粟，秋收万颗子"是对农民劳动的理解，"富贵本无根，尽从勤里得"是对勤奋劳动的总结，"一粒红稻饭，几滴牛颔血"是告诫人们要懂得尊重劳动人民，并珍惜来之不易的劳动果实。

一、劳动的概念

劳动，是人类社会生存和发展的基础，主要是指生产物质资料的过程，通常是指能够对外输出劳动量或劳动价值的人类运动，劳动是人维持自我生存和自我发展的唯一手段。按照传统的劳动分类理论，劳动可分为脑力劳动和体力劳动两大类。其实质是通过人的有意识的，有一定目的的自身活动来调整和控制自然界，使之发生物质变换，即改变自然物的形态或性质，为人类的生活和自己的需要服务。劳动是促进成长的重要途径，是社会发展的重要条件。

二、劳动的本质

劳动是人类适应自然的活动和改造的独特方式。恩格斯指出，劳动是整个人类生活的第一个基本条件，劳动创造了人本身。恩格斯认为，手的使用和语言、思维的产生，都是在生产劳动过程中形成和发展的。正是由于劳动，人才得以从动物界中分化出来，所以说劳动创造了人本身。

人类在劳动过程中，一方面通过行为方式的变换与思维方式的变换来形成信息，通过价值判断与价值评价来选择信息，并通过经验和能力等方式来贮存和传播信息；另一方面通过建立、发展和完善各种形式的扩展耗散结构（生活资料、生产资料、社会关系、自然环境和社会环境等）来形成信息，通过价值判断与价值评价来选择信息，并通过科学与技术等方式来贮存和传播信息。此外，劳动促进了手与脚的分工，使人学会了制造和使用工具；劳动促进了语言的产生，加速了信息的生产和传播；劳动促进了人体的进化，加速了信息的积累与处理。

三、劳动是公民的权利和义务

权利和义务是密切联系的，任何权利的实现总是以义务的履行为条件。没有权利就无所谓义务，没有义务就没有权利。劳动义务是指劳动者必须履行的责任。《中华人民共和国劳动法》第三条第二款规定：劳动者应当完成劳动任务，提高职业技能，执行劳动安全卫生规程，遵守劳动纪律和职业道德。劳动者的这些义务是法律所规定的，是受法律制约的。

劳动者有劳动就业的权利，而劳动者一旦与用人单位发生劳动关系，就必须履行其应尽的义务，其中最主要的义务就是完成劳动生产任务。这是劳动关系范围内的法定的义务，同时也是强制性义务。劳动者不能完成劳动义务，就意味着劳动者违反劳动合同的约定，用人单位可以解除劳动合同。履行劳动义务，也是劳动者完成劳动任务的保证。劳动者努力提高职业技能，提高技术业务知识和实际操作技能，成为适应社会主义建设的熟练劳动者，有利于提高劳动生产率，加快社会主义建设的速度。

劳动义务体现为劳动者对国家以及企业内部关于劳动安全卫生规程的规定，必须严格执行，以保障安全生产，从而保证劳动任务的完成。遵守劳动纪律和职业道德，是作为劳动者的基本条件。宪法规定遵守劳动纪律是公民的基本义务，其意义是重大的。

劳动纪律是劳动者在共同劳动中所必须遵守的劳动规则和秩序。它要求每个劳动者按照规定的时间、质量、程序和方法完成自己应承担的工作。劳动者应当履行规定的义务，不断增强国家主人翁责任感，兢兢业业、勤勤恳恳地劳动，保质保量地完成规定的生产任务，自觉地遵守劳动纪律，维护工作制度和生产秩序。

职业道德是从业人员在职业活动中应当遵循的道德。它在职业生活中形成和发展，调节职业活动中的特殊道德关系和利益矛盾。它是一般社会道德在职业活动中的体现，其基本要求是忠于职守，并对社会负责。

遵守劳动纪律和职业道德，是保证生产正常进行和提高劳动生产率的需要。现代社会化的大生产，客观上要求每个劳动者严格遵守劳动纪律，以保证集体劳动的协调一致，从而提高劳动生产率，保证产品质量。劳动者在维护企业和自身利益的同时，还要就自己提供的产品和服务向社会负责，这是现代社会法律要求劳动者必须履行的义务。

劳动义务的内容包含诚信义务、守法义务。诚信义务指在签订劳动合同时，劳动者有义务就其与劳动合同直接相关的基本情况，向用人单位如实说明。守法义务指劳动合同法是规范劳动合同双方当事人行为的法律，劳动者作为劳动合同的一方，理所当然的也应遵守法律的规定和双方的约定。劳动者有违法行为或者违约行为的，应该依法承担法律责任。

单元二　劳动与人类发展

高尔基说："我们世界上最美好的东西，都是由劳动、由人的聪明的手创造出来的。"

在人类社会演进的过程中，劳动作为推动社会进步的根本力量，使人类社会从原始社会走向农业社会、工业社会、信息社会和智能社会，不同阶段的不同劳动创造具有各自的特点。在原始社会，人们依靠狩猎、采集和捕捞等方式获得食物，并在生存的过程中逐步发展了一些简单的手工艺品制作技术。在农业社会，农民通过耕种、牧养、渔捞等方式获得食物，并发展出了一些农业工具和农业生产技术。在工业社会，机器替代了手工劳动，大规模的工业化生产成为主流，人们创造了汽车、电视、电话等众多的科技产品。在信息社会，劳动的重点转向了知识经济和服务行业领域，人们创造了计算机、互联网等现代通信技术，发展了电子商务、金融、医疗和教育等新兴产业。在智能社会，人工智能、机器人等高科技领域成为劳动的新方向，人们创造了自动驾驶汽车、无人机、智能家居等新型智能设备。

在不同的历史时期，人类通过不断的劳动创造，推动着社会的进步和发展。下面介绍农业社会中的劳动创造。农业社会的经济以农业为主。当时的手工业，如手工纺织、制陶、打铁、铸铜等体现了工业社会的雏形。独特的农业发展基础上的中华优秀传统文化的高度发达，成为中华文明同世界其他文明相区别的重要标志。比如，打铁铸铜、兴修水利和陶瓷制作等技术，就是中国农耕文明的杰出代表，也是古代劳动人民的智慧结晶。

一、劳动与农业

水利是农业发展的命脉，水利兴则天下定，天下定则人心稳，人心稳则国运昌。兴修水利，不仅是中国古代农业社会的重要传统，也是重要的支持体系。几千年来，勤劳勇敢的中国劳动人民，坚持不懈地同江河湖海进行艰苦的斗争，修建了无数水利工程，涉及生活用水、农田灌溉、防洪排涝、漕运航运等诸多领域，体现了科学高超的设计水平，有力促进了农业发展，泽被后世，影响深远。

京杭大运河是中国劳动人民建造的伟大工程。它是世界上开凿最早、规模最大的人工运河，始建于春秋，完成于隋朝，经过历代修建，形成了完备的运输体系。它由人工河道和部分河流、湖泊共同组成，全程可分为七段：通惠河、北运河、南运河、鲁运河、中运河、里运河、江南运河。京杭大运河是解决中国南北资源不平衡的重要工程。它以世所罕见的时间与空间尺度，展现了农业文明时期人工运河发展的悠久历史，代表了水利水运工程的杰出成就。它实现了中国在广大国土范围内南北资源和物产的大跨度调配，促进了不同地域间的经济文化交流，在稳定政局、繁荣经济、交流文化、发展科学等方面发挥了不可替代的作用。此外，京杭大运河作为漕运重要通道，是南北交通的大动脉，曾有"半天下之财赋，悉由此路而进"的巨大作用。在航运、灌溉、防洪排涝、居民用水、水产养殖、旅游资源等诸多方面为人们带来了巨大便利，创造了无尽的财富。

都江堰位于四川都江堰市西北，距成都市56千米，古属都安县境，称"都安堰"，宋元以后称"都江堰"。它是秦国蜀郡太守李冰于秦昭王末年修建的一座大型水利工程，是我国现存的最古老而且依旧在灌溉田地、造福百姓的伟大水利工程。它是我国科技史上的一座丰碑，是世界上迄今为止年代最久、以无坝引水为特征的宏大水利工程，被誉为"世界水利文化的鼻祖"。其主体工程包括宝瓶口、鱼嘴和飞沙堰。都江堰是中国古代劳动人民勤劳、勇敢、智慧的结晶。2000多年来，它发挥着巨大的作用，滋养着巴蜀大地，为当地民众造福，使成都平原成为沃野千里的天府之国。这项伟大的工程充分体现着人民的勤劳智慧，也浸透着中华民族不断拼搏创新的血脉。

二、劳动与制造业

历史长河中，中华民族勤于劳动，勇于奋斗，创造出灿烂的文明，历经沧桑而生生不息。中国是世界上最古老的文明中心之一，中国古代对世界最重要的贡献之一就是发明了瓷器。中国陶瓷具有长达万年连续不断的历史，它的发展过程蕴藏着十分丰富的科学技术和艺术内涵。从陶瓷诞生的那天起，它就是技术和艺术相结合的产物。各异的造型、多变的釉色和装饰、缤纷的彩绘和不断改进的工艺，这些人类利用水火的作用而将泥土转变成的陶瓷器上，充分表现了先民们将技术和艺术相结合的劳动创造力。

其实，通常所说的陶瓷是陶器和瓷器的统称，陶和瓷是两种不同的物品，它们所使用的原料、烧制的方法是完全不同的。中国传统陶瓷的发展经历了一个相当漫长的历程。

陶器是黏土或陶土经捏制成形后烧制而成的器具，在古代是一种生活用品，现今一般作为工艺品收藏。中国陶器历史源远流长。简单粗糙的陶器在新石器时代就已经出现，其古朴中透着大气，庄重中不失美观，是中华民族历史中永不褪色的文化瑰宝。

从地域文化来看，比较有代表性的是裴李岗文化、仰韶文化、马家窑文化、大汶口文化等。

裴李岗文化是黄河中游地区新石器时代早期文化的代表，代表器形主要有罐、盘、豆、三足钵、三足壶等，以泥质红陶数量最多，少数有纹饰，显得纯粹质朴。仰韶文化是黄河中游地区的新石器时代彩陶文化，代表器形主要有盆、罐、钵和小口尖底瓶等，以细泥红陶和夹砂红陶为主，造型优美，纹饰以黑彩为主，兼有红色。马家窑文化是仰韶文化在江苏、青海地区的进一步发展，其彩陶特别发达，器形主要有钵、瓮、盆、双耳罐等，器物上的纹饰粗细匀净，图案流利生动，富有动感。大汶口文化因山东省泰安市大汶口遗址而得名，其陶器色彩丰富，以白陶、蛋壳陶闻名，典型器形为钵、豆、背壶、高柄杯、瓶和大口尊等。

根据外观呈现的不同，陶器还可分为红陶、黑陶、灰陶、白陶、彩陶、印纹陶和釉陶等。

红陶、黑陶和灰陶之所以颜色不同，是因为烧制过程中陶坯与氧气的接触程度不同。红陶烧制时陶坯与氧气充分接触，黑陶烧制时将窑密封，避免陶坯与氧气接触，而灰陶烧制时则有意减少入窑的空气，使氧气供应不足。红陶最为常见，其器表呈红色，显得质朴大气。黑陶温雅细腻，其中的细泥薄壁黑陶有"黑如漆、声如磬、薄如纸、亮如镜、硬如瓷"的美誉。灰陶则较为别致。白陶的原料并非陶土，而是高岭土，烧成后质地洁白细腻，是一种极珍贵的工艺品。彩陶是指在打磨光滑的橙红色陶坯上，用赭石和氧化锰作呈色元素，描绘图案后入窑烧制，烧制后呈现出赭红、黑、白多种颜色的陶器，仰韶文化时期是彩陶最繁荣的时期。印纹陶是新石器时代晚期至汉代的横印纹饰陶器，它是在做好的陶坯未干时，用印模将所需花纹按压在特定部位进行烧制。釉陶是指表面有釉的陶器，出现于汉代，最初为单色，后来发展为三色。唐三彩的出现，代表了釉陶发展的顶峰。

我国是世界上最早发明瓷器的国家，在瓷器技术和艺术上的成就很早就传播到了世界各国，并享有瓷器之国的盛誉。

原始瓷器自商周时期出现，发展至东汉时期，形成了真正的瓷器。隋唐五代是我国古代瓷业全面发展的时期，该时期的瓷器精品以隋代的白瓷罐和白瓷龙柄鸡首壶为代表，其造型独特，制作精致，温润洁白，显示出隋代白瓷生产的极高水平。

宋代是我国古代瓷器的全面鼎盛时期，当时的瓷器制作有了明确的分工。所谓五大名窑——定窑、汝窑、官窑、哥窑、钧窑就是典型代表，它们都有其各自独特的风格。比如宋代官窑的瓷器，施釉较厚，釉质精细，釉面光滑，呈乳浊状，有玉质感，釉色以天青色或淡雅的青绿色为上品，有粉青、翠青和月白等多种。钧窑以烧制铜红釉为主，蚯蚓走泥纹是其特征之一。古人曾用"夕阳苍翠忽成岚"等诗句来形容钧窑釉色灵活、变化微妙之美。

清代匠人的制瓷技术达到了历史的又一巅峰。清代彩瓷在明代的基础上分化出更多的颜色，涌现出了一些青花瓷精品及珐琅彩瓷、粉彩瓷等新品种，从而丰富了清代的瓷器装饰及品种。

中国陶瓷自唐代以来即远销世界各国，其卓越的制瓷技术和辉煌的艺术成就对许多国家的陶瓷生产均产生过深远的影响，有力地推动了世界陶瓷文化的发展，这也说明中国无愧于瓷国之盛誉。

三、劳动与工业

劳动创造世界，劳动改变世界。随着工业生产方式的不断发展和技术进步，人类社会经历了从手工劳动到机械化生产再到自动化生产的演变过程。在这个过程中，劳动创造方式也在不断地变化和升级。尤其是在工业社会中，工厂化、集中化、机械化等特点使得劳动分工和专业化越来越突出，对劳动创造方式提出了更高的要求。

18世纪末至19世纪初的第一次工业革命，使用以蒸汽机为代表的机械力，使人类进一步丰富了解放自身的方式，同时在交往方式、劳动方式、产业结构等方面产生了巨大影响。

在这个时期，劳动创造方式取得了许多显著成就：机械化生产使得生产效率大幅提高，从而为人类社会带来了巨大的财富和物质生活条件的改善；工业化的发展也推动了城市化进程，为人们提供了更多的就业机会，并带动了城市经济的发展。

1765年，格拉斯哥大学的仪器修理工瓦特对矿山用的蒸汽抽水机进行改进，研制成单向蒸汽机，1782年试制双向蒸汽机成功。蒸汽机是工业革命时期最重要的技术突破，它的发明是人类几千年知识和劳动实践经验积累的裂变，它的使用结束了人类几千年来对畜力、风力和水力等低效能源的依赖。而且，不久之后人类开始开发深藏在地层中的化石矿物燃料——石油和天然气，将煤炭等化石能源转化成机械能，为各行各业提供更强大的动力，从而大幅提升了社会生产效率。因而，蒸汽机的发明及广泛使用成为第一次工业革命的标志。毫无疑问，这是一项极其伟大的劳动创造，造福了全人类。

自1785年起，蒸汽机开始应用于棉纺织工厂，瓦特蒸汽机带来的新动力让纺织品生产效率出现大飞跃。"1785—1850年，英国棉织品产量从4000万码增至20亿码，提高了大约50倍；1800年，棉织品出口额占据全英国出口总值的25%；1828年，棉织品出口额达1900磅，占英国出口总值的50%"❶，增长速度惊人，当然带来的利润更加可观。自此以后，英国凭借技术革新带来的高效率垄断了棉织品的世界市场。

至1830年，英国整个棉纺织工业已基本完成了从工厂手工业到以蒸汽机为动力的机械化大生产的转变。瓦特的创造性工作使蒸汽机迅速地发展，也使原来只能抽水的机械，成为可以普遍为各行业提供动力的蒸汽机，在其后的20多年内（从1766年到1789年），冶炼、纺织、机器制造等行业，因蒸汽机的广泛应用，生产效率得到明显提升。

瓦特的蒸汽机比较笨重，不易搬运。不久之后，英国工程师特里维西克和美国的奥利弗·埃文斯分别研制出较小较轻的高压蒸汽机，使蒸汽机成为普遍适用的高效率动力机。紧接着各种新式机器进入各工业部门，冶铁业、煤炭业和交通运输业也先后发生技术革命。

蒸汽机的推广和大规模使用，同时也引起了交通工具的变革。从1770年起，法国和美国的一些发明者就开始不断试验以蒸汽机作为船的动力，世界第一艘成功的商用轮船是由美国人罗伯特·富尔顿发明的，后被世人誉为"轮船之父"。

不仅海上交通工具发生变革，陆路交通工具也随之变化。在蒸汽机出现之前，欧洲就已经有"铁路"，用马拉着车在铁路上奔跑。瓦特的发明成功后，人们就开始研究用蒸汽机作为牵引动力。以机械动力为牵引的铁路的诞生，真正引发了一场世界性的交通运输革命，并且改变了整个世界的产业链。铁路是近代工业文明的产物，铁路的修筑又反过来促进了工业文明的发展。1840年，世界铁路营运里程只有0.8万千米，到1870年即达到21万千米，1913年又达到110万千米，欧美各主要工业发达国家先后建成各自的铁路网。1869年，由数万华人参加修建的横贯美国东西的铁路建成，它不仅推进了西部大开发和统一的进程，而且对于美国建立起现代资本主义制度，发挥了不可替代的作用。

工业革命既改变了生产技术和劳动工具，也改变了产业结构。经过工业革命，纺织、冶金、煤炭、机器制造和交通运输成为英国工业的五大基本部门。到1830年，工业收入已经超过农业收入。到1850年，英国城市人口超过农村人口。英国是世界上第一个完成

---

❶ 夏东：《棉纺织业成为英国工业革命起点原因探究》，《合作经济与科技》2013年第2期。

工业化的国家，工业革命让英国从一个传统的农业经济国家一跃成为处于垄断地位的"世界工厂"，继而成为称霸世界的"日不落帝国"。工业革命自开始至完成，大致经历了一百年的时间，影响范围扩展到西欧、东欧、北美和亚洲。继英国之后，法国、德国、美国、俄罗斯、日本等国都先后出现了工业革命的高潮，它标志着新的世界一体化高潮的到来。

1870年以后，科学技术的发展突飞猛进，各种新技术、新发明层出不穷，并被迅速应用于工业生产，大大促进了经济的发展，这就是第二次工业革命。

第二次工业革命以电力的发明和广泛应用为显著特点，其影响远比第一次工业革命更为广泛深远，在工业生产领域内部引起了巨大的变革，极大地推动了生产力的发展。发电机、电动机的发明和推广使用，使世界进入了电气时代；内燃机、汽车和飞机的发明，引发了新的交通运输革命；炼钢技术的提高，使世界进入了钢铁时代。这些构成了第二次工业革命的主要内容。第二次工业革命在很大程度上推动了人们生活方式和生产方式的变革，为人们未来几十年甚至几百年后创造出一个更加美好、更加先进、更加文明的社会打下了基础。

单元三　马克思主义劳动观

马克思主义劳动观是马克思主义理论的重要构成部分，是创立唯物史观和剩余价值学说的基础。从人类自身的起源和发展来看，劳动都具有决定性作用。构成人类赖以存在的现实世界的关键要素之一正是人的劳动，而且这种劳动并不是抽象层面的劳动，而是作为人类实践活动最基本形式的生产劳动，这是区分人与动物的关键。当人开始生产生活资料，即迈出由肉体组织所决定的这一步的时候，人本身就开始把自己和动物区别开来。马克思主义认为劳动是人的本质，人的本质是一切社会关系的总和。

一、劳动创造了人本身

人是劳动的产物，劳动创造了人类生存所必需的全部物质条件和精神条件。马克思说："任何一个民族，如果停止劳动，不用说一年，就是几个星期，也要灭亡。"劳动是人的生命存在和全部社会活动的前提，作为生命存在的人要解决吃、穿、住的生活问题，必须从事生产劳动，通过劳动改造自然，从大自然中获取生活资料。恩格斯在《劳动在从猿到人转变过程中的作用》一文中，详细描述了劳动在人类从猿进化为人的过程中的作用。会创造和使用劳动工具把人类社会与猿群世界区分开来。劳动使人学会直立行走，并且劳动还创造了语言。

二、劳动创造了人类生活

劳动是人类全部社会关系形成和发展的基础。人们在劳动过程中，一方面同自然界发生关系，另一方面在人们之间又结成了生产关系。马克思、恩格斯在《德意志意识形态》中明确地指出："全部人类历史的第一个前提无疑是有生命的个人的存在。"而这"有生命的个人"之所以能够存在，最主要的是因为他们能通过自己的劳动来创造和生产物质生活资料。因此，"第一个需要确认的事实就是这些个人的肉体组织以及由此产生的个人对其他自然的关系"。劳动的过程就是人通过自身的劳动作用于自然的过程，是人的本质力量与自然之间的一种物质交换过程，正是"通过实践创造对象世界，改造无机界，人证明自己是有意识的类存在物，就是说是这样一种存在物，它把类看作自己的本质，或者说把自身看作类存在物"。

三、劳动是一切价值的创造者

劳动是促使社会历史发展的根本推动力量。社会发展的最终决定力量不是精神、意志、神灵，而是人的劳动实践。马克思认为"劳动是一切价值的创造者。只有劳动才赋予已发现的自然产物以一种经济学意义上的价值"。恩格斯在《自然辩证法》中也同样有着明确的表述，"其实，劳动和自然界在一起才是一切财富的源泉，自然界为劳动提供材料，劳动把材料变为财富。但是劳动的作用还远不止于此。它是整个人类生活的第一个基本条件，而且达到了这样的程度，以致我们在某种意义上不得不说：劳动创造了人本身"。劳动是人类创造物质和精神财富的活动。

此外，劳动创造了社会关系。劳动不仅创造了人与自然的关系，还形成了人与人之间的关系（即劳动资料的占有和使用关系，劳动的分工和协作关系，劳动产品的交换、分配和消费关系等）以及人与主观意识之间的关系，而这些关系成为人类社会的基本关系。社会是人类劳动的产物，是劳动活动的展开形式，也必将随着劳动的发展而发展。

劳动是人类生存与发展的前提，是推动历史发展的主体与动力。人人参与劳动，劳动创造社会共同财富。同时，个人在劳动中获取生存条件并实现自我价值。

四、新时代马克思劳动观的内涵与价值

马克思劳动观是唯物史观的核心内容，是中国共产党人劳动思想的理论源泉。党的十八大以来，在继承和发展马克思劳动观的基础上，我们党逐步形成了新时代的马克思劳动观，即中国特色社会主义劳动思想体系。因而，厘清其内涵和价值，对维护劳动者主体地位、促进社会财富更加公平合理分配、发展和谐劳动关系具有重要意义。

马克思对劳动的解读，形成了马克思劳动观。可以从哲学和经济学两个层面对马克思劳动观进行解读。前者强调的是人的本质、人的自我实现，后者强调的是满足人的基本需求的物质活动。

新时代对马克思劳动观进行了创新和发展。党的十八大以来，习近平总书记结合新时代历史特点对马克思劳动观进行了创新性解读，形成了具有时代特色的劳动思想体系，为新时代营造崇尚劳动、尊重劳动的良好氛围提供了重要遵循。

丰富了劳动的内涵。劳动的作用要通过劳动者来实现，人民群众是历史的推动者。随着社会主义市场经济的不断推进，劳动与劳动者之间的关系发生了深刻变革，习近平总书记阐释了新时代劳动对劳动者的价值内涵，并指出"劳动是推动人类社会进步的根本力量"。劳动者不仅可以自由劳动，而且可以通过劳动追逐个人人生梦想、实现人生价值、创造更加美好的生活。中华人民共和国成立以来，尤其是改革开放以来，中国特色社会主义取得了举世瞩目的成就，这与全体中华儿女的辛勤劳动是分不开的，未来我们还将依靠脚踏实地的劳动实现伟大的中国梦。

拓宽了劳动美学的审视视角。"劳动最美丽"，不仅指劳动行为的美丽，而且要求劳动者在劳动的过程中塑造出美丽心灵、高尚道德和品格。"劳动最光荣、劳动最崇高、劳动最伟大、劳动最美丽。"我们党把中国特色社会主义现代化建设的需求与劳动相联系，制定了新时代评价劳动价值的社会标准，主张任何职业没有高低贵贱之分，不能差别、歧视地对待体力劳动和体力劳动者，并要求通过价值塑造、劳动实践、制度建设等几个方面，引导人们树立正确的劳动观，营造崇尚劳动、尊重劳动的浓厚氛围。

对劳动者的劳动态度提出了新要求。新时代劳动者的劳动态度必须与社会主义市场经济相适应，要"树立辛勤劳动、诚实劳动、创造性劳动的理念"。劳动者具备自主、敬业、奉献等精神，是辛勤劳动的基本标志。劳动者要克服不劳而获等错误价值理念，树立勤奋致富的劳动观；要诚实劳动，诚信、负责、实干，脚踏实地干事创业；要不甘平庸，与时俱进，打破常规思维，创造性地开展各项劳动，积极进取、勤学勤练，充分发挥自身优势，立足岗位实际，创造更加优异的成绩。

要求大力弘扬劳动精神。劳动精神在新时代的突出表现是劳模精神和工匠精神，这两种精神具有鲜明的中国特色，彰显了时代特点、民族风范，是全体劳动者必须汲取的精神营养，是全民族的思想引领。要树立劳模榜样，大力弘扬劳模精神，继承和弘扬劳模崇高的敬业奉献精神和责任担当意识；要注重重塑工匠精神，坚持以马克思劳动观为指导，以"大国工匠"的执着信念、精益求精的追求，实现由制造大国向制造强国的转变。

新时代我们党必须始终坚持马克思劳动观，深刻把握劳动对于促进人类进步、引领经济社会发展的重要作用，并结合我国具体国情，将新时代马克思劳动观贯彻落实到社会主义现代化建设实践全过程各方面。

公平合理地分配社会财富。劳动价值理论是社会主义市场经济实行按劳分配的理论基础。技术进步使科学技术在劳动中的重要性越来越大，使科学价值论逐步成为一种趋势。科技价值论中蕴含社会财富合理分配的思想，必须把理论与实践相结合，合理分配社会财富，不断提高我国的科学技术水平和劳动者综合素质，尤其要培育科技高端人才。

将创新劳动作为社会发展的重要动力。创新劳动决定着一个国家在国际经济交往中的话语权及其竞争优势。创新劳动的主体是劳动者，劳动者知识和才能的积累程度决定其创造能力的大小。要加大广大劳动者的教育与培养力度，既要注重培养劳动者的过硬专业技能，提高劳动质量与效率，又要提升劳动者的道德修养，为国家塑造培养出高素质的创新人才。

构建和谐的劳动关系。始终依靠工人阶级，坚持人民当家作主，以平等的态度对待每一位劳动者，不论何种职业类型，他们都应得到尊重与鼓励；坚持公平正义原则，构建合理的利益协调机制，通过制度建设与改革，提升劳动者的经济、政治、社会地位，实现好维护好发展好广大劳动者的根本利益，让他们拥有更加体面的工作；树立正确的利益观，依法处理劳动关系纠纷，构建起以人为本、互助共赢的和谐劳动关系。

单元四　新时代劳动教育的要求

回顾新时代劳动教育的提出背景，可以从党的十八大说起。党的十八大以来，我国进入新的发展阶段，消除绝对贫困，打赢脱贫攻坚战，全面建成小康社会，已经到了扎实推动共同富裕的历史阶段，需要继续依靠劳动、勤劳、奋斗来创新致富，创造共同富裕的美好未来。因此，在开启全面建设社会主义现代化国家、向着第二个百年奋斗目标进军的新征程中，推动劳动教育创新性发展势在必行。

同时，当今社会步入后工业化时代，信息化、数字化时代到来，劳动教育的内涵和形式发生了全新变化。劳动教育作为构建德智体美劳全面培养的教育体系的关键环节和综合体现，肩负着推动新时代教育事业发展的重要使命。劳动教育作为应对产业结构和劳动形态深刻变化的有效手段和实践路径，成为新时代弘扬劳动精神、树立正确劳动观的必然要求。

一、新时代劳动教育的主要内容

新时代的劳动教育主要包括以下内容。

引导学生树立正确的劳动观点，使他们懂得劳动的伟大意义。懂得辛勤的劳动是建设社会主义和共产主义的根本保证；懂得劳动是公民的神圣义务和权利；懂得轻视体力劳动和体力劳动者，是数千年来剥削阶级思想残余；懂得把脑力劳动同体力劳动相结合的重要意义。

培养学生热爱劳动和劳动人民的情感。养成劳动的习惯，形成以劳动为荣，以懒惰为耻的品质。抵制好逸恶劳、贪图享受、不劳而获、奢侈浪费等恶习的影响。

二、新时代劳动教育的重要性

新时代劳动教育的创新发展，体现在习近平新时代中国特色社会主义思想中关于劳动教育的相关重要论述之中。习近平总书记多次强调劳动和劳动教育的重要性。2015年，习近平总书记在庆祝"五一"国际劳动节大会的讲话中强调：一切劳动，无论是体力劳动还是脑力劳动，都值得尊重和鼓励；一切创造，无论是个人创造还是集体创造，也都值得尊重和鼓励。在2018年"五一"国际劳动节前夕，他在给中国劳动关系学院劳模本科班学员的回信中指出："社会主义是干出来的，新时代也是干出来的。"广大劳动者无论从事什么职业，都要勤于学习、善于实践，踏实劳动、勤勉劳动，在工作上兢兢业业、精益求精，努力在平凡岗位上干出不平凡的业绩。2018年9月10日，习近平总书记在全国教育大会上强调，要"培养德智体美劳全面发展的社会主义建设者和接班人"，把"劳育"纳入人的全面发展教育，意味着把劳动教育纳入德智体美劳全面培养的教育体系。2020年3月，《中共中央、国务院关于全面加强新时代大中小学劳动教育的意见》（以下简称《意见》）出台，这是中华人民共和国成立以来国家最高层面首次对大中小学劳动教育进行顶层设计和系统部署，充分体现了党和政府对大中小学劳动教育的高度重视，是构建德智体美劳全面发展教育体系的重大举措。

新时代劳动教育目标肩负着培养时代新人的重要历史使命。依靠劳动为人类谋福利是马克思主义劳动观的重要思想。习近平总书记强调，要"培养担当民族复兴大任的时代新人"。在实现中华民族伟大复兴的新征程上，每个大中小学生都是书写者、创造者、实践者。要鼓励学生通过辛勤劳动、诚实劳动、创造性劳动以及职业体验和各种实习实训，在实践中学习，在担当中历练，在尽责中成长，强化使命担当，增强社会责任感和历史使命感。《意见》指出，要"把准劳动教育价值取向，引导学生树立正确的劳动观，崇尚劳动、尊重劳动，增强对劳动人民的感情，报效国家，奉献社会"；"树立正确择业观，具有到艰苦地区和行业工作的奋斗精神，懂得空谈误国、实干兴邦的深刻道理"，做新时代的奋进者、开拓者和奉献者。

 【拓展阅读】

总书记这样礼赞劳动创造

"人类是劳动创造的，社会是劳动创造的"；

"人民创造历史，劳动开创未来"；

"人世间的一切幸福都需要靠辛勤的劳动来创造"；

"劳动模范是民族的精英、人民的楷模，是共和国的功臣"；

"劳动最光荣、劳动最崇高、劳动最伟大、劳动最美丽"；

"劳模精神、劳动精神、工匠精神是以爱国主义为核心的民族精神和以改革创新为核心的时代精神的生动体现，是鼓舞全党全国各族人民风雨无阻、勇敢前进的强大精神动力"；

党的十八大以来，习近平总书记深情礼赞劳动创造，讴歌劳模精神、劳动精神、工匠精神，引领推动全社会弘扬劳动光荣、技能宝贵、创造伟大的时代风尚，凝聚起亿万劳动群众团结奋进的强大力量，创造了新时代中国特色社会主义的伟大成就，推动我国迈上全面建设社会主义现代化国家新征程。

汗水浇灌收获，实干笃定前行。迈步新征程，焕发出更为强烈的历史自觉和主动精神的中国人民，正紧紧依靠劳动创造扎实推进中国式现代化，努力用自己的双手创造更加美好的未来。

2013年4月28日，中华全国总工会机关一间普通的会议室里，习近平总书记同来自全国各地不同行业、不同历史时期的65名劳模代表欢聚谈心，共庆"五一"，真挚的话语，从小小会议室传遍神州大地。

听了新中国第一位女拖拉机手梁军老人的发言，习近平总书记说："你的事迹，我们这个年龄的人都知道。中国第一位女拖拉机手，你是很了不起。"

"了不起"，质朴的三个字，透出习近平总书记对劳动模范的尊崇之情。

开劳模会、戴大红花，是新中国几代人对"劳动光荣"的美好记忆。

"劳动模范和先进工作者是坚持中国道路、弘扬中国精神、凝聚中国力量的楷模，他们以高度的主人翁责任感、卓越的劳动创造、忘我的拼搏奉献，为全国各族人民树立了学习的榜样。"2015年4月28日，在庆祝"五一"国际劳动节暨表彰全国劳动模范和先进工作者大会上，习近平总书记的一席话，成为新时代对劳动者的崇高礼赞。

在我们党团结带领人民进行革命、建设、改革各个历史时期，劳动模范始终是一个闪光的群体：从社会主义建设时期的"铁人"王进喜、"两弹元勋"邓稼先，到改革开放历史新时期的"知识工人"邓建军、"白衣圣人"吴登云，再到新时代的在悬崖绝壁上开凿出"生命渠"的黄大发、"深海钳工"管延安……一代又一代劳动模范以创造、创新、创业的激情，谱写着"换了人间"的动人篇章。共和国的史册上，镌刻着他们的荣光。

步入新时代，从港珠澳大桥、白鹤滩水电站、"华龙一号"核电机组等重大工程，到"嫦娥"探月、"蛟龙"深潜、"北斗"组网等科技奇迹，再到污染防治、精准脱贫等攻坚战役，经济社会发展的各条战线，都留下了劳动模范奋进的足迹和辛勤的汗水。

"桥吊作业，好比空中'穿针引线'！"浙江宁波舟山港，40多米高空，全国劳动模范竺士杰带领班组，又快又准完成集装箱装卸。

2020年3月29日，习近平总书记到这里考察。"总书记叮嘱我要发挥好劳模作用，带出更多的劳模。"这份嘱托，让竺士杰浑身是劲儿。

3年过去，"竺士杰桥吊操作法"升级为4.0版本，"竺士杰创新工作室"培训3000多名桥吊司机，团队中走出一批以省劳模领衔的高技能人才。

1微米有多细？一根头发丝的1/60！

而全国劳动模范、无锡微研股份有限公司高级技师陈亮的拿手绝活就是：把模具精度控制在1微米之内。"再仔细一点点，离1微米的精度就能更近一点点！"为了更好应对每一次挑战，陈亮为自己立下了这样一条工作准则。

新时代是奋斗者的时代，劳动模范是最美的奋斗者。

习近平总书记深刻阐释劳模精神："在长期实践中，我们培育形成了爱岗敬业、争创一流、艰苦奋斗、勇于创新、淡泊名利、甘于奉献的劳模精神。"

"爱岗敬业、争创一流"，体现的是劳动模范的本色和追求；"艰苦奋斗、勇于创新"，体现的是劳动模范的作风与品质；"淡泊名利、甘于奉献"，体现的是劳动模范的境界与修为。劳模精神继承并发展了中华优秀传统文化中的劳动观念，是马克思主义劳动观的生动体现。

伟大时代呼唤伟大精神，崇高事业需要榜样引领。劳模精神作为社会主义先进文化的重要组成部分，生动诠释了社会主义核心价值观，丰富了民族精神和时代精神的内涵，是我们极为宝贵的精神财富。

尊重劳动模范、弘扬劳模精神，总书记念兹在兹——

"大力弘扬劳模精神，充分发挥工人阶级主人翁作用，维护好职工群众合法权益，积极构建和谐劳动关系"；

"全社会都应该尊敬劳动模范、弘扬劳模精神，让诚实劳动、勤勉工作蔚然成风"；

"全国各族人民都要向劳模学习，以劳模为榜样，发挥只争朝夕的奋斗精神，共同投身实现中华民族伟大复兴的宏伟事业"；

…………

在习近平总书记的号召下，全国各地以崇高礼遇褒奖、致敬劳模先进。近5年来，全国总工会共表彰全国五一劳动奖状926个、五一劳动奖章4026名、工人先锋号4119个，带动各级工会选树宣传劳动模范，唱响新时代劳动者之歌。

这些隆重的表彰，是对劳动模范的热情褒奖，更是对劳模精神的大力弘扬，传递的是习近平总书记和党中央对劳动模范和先进工作者的深情关爱。

劳动创造幸福，实干成就伟业。新征程上，亿万劳动群众牢记总书记嘱托，大力弘扬劳模精神、劳动精神、工匠精神，进一步焕发劳动热情、释放创造潜能，必将凝聚起强国建设、民族复兴的磅礴力量。

 【思考总结】

1. 想一想，如何将马克思主义与中华优秀传统文化在新时代劳动精神上相契合？

2. 查阅资料，了解中华人民共和国不同发展时期的劳动教育开展情况。

模块二
劳动精神

我们要在全社会大力弘扬劳动精神，提倡通过诚实劳动来实现人生的梦想、改变自己的命运，反对一切不劳而获、投机取巧、贪图享乐的思想。

——习近平

【故事导入】

沙漠愚公——苏和

黑城位于巴丹吉林大沙漠北缘，距阿拉善盟额济纳旗达来呼布镇36公里，历史上，这一带被称为居延绿洲，但由于历史上的气候变化，战乱频繁和过度开垦，绿洲终被黄沙吞噬。面对家乡日益恶化的生态环境，有着强烈责任感的蒙古人苏和（图2-1）血液奔涌，默默立下了一个坚定的誓言，不能让黑城在我们这辈人的手上消失。2004年，苏和57岁，他主动向组织提出申请，提前从阿拉善盟政协主席岗位退下来，回到额济纳，凭着他坚毅、坚韧、坚守、奉献的品质，坚持十余载植树造林治沙，用他那草原胸怀、胡杨意志，带动影响了一大批人。

黑城地区环境恶劣，沙化严重，夏季气温常高达40摄氏度，沙地上轻易能烤熟一颗鸡蛋。刚进沙漠时，没有房子，没有干活的人手，缺少水源，苏和就自己动手盖房子、雇工人、修深井，因没有电无法储存蔬菜，干饼子配茶水就算一顿饭。后来，苏和从城里拉来一间简易活动板房，里面支了炉子，中午煮点面条，算是吃上了热乎饭。那段日子，苏和跟老伴互相鼓劲儿，然而，常常是头一天挖好的树坑，

图2-1 "沙漠愚公"苏和

第二天就被沙子埋上。那一年，苏和在黑城北面的沙漠里拉起了一片围栏，将沙漠里残存的3平方公里的天然梭梭林围住，他还投资3万元，盖起一排小平房，从此，他和老伴在沙漠里安了家。

一年中沙漠里的夏天最难挨，苏和跟老伴有8个月在沙漠里干活，热得要命。起初，苏和跟老伴不适应，没有电，晚上点蜡烛，饭主要是白水煮面条。夏季，苏和每天5点起床植树，到10点钟基本上不出屋了，下午4点以后，沙漠的高温稍稍退去，苏和再出去种树。后来，苏和摸索出一套行之有效的抗旱栽植技术，人工栽种了258587多株梭梭苗，胡杨2464株，面积达6307亩。前期种植的梭梭有两米多高，在黑城地区形成宽500多米长3公里的灌木林带。更具建设性的是越来越多的当地牧民在苏和的带领下加入了种梭梭树的队伍中，全民治沙造林在额济纳旗已成为一种自觉行动，家乡生态环境因此得到了全面改善。没有豪言壮语，只有埋头苦干，因为额济纳旗生态文明建设作出了重要贡献，他被群众亲切地称为"大漠胡杨、沙漠愚公"。

治沙之路不仅仅是辛苦，还有危险。2005年春天，苏和老人和老伴儿开车回黑城，车陷在沙漠里，手机又没有信号，老两口没有带够充足的水和食物，就在车里困了一天一夜，直到第二天下午才被过路的牧民发现。2018年9月，苏和老人正在林地边干活，旁边一辆带着割草机的拖拉机干完活之后忘记了熄火，还在转动中的割草机绞伤了苏和老人的腿。多次手术后，他因多年患有糖尿病，伤口久久不能愈合，最终腿没能保住，做了截肢手术，这是常人所无法承受的。可当他装上了假肢，能够站起来行走时，他又回到了黑城，回到了他心爱的梭梭林。10多年来，苏和老人用他那双粗糙宽厚、布满老茧的双手，捧出了一份率先垂范、治沙造林、改善生态的答卷，真可谓"余晖映白发，绿洲照丹心"！

日复一日，年复一年，在中华大地上，千千万万劳动者，耕耘着，创造着：在烈日炎炎的盛夏，辛苦的农民在田间耕作，正如耳熟能详的唐诗"锄禾日当午，汗滴禾下土"所描述的，农民的汗珠滴入田间泥土，一株株秧苗才能在收获的季节结出沉甸甸的粮食；在天寒地冻的隆冬或初春，送外卖的服务人员骑着电动车穿梭于大街小巷，最终送到消费者手上的饭菜仍是热气腾腾；春夏秋冬，四季轮回，老师们始终屹立于三尺讲台，陪着学生们成长成才；花开花落，岁月无声，实验室里的科技工作者们追随前辈的步伐，埋头苦干，推动时代向前，验证一个个奇思妙想。各行各业的劳动者们，心中有星光，脚下有力量，用汗水和心血浇灌着劳动的果实，实现着人生的价值。

单元一　劳动精神的含义与特征

一、《说文解字》中的劳动精神

首先，从字形字义演变上来看，"劳"有生火、煮米、做饭、做衣、心理活动等多层意思（图2-2）。"动"最主要的意思是变化，在事物的发展过程中有变化（图2-3）。

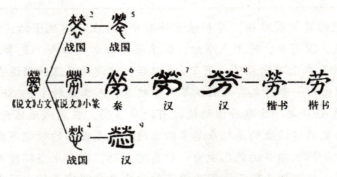

1、3《说文》292页。2、4《金文编》902页。
5《郭店》123页。6《睡甲》205页。7《马王堆》
562页。8《甲金篆》965页。9《甲金篆》966页。

图2-2 "劳"字的演变过程

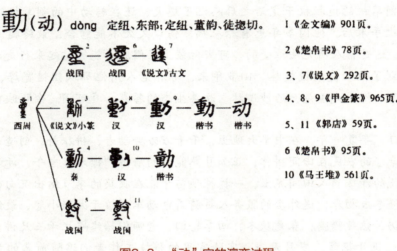

1《金文编》901页。

2《楚帛书》78页。

3、7《说文》292页。

4、8、9《甲金篆》965页。

5、11《郭店》59页。

6《楚帛书》95页。

10《马王堆》561页。

图2-3 "动"字的演变过程

　　"劳动"的语义内涵十分宽泛和复杂。《说文解字》中，"劳"意为"用力救火者疲惫辛苦"。从繁体"勞"字的结构上我们看出祖先造字的用意。"力"代表勤奋、力量，"宀"为房屋，寓意为生活，"炊"有温暖、光明、希望的意思。一个"勞"字就是一则人生智慧的总结，寓意深远，充满教化意义。它告诉我们，有了辛勤劳作，生活就会充满光明，充满希望。"动"在《说文解字》中解释为"作也。从力重声"，意为"起身做事"。繁体"動"字由"重"和"力"两部分组成。"重"意为重量大、程度高，"力"指力量。"动"字寓意"尽最大的力量去做事"。

二、劳动精神的时代内涵

　　2020年11月24日，习近平总书记在全国劳动模范和先进工作者表彰大会上指出，在长期社会实践中，我们培育形成了"崇尚劳动、热爱劳动、辛勤劳动、诚实劳动的劳动精神，是鼓舞全党全国各族人民风雨无阻、勇敢前进的强大精神动力"。

（一）崇尚劳动

"劳动"被马克思比喻为整个社会都在围绕旋转的"太阳"，并被视为创造价值的唯一源泉。人类的祖先凭借一双勤劳的双手，打磨冷石，生起热火，告别远古先民茹毛饮血的生活，迈向不断提高生存品质和劳作效率的新生活。中华民族凭借勤劳与自强，在中国共产党的领导下，自力更生、发愤图强、解放思想、锐意进取，取得了革命、建设、改革的伟大成就，全面建成了小康社会，共同创造着幸福生活。

先民们"烁金以为刃，凝土以为器，作车以行陆，作舟以行水"，用汗水与智慧开启了灿烂的中华文明。从"晨兴理荒秽，带月荷锄归"的耕作，到"女郎剪下鸳鸯锦，将向中流正晚霞"的纺织，再到"六月调神曲，正朝汲美泉"的酿造……古往今来，对劳动的赞歌绵延不绝。中华民族自古就是崇尚劳动的民族。

因为崇尚劳动，我们有着"咱们工人有力量"的豪迈，有着"天不怕地不怕，风雪雷电任随它"的勇气，有着"紧摇桨来掌稳舵，双手赢得丰收年"的底气，有着"人们在明媚的阳光下生活，生活在人们的劳动中变样"的自信。

"无论时代条件如何变化，我们始终都要崇尚劳动、尊重劳动者"，习近平总书记指出。当袁隆平在耄耋之年又一次走进稻田，察看水稻长势；当钟南山挤进火车餐车，毅然奔赴武汉抗疫前线；当张定宇拖着正在萎缩的双腿，坚定地在病房里奔走；当张桂梅伸出伤痛累累、贴满膏药的双手托起她的学生……有谁能不敬佩他们？因为崇尚劳动，我们敬仰每位劳动者。

正是因为劳动创造，我们拥有了历史的辉煌；也正是因为劳动创造，我们拥有了今天的成就。如今，踏上新征程的我们，仍然需要大力弘扬劳动精神，继续奋斗，勇往直前，为实现第二个百年奋斗目标而不懈努力。中华民族是勤于劳动、善于创造的民族。

劳动中所体现出的劳动者的坚守与热爱，更是一笔无价的精神财富。它让我们相信：一切美好的东西都能够创造出来，劳动创造财富。

（二）热爱劳动

在1978年冬天的安徽凤阳小岗村，当18位农民依次按下自己的手印，改革开放的奇迹随之展开。这些农民为何敢闯敢试、敢为人先？因为他们内心，有对劳动的满腔热忱；因为他们相信，辛勤的劳动一定能换来幸福的生活。在北京的中国国家博物馆中，珍藏着"18枚红手印"（图2-4），记录着小岗村这个重要的时刻。

劳动开创未来，奋斗成就梦想。劳动没有高低贵贱之分，不论身处哪个行业，只要付出足够的辛劳与智慧，干一行、爱一行、钻一行，就能够在平凡的岗位上取得不平凡的成绩。

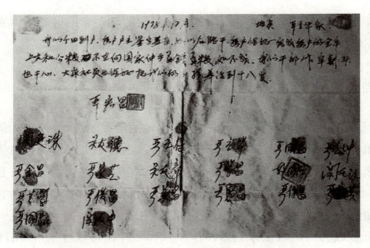

图2-4　中国国家博物馆里的"18枚红手印"

"在工厂车间，就要弘扬'工匠精神'，精心打磨每一个零部件，生产优质的产品。在田间地头，就要精心耕作，努力赢得丰收。在商场店铺，就要笑迎天下客，童叟无欺，提供优质的服务。""当老师，就要心无旁骛，甘守三尺讲台，'春蚕到死丝方尽，蜡炬成灰泪始干'。做研究，就要甘于寂寞，或是皓首穷经，或是扎根实验室，'板凳要坐十年冷，文章不写一句空'。搞创作，就要坚持以人民为中心的创作思想，深入实践、深入群众、深入生活，努力创作出人民群众喜爱的精品力作。"

北京百货大楼售货员张秉贵，以"为人民服务"的热忱，在普普通通的百货柜台，练就了一身绝活，卖货"一抓准"，算账"一口清"，成为新中国商业战线上的一面旗帜。在他生前许多外地顾客慕名而来，就是为了目睹他那令人称奇的技艺和"一团火"的服务精神，张秉贵被誉为"燕京第九景"。

为了掌握焊接技术，中国航天科技集团有限公司第一研究院211厂14车间高凤林工作加班加点、任劳任怨，技术精益求精，刻苦钻研。他拿着筷子练，端着水杯练，举着铁块练，终于练就了为火箭焊接"心脏"的绝技。长三甲系列运载火箭、长征五号运载火箭的第一颗"心脏"（氢氧发动机喷管）都在他手中诞生。39年来，他为90多发火箭焊接过"心脏"，占我国火箭发射总数近四成，攻克了200多项航天焊接难关。他多次谢绝了外界高薪聘请，是青年工人的楷模。

北京人民艺术剧院自1952年成立初期就已经明确定义了人艺中"人"这个字的首要含义为"为人民服务，为观众服务"。70年来，北京人艺勤勤恳恳地践行着这一初心，推出了300多部高质量的话剧作品，其中不仅有《雷雨》《茶馆》这样的经典作品，也有《香山之夜》这样红色革命题材的舞台艺术创新之作。尽管剧场规模并不算大，每场最多不到1000人，但人艺的观众俱乐部"人艺之友"，却汇集了10万多忠实粉丝，足可以看出人艺的影响。在北京人民艺术剧院排练厅，高悬着"戏比天大"四个大字，培养了一代代演员对事业的敬与爱，排演了一出出经典的话剧……他们对职业的礼敬、坚守，源自对劳动的尊崇与热爱。

通过劳动和创造播种希望、收获果实，也通过劳动和创造磨炼意志、提高自己。因为热爱劳动、热爱创造，一代代高素质劳动者层出不穷，一曲曲豪迈激越、铿锵有力的新时代劳动者之歌响彻云霄。

（三）辛勤劳动

历史上，义乌原本是一个人多地少，单靠产粮的地区。由于土壤酸性值偏高，农作物收成不佳。因此，当地农民需要长期使用鸡毛充当肥料改善土质。然而，由于当地鸡毛有限，农民们便用本地红糖制成糖饼，去外地用糖饼换取鸡毛，艰苦创业。1982年9月，义乌县政府正式开放稠城镇小百货市场，并投资了9000元钱，为露天市场铺设水泥板，设立摊位共700个。当年，小商品市场的成交额就达到了392万元。1984年，义乌县委县政府提出"兴商建县"的方针，放宽企业审批政策，简化登记手续。就这样，义乌全县掀起了经商办厂的热潮，到年底个体户竟突破了1万户，小商品市场成交额达到了2321万元。1986年，义乌第三代小商品市场竣工开业，固定摊位扩大到4096个。其后经过多次扩建，到1990年底，第三代小商品市场已经是拥有固定摊位8503个、临时摊位1500多个的全国最大的小商品专业批发市场。1991年，义乌小商品市场的成交额首次突破了10亿大关。再后来，义乌小商品批发市场成功进军海外市场，被誉为"世界小商品之都"。有外媒戏称，"圣诞节的真正故乡其实是义乌"。因为，这个奇特的中国城市"是全球节庆饰品的主要来源地"。义乌发展的奥秘，就是辛勤劳动。中国奇迹的源头，也是辛勤劳动。

民生在勤，勤则不匮。农民们用四季的辛勤耕耘，换来秋天的丰收喜悦；工人们用日复一日的辛勤劳作，生产出质优价廉的优质产品；老师们用年复一年的辛勤教学，获得桃李满天下的累累硕果。

功崇惟志，业广惟勤。三峡工程竣工、青藏铁路通车，南水北调、西气东输，"嫦娥"飞天、"蛟龙"潜水……每个"中国奇迹"的背后，都是众多劳动者经年累月的辛勤奋斗。

在历史的长卷中去理解劳动的含义，它在深度和广度上都广博无际，尤其是不同时代背景下的劳动者，他们屹立于时代的浪潮中，充分发挥着自己的主动性、创造性，成为创造时代的知识型、技能型、创新型的劳动者，同时也被日新月异的时代所塑造。辛勤劳动让他们以时代为舞台，留下不可磨灭的劳动身影。无论是知识分子、工人还是农民，都需要打破既有的思维模式、劳动习惯，运用新技术、新理念改造劳动工具、劳动方法，提升劳动效率，以自我革新的胸怀和勇气不断学习新的专业知识，创造和升华劳动价值。随着信息技术和网络的发展，很多劳动者从程序化、重复性的工作中解放出来，可以将更多精力投入自我革新和创新创造中。

2021年4月14日，《中国科技成果转化2020年度报告（高等院校与科研院所篇）》发布，中国科学院上海药物所科技成果合同金额17.17亿元，排名第一。这样的成果依赖于2015年中国科学院上海药物研究所启动了科技成果使用权、收益权、处置权改革，作为全国首批试点单位，全面深入推进体制机制、评价方式、资源配置、激励机制等变革举措落地，使沉睡在实验室里的科研成果有了走入市场创造和体现价值的舞台，使科研人员有了满满的获得感、幸福感！获得感、幸福感，无疑使"劳动"这个词更富吸引力，让辛勤劳动更有价值。而劳动者的获得感、幸福感，最终会转化成经济社会发展新的强大动力，创造出新的"中国奇迹"。

（四）诚实劳动

同仁堂药店的古联"炮制虽繁必不敢省人工，品味虽贵必不敢减物力"，是对消费者的承诺，也是这家老字号创立300多年屹立不倒的秘诀。

人无信不立，业无信不兴。劳动是个体实践，也是社会行为。每个劳动者通过诚实劳动收获财富，社会的基本秩序才能够得以维系。偷工减料、制假售假、抄袭盗版、科研作假等失信行为，通过瞒与骗的不当手段或许换来了一时的私利，但最终全社会都要为诚信缺失"买单"，没有人是受益者——地沟油的使用者或许就是毒奶粉的受害者，毒奶粉的制造者或许有一天会买到"山寨货"，"山寨货"的生产者或许有一天也将和"老赖"过招……

"人世间的美好梦想，只有通过诚实劳动才能实现；发展中的各种难题，只有通过诚实劳动才能破解；生命里的一切辉煌，只有通过诚实劳动才能铸就。""我们要在全社会大力弘扬劳动精神，提倡通过诚实劳动来实现人生的梦想、改变自己的命运，反对一切不劳而获、投机取巧、贪图享乐的思想。"

天津三建建筑工程有限公司原项目经理、副总工程师范玉恕，干了几十年的建筑，始终对自己要求"四个一样"：大事小事一个样，外露工程和隐蔽工程一个样，分内事和分外事一个样，有要求和没要求一个样。他常说："我们建筑工人讲诚信，最根本的就是要确保工程质量。"为兑现诺言，范玉恕把全部心血都用在了提高工程质量上，在每项工程施工中，他都坚持制定一个高于国家要求的质量标准，拿出一套质量创优的措施，建立一套完备的质量保证体系，做出每道工序的质量样板。通过多年的实践，他创造出保证工程质量的"8·1·15"工作法。30多年来，范玉恕先后组织完成了26项、近40万平方米的施工任务，工程质量项项优良。其中，5项工程获得鲁班奖。范玉恕以实际行动兑现了"不向社会交付一平方米不合格工程"的承诺。

1997年，市场上的小麦种子炒卖到1公斤80元的高价。那时，陕西省咸阳市长武县农技推广中心研究员梁增基培育出了综合性优良、高产、优质的小麦品种"长武134"。梁增基不仅没有借机高价售卖种子，反倒把他培育的种子分装成小袋，分散供给农民，让他们自己繁育推广。一颗"粮心"为人民的梁增基通过自己的诚实劳动，在田间地头耕耘一个甲子，不断把干旱地区的小麦种植水平推上新台阶，受到广泛推崇。

在别人看得见的地方要诚实劳动，在别人看不见的地方也要诚实劳动；经商需要诚实劳动，科学研究、文艺创作也需要诚实劳动……我们崇尚劳动、尊重劳动，就要诚实地付出劳动、从事劳动。以诚为先、以诚为重、以诚为美，这才是劳动应有之义。

今日中国，崇尚劳动、热爱劳动、辛勤劳动、诚实劳动的劳动精神已经成为民族精神和时代精神的重要组成部分，成为中国共产党人精神谱系的重要内容之一。

三、劳动精神的特征

劳动精神是中华优秀传统文化的赓续传承，自古以来就流淌在中华民族血脉之中。盘古开天成就天地方圆，大禹治水开启华夏文明，一部《诗经》礼赞劳动人民，"四大发明"凝聚劳动者的智慧。博大精深、辉煌灿烂的中华文明是生生不息的中华民族以辛勤劳动创造的。无论是回望历史，还是展望未来，劳动精神始终是中华民族自强不息、顽强奋进的强大精神动力。

劳动精神升华于马克思主义劳动观的科学指引。马克思在批判吸收以往劳动思想的基础上，结合工人阶级的革命实践，创造性地确立和形成了科学的劳动概念和劳动理论。在马克思看来，"人是劳动的动物"，劳动是人所特有的"感性对象性活动"，劳动是人类的存在基础和意义，劳动创造人，劳动塑造人，劳动注释人。同时，劳动也是现存感性世界的深刻基础，是社会存在关系的深层根据，是观念世界的生发基地，是人类历史的深层底色。马克思运用劳动这把"理解全部社会史的锁钥"从"繁芜丛杂"的社会关系中揭示了人类社会发展的一般规律，指明了人类前进的基本方向。马克思主义劳动观是当代中国劳动精神的思想内核和价值依归，对劳动精神的培育和弘扬有着奠基性和指引性意义。

伟大实践孕育伟大精神，伟大精神引领伟大实践。中国共产党从成立伊始就发动劳工阶级，带领劳动人民开创伟业。从南泥湾火热的大生产运动，到小推车推出的淮海战役；从中华人民共和国成立之初的手提肩扛，到改革开放时代的电气革命；从永不褪色的"铁人精神"，到赶超一流的"载人航天精神"；从都市快递员的忙碌身影，到互联网时代的创业创新……正是因为劳动创造，我们拥有了历史的辉煌；也正是因为劳动创造，我们拥有了今天的成就。一百年来，中国共产党领导中国人民不断推进革命、建设、改革、复兴事业，筚路蓝缕、披荆斩棘、艰苦创业、铸就辉煌，劳动价值得到了充分彰显，劳动精神得到极大弘扬。

单元二　劳动精神的价值与养成

一、劳动精神的价值

（一）新时代弘扬劳动精神，关乎中华民族复兴伟业、关乎中国特色社会主义事业

劳动精神是以爱国主义为核心的民族精神和以改革创新为核心的时代精神的生动体现，是鼓舞全党全国各族人民风雨无阻、勇敢前进的强大精神动力。新时代弘扬劳动精

神，有着重要的现实意义和深远的历史价值。

新时代弘扬劳动精神，关乎中华民族伟大复兴中国梦的实现。中华民族对劳动有着自己独特的体悟，更通过劳动创造了辉煌的中华文明。中国共产党团结和带领人民改天换地、创造历史，中华人民共和国成立了，从此，中国人民的命运、中华民族的命运掌握到亿万劳动人民的手中，开启了真正通过自己双手劳动改变自己命运、推进民族复兴的征程。时至今日，亿万劳动者的勤劳创造、开拓创新，使实现中华民族伟大复兴进入了不可逆转的历史进程。崇尚劳动、劳动光荣，是实现中华民族伟大复兴中国梦的基本前提。新时代是实现中华民族伟大复兴的时代，必须大力弘扬劳动精神，以劳动托起中国梦，靠劳动成就复兴梦。

（二）新时代弘扬劳动精神，关乎社会主义现代化强国的建设

"社会主义是干出来的"，实干是最质朴的社会主义现代化建设方法论。社会主义现代化事业从蓝图绘就到具体实施，是一项极其宏大的社会系统工程，需要几代人、十几代人乃至几十代人接力奋斗。回溯历史，从千疮百孔、一穷二白到建立独立完整的工业体系，从面临"开除球籍"的危险到跻身世界第二大经济体，从"唤起工农千百万、同心干"到"空谈误国，实干兴邦"，新中国树起了一座座"干"字丰碑。"干"的实践本质就是劳动，"劳动"的通俗表达就是"干"。社会主义现代化建设的新成就正是通过持续的劳动创造出来的历史性新面貌。实践表明，劳动神圣、劳动光荣、实干兴邦，是社会主义现代化事业的精神标识；聪明才智、辛勤汗水、刻苦耐劳，是中国式现代化道路的力量基石。新时代是全面建设社会主义现代化国家的新时代，发展经济、改善民生、创新科技等都迫切需要弘扬劳动精神，为中国式现代化新道路厚植精神底色，凝聚精神力量。

（三）新时代弘扬劳动精神，关乎社会主义合格建设者和可靠接班人的培养

劳动可以树德、可以增智、可以强体、可以育美。马克思曾指出，教育和生产劳动相结合是"造就全面发展的人的唯一方法"。列宁也认为，"没有年轻一代的教育和生产劳动的结合，未来社会的理想是不能想象的"。中华人民共和国成立后，"教育与生产劳动相结合"一直是我国的重要教育方针，对教育事业发展、人才素质培养发挥了十分积极的作用。但是，现在一些青少年中出现了不珍惜劳动成果、不想劳动、不会劳动的现象。对此，习近平总书记指出："要在学生中弘扬劳动精神，教育引导学生崇尚劳动、尊重劳动，懂得劳动最光荣、劳动最崇高、劳动最伟大、劳动最美丽的道理，长大后能够辛勤劳动、诚实劳动、创造性劳动。"弘扬劳动精神、加强劳动教育是强国富民的大事，因为它直接决定社会主义建设者和接班人的劳动精神面貌、劳动价值取向和劳动技能水平。新时代的中国青年要成大才、担大任，就必须培育和弘扬伟大劳动精神。

二、劳动精神的养成

（一）在阶段性劳动中构建能力

"人的成长、成熟、成才不是一蹴而就的，而是一个渐进的过程，就跟人的生理发育一样，所以要把这几个阶段都铺陈好。"开展劳动教育，要找准着力点，统筹推进大中小学劳动教育体系建设和机制创新，使其落地生根。小学阶段应注重培养劳动意识，懂得人人都要劳动，感知劳动乐趣，爱惜劳动成果，体会劳动光荣，初步养成热爱劳动、热爱生活的态度。中学阶段围绕丰富职业体验，参与服务性劳动和生产劳动，理解劳动创造价值，接受锻炼、磨炼意志，提升劳动自立意识和主动服务他人、服务社会的情怀，养成吃苦耐劳、精益求精的品质。大学阶段要强化马克思主义劳动观教育，注重围绕创新创业，结合学科专业开展生产劳动和服务性劳动，积累职业经验，培育创造性劳动能力和诚实守信的合法劳动意识，提高在生产实践中发现问题和创造性解决问题的能力。

（二）在多样劳动中全面发展

无论是物质生活还是精神生活，其本质都是实践。广大劳动者在劳动实践过程中创造并发展了劳动精神，弘扬劳动精神、强化劳动育人要坚持理论与实践相结合，最终落脚点在于实实在在的实践活动。学校劳动教育实践类型主要包括三类。

第一类为以自立自强为目标的日常生活劳动实践。在校园文化建设中渗透劳动文化，学校大力开展"劳动周"等文明校园主题活动，通过整理内务、清洁校园、维护公共设施等行为增强学生主动劳动意识；组织劳动主题演讲、文艺活动，弘扬劳动光荣、劳动伟大的主旋律；举办劳动技能竞赛、劳动成果展示等活动，提升劳动技能，将劳动教育与管理融入日常生活，激发学生热爱劳动的内生动力，培养学生树立马克思主义劳动观和良好的劳动品质。

第二类是依托专业的生产劳动实践。学校借助产教融合、校企合作及其他社会资源，搭建生产劳动实践平台或实训基地，组织学生参加行（企）业、工厂、农场等一线生产实践，引导学生尊重劳动与劳动者，体认劳动风采和价值。

第三类为社会服务型劳动实践。学校在社区服务、助老助残服务、支教服务等公益性质的劳动实践中，培塑服务奉献的劳动价值观，养成积极参与公共事务的社会意识，最终成长为勇于担当、主动奉献、反哺社会的合格社会主义建设者和接班人。

（三）在劳动中传承优秀文化

"劳动"一词，在中国古代典籍中多有出现。《庄子·让王》中有"春耕种形足以劳动"的记载，《三国志·魏志·华佗传》有"人体欲得劳动，但不当使极尔"的言论，唐代诗人王建有"劳动更裁新样绮，红灯一夜剪刀寒"的诗句，宋代朱彧《萍洲可谈》中也提到"但人生恶安逸，喜劳动，惜乎非中庸也"。虽然不同文献中"劳动"的内涵存在差异，但均有"操作、活动"之义。另外，中国古代描写劳动的诗词歌赋比比皆是，如先秦时期的《击壤歌》《诗经》中的《国风·豳风·七月》、王维的《新晴野望》、李绅的《悯农二首》等。这些古代诗词生动形象地描写了农业生产时的劳作场景，是劳动人民优秀精神文化和优秀物质文化沉淀的重要方式。

（四）在劳动中提升自我价值

习近平总书记曾多次倡导"全社会都要热爱劳动，以辛勤劳动为荣，以好逸恶劳为耻。"这是因为，只有基于对劳动的热爱，劳动者才能最大程度发挥聪明才干，提高劳动效率，进而体会到自我价值实现的满足与喜悦。热爱劳动是劳动者对劳动的积极心理态度，是创造众多社会奇迹的劳动者所共有的品质。反之，如果对劳动不能形成由内而外的热爱，那么劳动则会异化为外在的束缚和枷锁，人在劳动中必然不是感到幸福，而是感到不幸。正如马克思所言，"只要肉体的强制或其他强制一停止，人们就会像逃避瘟疫那样逃避劳动"，劳动由此成为令人厌恶和痛苦的事情了。

所以，青年学生只有坚守热爱劳动的价值导向，继承和发扬热爱劳动的美德，才会幸福地劳动，实现由"要我劳动"到"我要劳动"的转变，而不是被动地劳作；才会心悦诚服地在工作岗位上埋头苦干，不会对劳动反感和排斥；才会心无旁骛埋头劳动，全面提升自身的劳动素养，不会懈怠劳动。当然，热爱劳动不是与生俱来的，而是后天培养和训练出来的，需要在教育上不断灌输、在实践中不断养成。"要教育孩子们从小热爱劳动、热爱创造，通过劳动和创造播种希望、收获果实。"为此，培养热爱劳动的价值取向，就要把握劳动教育规律，遵循人的成长规律，注重教育实效，强化综合施策，从小就抓好劳动教育。通过有效整合家庭、学校和社会等各方面力量，形成协同育人格局，让热爱劳动成为孩子们和青少年内心的一种荣光。

我们赞美劳动，是因为劳动的成果充实着生命的灌注；我们崇尚劳动，因为劳动的成就凝聚着智慧的结晶；我们尊重劳动，因为劳动的光荣源自诚实的付出。新时代的中国青年要树立正确的劳动观，崇尚劳动、尊重劳动，增强对劳动人民的感情、践行劳动精神的精华，努力用勤劳的双手和诚实的劳动创造美好生活、投身强国伟业。

 【拓展阅读】

茶马古道

在横断山脉的高山峡谷，在滇、川、藏"大三角"地带的丛林草莽之中，绵延盘旋着一条神秘的古道，这就是世界上地势最高的文明文化传播古道之一的"茶马古道"。其中，丽江古城的拉市海附近是保存较完好的茶马古道遗址。

茶马古道起源于唐宋时期的"茶马互市"。因康藏属高寒地区，海拔都在三四千米以上，糌粑、奶类、酥油、牛羊肉是藏民的主食。在高寒地区，需要摄入含热量高的脂肪，但没有蔬菜，糌粑又燥热，过多的脂肪在人体内不易分解，而茶叶既能够分解脂肪，又防止燥热，故藏民在长期的生活中，创造了喝酥油茶的高原生活习惯，但藏区不产茶。而在内地，民间役使和军队征战都需要大量的骡马，但供不应求，而藏区和川、滇边地则产良马。于是，具有互补性的茶和马的交易即"茶马互市"便应运而生。这样，藏区和川、滇边地出产的骡马、毛皮、药材等和川滇及内地出产的茶叶、布匹、盐和日用器皿等，在横断山区的高山深谷间南来北往，流动不息，并随着社会经济的发展而日趋繁荣，形成一条延续至今的"茶马古道"。

 【思考总结】

1.《左传》有云"民生在勤，勤则不匮"，如何理解这句话？

2. 举例说明你在劳动过程中和劳动之后的感悟。

3. 通过现实生活中的所见所闻，对比辛勤劳动之人和懒惰闲散之人的不同人生。

模块三
劳模精神

劳动模范是民族的精英、人民的楷模，是共和国的功臣。

——习近平

【故事导入】

三千孤儿入内蒙

1959年到1961年，全国面临中华人民共和国成立以来前所未有的严重经济困难，上海、江苏、安徽等地被政府收养的几千名孤儿因为粮食不足，面临营养不良的威胁。这些幼小的孩子该怎么办？党和国家决定把他们送到牛奶和肉食相对充足的内蒙古草原。1960年5月9日，内蒙古自治区党委对内蒙古卫生厅党组《关于1960年收容并入儿童工作的具体计划》作出批复并强调："希望你们迅速具体把这一工作抓起来，一定要做到收一个，活一个；活一个，壮一个。"从1960年到1963年，内蒙古先后接纳了3000多名孤儿，这些孤儿被称为"国家的孩子"。当时的内蒙古，虽然也经受着困难时期的严峻考验，但内蒙古各族群众主动担起这份国家责任。年迈的额吉（蒙古语，意为母亲）、中年妇女、新婚夫妇，有的骑着马，有的赶着勒勒车，有的长途跋涉，争先恐后前来收养这些孤儿。

刚到草原时，孩子们衣服上都别着一块小布条，上面的数字编号是他们的代号。走进蒙古包，草原额吉给他们取了好听的名字——国秀梅、党育宝、格日勒、娜仁花……当时，为了更好地保障幼儿的健康和安全，内蒙古自治区的育婴院招收和训练了一批保育员，她们主要是一群具有一定文化程度、身体健康的青壮年妇女。这些年轻的姑娘们成了孩子的"额吉"，她们尽职尽责、全心全意地照顾着孩子们。都贵玛就是其中一员。

1961年，年仅19岁的乌兰察布盟（现乌兰察布市）四子王旗脑木更苏木牧民都贵玛（图3-1）被分

图3-1 人民楷模都贵玛

配到四子王旗保健站，抚养旗里刚刚接收的28名"国家的孩子"。这些孩子最小的刚刚满月，最大的也才6岁。都贵玛用温柔的爱和宽广的胸怀，给了孩子们一个温暖的家。从喂奶喂饭到卫生护理，她常常不眠不休；孩子生病了，她冒着凛冽寒风和被草原饿狼围堵的危险，深夜骑马奔波几十里去找医生。在她的悉心照料下，28个孩子没有一个因病致残，更无一人夭折，在那个缺医少药、经常挨饿的年月，堪称奇迹。就这样，"草原额吉"用自己的大爱，践行了"接一个、活一个、壮一个"的承诺。

"爱岗敬业、争创一流、艰苦奋斗、勇于创新、淡泊名利、甘于奉献"的劳模精神，作为中国共产党人精神谱系的重要组成部分，具有鲜明的理论特色、实践特色、民族特色和时代特色，生动体现了以爱国主义为核心的民族精神和以改革创新为核心的时代精神，集中反映了中国劳动者的历史主动精神，是鼓舞全党全国各族人民实现第二个百年奋斗目标、以中国式现代化全面推进中华民族伟大复兴的强大精神动力。以习近平新时代中国特色社会主义思想特别是习近平总书记关于劳模精神的重要论述为指引，立足关于劳模精神的理论创新与实践探索，系统总结劳模精神的理论意蕴和实践路径，具有重要意义。

单元一　劳模精神的理论基础

一、劳动模范的生成逻辑

劳模精神形成的理论来源是马克思主义劳动观。劳动是马克思主义经典作家"理解全部社会史的锁钥"，是贯穿马克思主义哲学、政治经济学和科学社会主义的理论枢纽。马克思指出，"我的劳动是自由的生命表现，因此是生活的乐趣"。劳动无疑创造了人和人类社会。而且，在劳动过程中，人的生存生活需求得到满足，并充分体现了人的主体性；通过劳动创造物质财富满足物质需要的同时，人类也在逐步认知自我需求；并最终在劳动中获得自由与自觉，从而实现了人的本质复归和全面解放。

马克思通过深刻剖析资本主义异化劳动的形式与结果，厘清剩余价值的产生过程，揭示了资本主义社会的剥削本质，为阐释科学的劳动理论奠定了基础。马克思通过区分物化劳动和活劳动，说明活劳动是创造价值的唯一源泉，以此论证广大劳动群众是活劳动的主体，从而肯定了劳动者在价值创造中的能动性、主体性地位。此外，运用实践的观点，马克思主义认为，人的劳动实践与动物本能活动的最大区别在于人具有强大的主观能动性，能够按照自己的目的有意识地开展活动。因而，在马克思主义指导下，真正的劳动彰显人的主体性，与异化劳动剥削、压迫劳动者的本性截然不同。

物化劳动有两种含义：①作为劳动过程的物质条件，物化劳动指生产过程中所消耗的生产资料。在这个含义中，它又称"死劳动""过去劳动"，与活劳动互为对称。②作为劳动过程的结果，物化劳动指凝结在产品中的人类劳动，在商品经济中，即指商品的价值。

活劳动指劳动者在物质资料生产过程中脑力和体力的消耗。与生产过程中消耗的生产资料（即物化劳动）相对而言，而称为活劳动。(《马克思主义基本原理》)

从马克思主义劳动观视角审视劳动模范的生成过程，劳动是贯穿始终的线索：劳动孕育了劳模，是劳动者获得劳模身份的基础条件；劳动彰显了人的主体性，促进了劳模的成长，是劳模身份得以延伸与拓展的内在动力；劳动使人获得解放与自由全面的发展，是劳动者发挥劳模作用的基本方式。

纵观劳模的一生，以其为代表的劳动模范是个体与社会、国家三方良性互动的结果，而三者又在这种互动关系中获得了各自的发展。劳动模范是中国共产党通过践行马克思主义劳动观培养出来的理想人格的代表，在社会发展中发挥着不可替代的作用。因此，在新时代，尊重劳动、推崇模范，充分发挥劳动模范的榜样示范和精神引领作用，对个人与社会发展具有极为重要的意义。

劳模的劳动就具有极其鲜明的主体性特征，劳模精神也是劳动主体自由自觉性的精神表征。劳模精神本质上体现了人的自主劳动。通过自主劳动，建构起劳动者与劳动价值观、劳动情感态度、劳动对象、劳动过程、劳动目标之间的统一性关系。因此，正是在"为自己劳动"的过程中，劳模精神实现了对"异化劳动"的积极扬弃，以及对自身本质、劳动自由、劳动创造和劳动幸福的充分肯定。列宁强调社会主义制度条件下劳动者及其劳动的自由属性，指出："他们千百年来都是为别人劳动，被迫为剥削者做苦工，现在第一次有可能为自己工作，而且可以利用技术和文化的一切最新成就来工作了。用为自己劳动取代被迫劳动，是人类历史上最伟大的更替。"

异化劳动是马克思用来表述资本主义雇佣劳动的重要概念。异化本来含义是指人（主体）的创造物不仅摆脱了人的控制，而且反过来变成奴役和支配人的、与人对立的异己力量。马克思认为在资本主义社会中，工人创造了财富，而财富却为资本家所占有并使工人受其支配，因此这种财富、工人的劳动都异化成为统治工人的敌对的、异己的力量，这就是劳动异化。(《马克思主义基本原理》)

二、劳动模范的社会作用

中国共产党坚持马克思主义劳动观，充分肯定劳动的作用，并评选劳模、培育劳模，给予劳模实际的物质奖励与崇高荣誉，承认包括劳模在内的广大劳动人民的主体地位。而劳动模范在此激励下，更为积极地投入劳动，其内驱力被极大激发，不仅快速成长为优秀的社会主义建设者，实现了自身价值，而且激发了社会整体活力，调动了广大劳动人民的主体性和积极性。通过以典型带一般的方式，中国共产党获得了主体性被极大激发的劳动群众这一庞大力量的拥护，带领中国人民完成了民族独立、人民解放的历史任务，实现了全面建成小康社会的第一个百年奋斗目标，并将继续为实现第二个百年奋斗目标而奋斗，取得国家繁荣富强、人民共同富裕的成功。因此，劳动彰显了人的主体性，也促进了劳动模范的成长，进而推动了社会的进步。

当人的主体性被激发之后，才能实现人的解放与自由全面发展。马克思主义认为，劳动促使人获得解放并实现自由而全面的发展。中国共产党在马克思主义劳动观指导下塑造的社会主义劳动模范，凭借劳动发挥了自身的骨干、带头和桥梁作用，为人类解放事业作出了巨大的贡献。

我国的劳动模范选拔与表彰的实践借鉴于20世纪30年代苏联的斯达汉诺夫运动，发轫于中央苏区，兴盛于陕甘宁边区，而后逐渐推广到其他地区，在20世纪40年代的抗日根据地形成了一股"热潮"。中华人民共和国成立后，培育劳动模范的方式得以延续。进入社会主义社会，劳动不再是"为他人"的异化劳动，而是"为自己"的真正劳动。因此，在劳动回归到自身的本质之后，劳动者的主体性、积极性被极大调动，劳动潜力与劳动能力被深刻挖掘。劳动模范的主体性不仅体现在自己的自主劳动方面，更高一层的意义在于调动广大劳动群众的主体性力量。此外，劳动模范的主体性还体现在其创造性方面。劳动模范的主体性被激发之后，就可根据实际情况的变化从事创造性的劳动活动。创造性使得劳动模范的身份得以延伸和拓展。

我们党历来高度重视劳动模范及其重要作用。毛泽东同志指出，广大劳动模范"是全中华民族的模范人物，是推动各方面人民事业胜利前进的骨干，是人民政府的可靠支柱和人民政府联系广大群众的桥梁"。邓小平同志指出，劳模"至今还是我们学习的榜样和团结的核心"。江泽民同志强调，要大力宣传劳模的"主人翁责任感和艰苦创业精神，忘我的劳动热情和无私奉献精神，强烈的开拓进取意识和创新求实精神，良好的职业道德和爱岗敬业精神"。胡锦涛同志也指出，劳模"以强烈的主人翁责任感，立足本职，忘我劳动，积极进取，争创一流，集中展示了当代中国工人阶级的时代风貌和崇高品格"，他们"以自己的实际行动铸就了爱岗敬业、争创一流、艰苦奋斗、勇于创新、淡泊名利、甘于奉献的伟大劳模精神"。这些重要论述指明了劳模精神的主体特征、基本内涵、性质地位和功能作用。

党的十八大以来，习近平总书记多次就劳模精神发表重要讲话、作出重要指示批示。"劳动模范是劳动群众的杰出代表，是最美的劳动者。""劳动模范身上体现的'爱岗敬业、争创一流、艰苦奋斗、勇于创新、淡泊名利、甘于奉献'的劳模精神，是伟大时代精神的生动体现。""劳动模范和先进工作者是坚持中国道路、弘扬中国精神、凝聚中国力量的楷模，他们以高度的主人翁责任感、卓越的劳动创造、忘我的拼搏奉献，为全国各族人民树立了学习的榜样。""劳动最光荣、劳动最崇高、劳动最伟大、劳动最美丽。全社会都应该尊敬劳动模范、弘扬劳模精神，让诚实劳动、勤勉工作蔚然成风。"这一系列重要论述，科学阐明了劳模精神的一系列重大理论实践问题，实现了理论逻辑和实践逻辑的有机结合，以原创性理论贡献标注了劳模精神发展的新高度，彰显了鲜明的马克思主义理论特质和理论品格，为在新的时代条件下坚持、发展、弘扬劳模精神提供了科学理论指引和有力思想武器。"劳动模范是民族的精英、人民的楷模，是共和国的功臣。"

单元二　劳模精神的文化历史

一、中华优秀传统文化

中华优秀传统文化奠定了劳模精神的文化基础和精神基因。女娲补天、大禹治水、后羿射日、神农尝百草等神话故事，展现出先民艰苦奋斗、自强不息、舍己为公、无私奉献的精神品格。《论语》中的"执事敬""事思敬""敬其事而后其食"，《尚书》中的"功崇惟志，业广惟勤"，《周易》中的"天行健，君子以自强不息""举而措之天下之民谓之事业"等，传达出中华民族敬业乐业、勤劳勇敢、自强不息、革故鼎新、吃苦耐劳的价值理念。劳模精神的形成和发展离不开中华优秀传统文化的深厚滋养。

二、革命文化和社会主义先进文化

中国共产党在领导中国人民进行伟大斗争、建设伟大工程、推进伟大事业、实现伟大梦想的历史进程中，在长期奋斗中创造了革命文化和社会主义先进文化，构建起中国共产党人的精神谱系，锤炼出鲜明的政治品格，彰显了中国共产党人高尚的思想境界、顽强不屈的意志品格、崇高的价值追求、开拓进取的创造精神，激励着一代又一代中国共产党人和亿万劳动者以主人翁姿态胸怀全局、创新创造、顽强拼搏、接续奋斗。在党的精神谱系中，这些红色精神的实践主体，在一定意义上都是具有劳模精神的劳动者，为劳模精神形成发展提供了极其丰富的精神因子。同时，这些精神通过激扬理想信念、彰显思想情操、凝聚价值共识、淬炼行动自觉，不断厚植劳模精神的红色底蕴和社会风尚。

三、劳模评选制度文化

劳模评选制度创始于中华苏维埃共和国临时中央政府时期，成形于陕甘宁边区政府时期，普及于社会主义革命和建设时期，转型于改革开放时期，光荣绽放于中国特色社会主义新时代。其在推进革命斗争、强化国家治理、实现社会动员、建构核心价值体系、凝聚精神力量的过程中，具有不可或缺的重要地位和作用。同时，不同历史时期劳模评选的丰富实践，以及所选树的典型劳模代表，共同构成了劳模精神发展与完善的制度基础、实践基础和群众基础。党和国家的劳模评选制度及其探索实践，为劳模精神的形成提供了制度保障和现实土壤。加强顶层设计、优化制度政策、强化劳模选树，是我们党始终坚持、一以贯之的优良传统和重要的工作方法。尽管不同时期劳模的评选标准、评选范围及其典型特征有所变化，但均与党的中心任务、工人运动的时代主题、主流意识形态和核心价值体系等方面密切相关。

四、劳模文化的内在属性

劳模文化，作为中华优秀传统文化中不可或缺的一环，深刻彰显了中国伦理文化传统与责任精神的核心价值。首先，文化的灵魂在于其内在的伦理精神，而劳模文化正是这一精神的具体体现和生动诠释。其次，经过五千多年的深厚积淀，博大精深的中华文化孕育了独具魅力的中国伦理文化思想内涵，劳模文化作为其中的璀璨明珠，不仅丰富了社会主义文化的内涵，更在提升劳动者队伍整体素质、增强国家综合国力以及提升国际地位等方面发挥着举足轻重的作用。

此外，劳模文化本质上是一种道德文化的具体展现，它集中体现了劳动模范群体所共有的价值观念、信仰追求以及道德规范等优秀品质。正如习近平总书记所强调的那样，劳动是创造财富和幸福的源泉，只有通过诚实劳动，我们才能实现美好梦想、攻克发展难题、铸就辉煌人生。因此，在中国特色社会主义新时代的征程中，我们更应凸显劳动的历史地位，以劳模文化为引领，坚定自信地推动新时代中国特色社会主义事业的发展。

同时，劳模文化具有鲜明的时代特征，它紧跟时代步伐，不断吸收新的时代元素，呈现出大众化、生活化的特点。随着改革开放的深入推进，劳模文化的内涵得以不断丰富和发展，劳动模范的类型也日趋多样化，涵盖了科学家、企业家、艺术家等众多领域。这种时代化的特征使得劳模文化更具科学性和系统性，能够保持其旺盛的生命力与强大的感染力。

在大众化方面，弘扬劳模文化需要在全社会范围内树立辛勤劳动、诚实劳动、创造性劳动的实践观念，倡导精益求精的工匠精神。这不仅能够提升劳动者的职业素养和技能水平，也有助于营造崇尚劳动、尊重劳动者的良好社会氛围。

最后，劳模精神的生活化要求我们将劳模精神融入日常生活和工作中，通过实践活动和大众传媒的宣传机制广泛传播其价值导向。这有助于引导人民群众树立正确的个人发展价值取向，推动社会的和谐稳定与持续发展，为实现中华民族伟大复兴的中国梦贡献智慧和力量。

五、新时代劳模文化的本质

在马克思主义思想的深刻指引下，中国广大劳动者深深扎根于中国特色社会主义实践的肥沃土壤之中，汲取中华民族优秀历史文化传统的精髓，逐步形成了具有鲜明时代特色的中国特色社会主义劳模文化。

首先，新时代的劳模文化，深刻彰显了全社会对劳动的尊重、崇尚与热爱，树立了一种积极向上的社会风尚。尊重劳动，体现在对劳动及劳动者主体地位的深刻认识与充分尊重；崇尚劳动，表现为社会个体从内心深处对劳动所怀有的崇高敬意与由衷赞美；热爱劳动，则凝聚着人们对劳动深沉而持久的情感。这一文化现象，不仅反映了社会层面对劳动价值的普遍认同，更体现了个人品质对劳动精神的逐步内化与升华。

其次，新时代的劳模文化，集中体现了辛勤劳动、诚实劳动、创造性劳动的崇高精神，彰显了全人类共同的劳动价值观。辛勤劳动，代表着勤奋敬业、不懈奋斗的文化精髓，是诚实劳动和创造性劳动的基础与保障。诚实劳动，强调在劳动过程中要脚踏实地、恪尽职守，严格遵守法律法规和政策规定，实事求是地对待劳动成果，绝不侵占他人劳动果实。这一要求，对于弘扬新时代劳模文化精神具有至关重要的意义。创造性劳动，则是辛勤劳动和诚实劳动的升华与拓展，代表着人类劳动中不可复制的独特价值和创新精神。

新时代劳模文化的兴起与发展，有力证明了社会主义文化价值的合理性和正义性。正如马克思所言："劳动的绝对自由"是劳动居民实现幸福生活的最佳条件。劳模文化，正是人类追求自由全面发展、实现幸福生活的精神支柱和核心价值体现。在新时代中国特色社会主义的伟大实践中，劳模文化作为恒常性的精神支点，引领着现代人不断追求人性的复归和精神的升华。

马克思主义追求的最高价值目标是人的全面发展，这也是共产主义社会的本质特征。而人类所追求的永恒幸福，同样蕴含在辛勤劳动的过程中。劳模们通过劳动创造价值、服务社会、贡献力量，实现了个人自由全面发展、创造和感受幸福的目标。因此，在当前社会发展阶段，我们更应加强对劳模文化的宣传和推广，激发广大劳动者自由全面发展的意识，形成全社会崇尚劳动、尊重劳动、热爱劳动的良好氛围。

单元三　劳模精神的传承创新

一、劳模精神的意义

在不同时期、不同岗位，劳动模范作为时代领跑者，用自己的劳动，在国家和社会发展历史上写下了绚丽的篇章。延安时期形成的劳模精神也是一种革命精神，在陕甘宁边区开展的树立、奖励与宣传、学习劳模的运动中孕育形成，具体含义包括"勤于劳动、精于业务、敢于斗争、善于创造、乐于奉献"。这种精神集中体现了劳模们勇当先锋的气魄、献身革命的品格、顽强拼搏的作风、服务人民的情怀，生动诠释了中国人民所具有的伟大创造精神、伟大奋斗精神、伟大团结精神、伟大梦想精神，更充分彰显了以爱国主义为核心的民族精神和以改革创新为核心的时代精神。

劳动创造幸福，奋斗铸就伟大。立足新发展阶段，贯彻新发展理念，构建新发展格局，推动高质量发展，要充分认识劳模精神的时代意义。从延安时期到中华人民共和国成立，多年来，涌现出了千千万万奋斗的劳动者，他们在平凡的岗位上创造了不平凡的业绩，以实际行动诠释了社会主义是干出来的，幸福生活是奋斗出来的。历史车轮的滚滚向前和民族发展的蒸蒸日上更需要弘扬劳模精神、激发奋进力量，齐心协力创造新的历史伟业。中国工人阶级和劳动群众要努力在全面建设社会主义现代化国家新征程上勤于创造、勇于奋斗，展现新作为、谱写新篇章。

二、劳模精神的传承

要自觉投身新的伟大事业。新时代开启新征程，新征程迎接新使命。在新的伟大征程中，要爱岗敬业、甘于奉献，带头弘扬劳动最光荣、劳动最崇高、劳动最伟大、劳动最美丽的社会风尚；要坚定不移听党话、矢志不渝跟党走，发扬优良传统，自觉把人生理想融入国家富强、民族复兴的伟业中，夙夜在公，风雨无悔；要自觉用延安精神滋养初心、淬炼灵魂，继续保持和发扬祖国优良传统和作风，紧紧依靠和团结广大劳动人民，与他们一起，共同肩负起弘扬延安精神、传承红色基因的历史使命。

坚持以人民为中心的发展思想，全面贯彻落实劳动法等法律法规，实现好、维护好、发展好劳动者合法权益，让广大劳动者在共建共享中过上更加幸福美好的生活。要着力营造尊重劳动的良好氛围。要尊重劳动、尊重知识、尊重人才、尊重创造，把劳模作用体现到各条战线各个岗位，内化于心、外化于行，展示劳模群体始终以主人翁姿态自觉把人生理想、家庭幸福融入国家富强、民族复兴伟业之中的理想抱负、历史使命和责任担当。

抓住关键群体，提升劳模精神弘扬的积极性、主动性、创造性。激发广大劳动者特别是青少年学生的主体自觉。在劳模精神感召下，引导广大劳动者树立学习目标，激发劳动热情，坚守职业道德，坚持辛勤劳动、诚实劳动、科学劳动、创造性劳动，在全社会营造崇尚劳动、尊重劳模、热爱劳模、关心劳模、学习劳模的良好氛围。把劳动教育纳入人才培养全过程，系统解决劳动价值观、劳动态度、劳动技术、劳动品德、劳动实践等方面的问题，增强青少年学生对劳动人民的感情，推动青少年学生愿劳动、想劳动、爱劳动、懂劳动、会劳动。

整合传播资源，强化劳模精神弘扬的整体性、针对性、实效性。创新整合媒体资源，打造立体化传播格局。充分利用爱国主义教育基地、纪念馆、展览馆、博物馆、工人文化宫等公共文化设施，系统导入劳模精神元素，加强建设展示劳模精神的公共平台。全力打造数量多、质量高、系统性和规范性强的劳模创新工作室，作为弘扬劳模精神的重要阵地。充分利用资源，建立共建共享机制，鼓励吸纳专业对口的学校师生作为工作室成员参与创新实践活动，让学生在动手实践中接受锻炼、磨炼意志，提升实践能力和创新能力。

强化时代特征，聚焦受众诉求，促进劳模精神弘扬的丰富性、互动性、教育性。精心组织各类活动。先进事迹报告会、座谈交流会、学习研讨会、展陈展览、巡回演讲，以及各种重大仪式活动，都是弘扬劳模精神的重要方式。针对受众心理和诉求，加强活动策划，精准定位，增强活动的丰富性、互动性，提升活动质量和水平，实现精神弘扬、经验讲述、知识传授与价值引领相结合。关注当下广大劳动者特别是青少年审美体验方式及趣味变化，抓住时代特征，创造情感共鸣，弘扬精神力量，通过客观的叙述、细腻的笔触、生动的细节、充沛的感情，展示劳模可亲、可敬、可信、可学的形象。聚焦劳模精神，精心组织创作一批优秀的舞台剧、摄影等艺术作品，在实现内容传播的同时，使大家实现精神洗礼，潜移默化地接受相应的价值观念，汲取精神活力，激发奋进动力。通过大众化、故事化、时代化、生活化、日常化的文本编创和形式创新，推动劳模精神春风化雨、润物无声地进入劳动者日常的生产生活。

今天的我们，习惯了动动手指外卖送来，语音指令机器人擦地。那么，劳动离我们已经远了吗？不是的。产业结构变化、社会分工细化，不会改变劳动是创造价值的唯一源泉。在当下中国，一分钟，快递小哥收发7.6万件快递，"神威·太湖之光"超级计算机运算750亿亿次。我国经济从高速增长进入高质量发展阶段，一代人有一代人的使命，今天的时代需要更多知识型、技能型、创新型劳动者，也为劳动者、奋斗者实现人生出彩提供了广阔舞台。

劳动的内涵在更新，劳模的标准在"进阶"，"爱岗敬业、争创一流、艰苦奋斗、勇于创新、淡泊名利、甘于奉献"的劳模精神始终是不变的秘籍。

单元四　总书记这样谈劳模精神

长期以来，广大劳模以平凡的劳动创造了不平凡的业绩，铸就了"爱岗敬业、争创一流、艰苦奋斗、勇于创新、淡泊名利、甘于奉献"的劳模精神，丰富了民族精神和时代精神的内涵，是我们极为宝贵的精神财富。（2013年4月28日，在同全国劳动模范代表座谈时的讲话）

一代又一代的劳动模范和先进工作者、先进人物，是我国劳动人民的杰出代表，是祖国和人民的骄傲。你们大家以强烈的主人翁责任感，立足本职，争创一流，集中体现了伟大的时代精神、创业精神、奉献精神，为国家和民族增添了绚丽光彩。（2014年4月30日，在乌鲁木齐接见劳动模范和先进工作者、先进人物代表，向全国广大劳动者致以"五一"节问候）

劳动模范和先进工作者是坚持中国道路、弘扬中国精神、凝聚中国力量的楷模，他们以高度的主人翁责任感、卓越的劳动创造、忘我的拼搏奉献，为全国各族人民树立了学习的榜样。（2015年4月28日，在庆祝"五一"国际劳动节暨表彰全国劳动模范和先进工作者大会上的讲话）

劳动模范是劳动群众的杰出代表，是最美的劳动者。（2016年4月26日，在知识分子、

劳动模范、青年代表座谈会上的讲话）

建设知识型、技能型、创新型劳动者大军，弘扬劳模精神和工匠精神，营造劳动光荣的社会风尚和精益求精的敬业风气。（2017年10月18日，在中国共产党第十九次全国代表大会上的报告）

劳动最光荣、劳动最崇高、劳动最伟大、劳动最美丽。全社会都应该尊敬劳动模范、弘扬劳模精神，让诚实劳动、勤勉工作蔚然成风。（2018年4月30日，给中国劳动关系学院劳模本科班学员的回信）

劳动模范是民族的精英、人民的楷模，是共和国的功臣。我国是人民当家作主的社会主义国家，党和国家始终坚持全心全意依靠工人阶级方针，始终高度重视工人阶级和广大劳动群众在党和国家事业发展中的重要地位，始终高度重视发挥劳动模范和先进工作者的重要作用。（2020年11月24日，在全国劳动模范和先进工作者表彰大会上的讲话）

劳动创造幸福，实干成就伟业。希望广大劳动群众大力弘扬劳模精神、劳动精神、工匠精神，勤于创造、勇于奋斗，更好发挥主力军作用，满怀信心投身全面建设社会主义现代化国家、实现中华民族伟大复兴中国梦的伟大事业。（2021年4月30日，在"五一"国际劳动节到来之际，向全国广大劳动群众致以节日的祝贺和诚挚的慰问）

我国工人阶级和广大劳动群众要大力弘扬劳模精神、劳动精神、工匠精神，适应当今世界科技革命和产业变革的需要，勤学苦练、深入钻研，勇于创新、敢为人先，不断提高技术技能水平，为推动高质量发展、实施制造强国战略、全面建设社会主义现代化国家贡献智慧和力量。（2022年4月27日，致首届大国工匠创新交流大会的贺信）

 【拓展阅读】

叉车王孙柏新

他，在狭小场地能通过焊接槽钢、加长铲车铲脚的方法成功移动超大设备；他，通过钻研柴油特性，解决了叉车熄火冒烟等问题；他，充分发挥"传帮带"作用，培育出一支优秀的叉车工队伍。他，就是"全国五一劳动奖章"并在人民大会堂接受颁奖的江苏大全长江电器股份有限公司叉车组长孙柏新（图3-2）。

孙柏新2004年加入江苏大全长江电器股份有限公司，从学徒工开始学习叉车技能，是叉车司机里的技能佼佼者。20年来，他不停学、反复练，从一个手艺生疏的年轻人逐渐成长为一名思想进步、贡献显著的技术能手，凭脚控制油门能让叉尖达到厘米甚至毫米的精度。他曾在全省首届叉车司机职业技能大赛中获第一名，并先后被授予江苏省"技术能手""五一创新能手"等荣誉称号。

师傅领进门，修行靠个人。每天工作8小时，他叉车不离手，常常带头加班、随喊随到，在孙柏新看来，这些都让自己有了更多练手的机会。拉操作杆，打方向；前进，倒退；叉起，放下……孙柏新左手紧握方向盘，右手放在变速箱操纵杆或多路控制阀手柄上，熟练地控制叉车前后、快慢、倾斜、起升等动作。在成为"工匠"之前，孙柏新也是一名"无名小卒"。刚开叉车的前几年，他常常遇到叉不了、叉不稳的难题，但他深知，

图3-2 "全国五一劳动奖章"获得者孙柏新

只有勤练，才能熟能生巧。为了能快速、准确、分毫不差地完成工作任务，他根据叉车的理论数据，自己用尺量，用磅秤掌握所叉货的重量数据，并反复验证自我感觉和实际操作的结果。

在一次公司配电房拆迁任务中，孙柏新需移出配电房内发电机、变压器和5台35kV开关柜。由于配电房外空间较小，只能选用8吨大铲车，否则无法掉头，但因铲脚距离短，又出现无法够及设备的情况。综合多方面考虑，孙柏新将两块槽钢合起来焊成空心筒状，套在铲车的铲脚上，将铲脚加长到可够及需移动的设备的长度，从而成功从配电房里移出所有设备。

孙柏新不仅是"叉车王"，而且还是"全能王"，对叉车的常见故障检修、维护保养等也是样样精通：针对油路毛病引起熄火或者启动困难，他总结经验使用方法分离油桶、油箱内的水、杂质；针对大型超重设备安装就位问题，吊车不能进，大型铲车不方便，他利用地老虎、叉车托盘堆垛机、地坦克等和工作室成员齐心合力研究，安全、精准、及时安装就位。

孙柏新在自身能力不断提升的同时，还把所学技术经验全部授教班组成员，是大家眼中值得信任的好师傅、好教练。

孙柏新用近二十年的坚持，成就了他在叉车岗位上的不凡价值。"能有今天的成就，得益于公司给我们提供的培训学习平台和施展才能的机会。只要我们爱岗敬业、甘于吃苦、乐于奉献，在平凡的岗位上，我们也能创造精彩！"

开拓者李根

李根（图3-3）入职盐城天合国能光伏科技有限公司10年，先后参与3个公司、7期厂房建设；多次率团队独立完成组件项目建设，为公司节约了巨额建设成本；仅一项技改举措，就为公司每年节约100多万元；坚持探索、实施节能技术，每年为车间节电100多万度。

图3-3 "全国五一劳动奖章"获得者李根

2013年11月，正是天合光能在盐城的第一个公司、第一期厂房生产设备建设的关键时刻，当时机电设备还未竣工、生产设备尚未进场，而距离公司既定的开工日期仅剩一个月的时间。入职次日，作为设施经理的李根就开启了起早贪黑、夜以继日的工作模式，最终与团队一起以业界领先的速度完成了设备建设，工厂于当年12月下旬正式投产。

投产后，车间就立即进入满负荷运转状态，几乎每天24小时连轴生产对运维工作提出了极高的要求。有一次公司停电，李根抓住这个机会对公司内部及外围所有供水、供电、供气设备进行了全面的维护、检修。三天三夜的工作中，李根一共只睡了不到10小时，发现并排除了变压门开关故障、行程开关空缺等多个项目隐患。

李根是安全生产的"压舱石"，也是公司里主动担当、进取的"创新者"。公司成立自主改造工程小组不久，李根便带领团队自主完成了300MW二次配工作，为公司节约了50万元。2017年1月带领部门完成公司二期500MW组件项目建设工作，并按期完成项目安全三同时、职业卫生三同时、环保三同时、消防验收工作。在建立三期车间时，他将三期过剩动力源引入一期车间，每年为公司节约100万元。他通过分析电站的日常运行报表，就能发现发电量未达理想状态，经过组织人员检修、清洁，就可以让电站的日发电量立即增加1500度。

10多年来，在公司许多特殊时刻、关键工作中，经常出现李根甘于奉献、勇于拼搏的身影。2022年3月，组件车间提产能改造工作受到影响，李根一边负责改造工作，一边每日守在高速口接送材料、设备、人员，克服无数困难后，顺利在3个月内完成改造任务。

他带领团队于2017年完善了公司安全体系工作，为公司获得"盐城市平安企业"称号；2018年，帮助公司完成"江苏省安全二级标准化"的审核，李根也在2018年获盐城市五一劳动奖章荣誉称号，2019年获江苏省五一劳动奖章荣誉称号。2023年五一前夕，这位"85后"被授予全国五一劳动奖章。

汽车工艺大师郑志明

1997年，郑志明（图3-4）从广西柳州市一所职业学校毕业后，就进入柳州微型汽车厂做钳工学徒，这个厂子现在叫作广西汽车集团有限公司。从业以来，郑志明在一线生产中练好钳工的各项基本功，手工锉削的零件平面精度可控制在0.003毫米以内，相当于一根头发丝的1/25，现在是钳工特级技师。

提起徒弟郑志明，谭林科竖起大拇指，夸奖郑志明"好学、努力、肯钻研！"郑志明从小就喜欢研究手工，小学时没有玩具，他就从废弃汽车和自行车上拆下零件，组装成小轮船和小汽车。

图3-4　"全国五一劳动奖章"获得者郑志明

现在，郑志明也成了师傅，他蘸取红丹粉显示剂，均匀涂抹在零件待锉削的表面，左手用铁块固定零件的运动方向，右手持零件在铁制平台上前后摩擦。他告诉徒弟们："这个铁制零件的表面依然有高低不平的地方，肉眼很难分辨。零件表面红丹粉显示剂脱落，并有黑灰色痕迹的就是'高点'，是需要锉削的地方。"说着，他把零件待锉削的平面朝上，用虎钳夹紧，手持锉刀准备锉削。

要实现0.003毫米以内的精度，关键在于锉削。锉削前，郑志明会仔细观察锉刀。"锉刀有略微拱起的一面，用这一面才能保证零件的每处都能被锉到。"郑志明再次提醒徒弟们。只见他右手大拇指在上，握住锉刀，左手大拇指辅助前推，对准零件表面"高点"一点点锉削。每锉一两下，郑志明都会停下来，观察零件表面的锉痕，"前后锉痕深浅一致，说明锉刀拿得又平又稳，零件表面的'高点'都被均匀锉到了。"

这份热爱贯穿了郑志明的整个职业生涯。有一次，他接到一个任务：加工一个有数十个孔的液压集成块，孔的直径、深度各不相同，彼此交错，稍有偏差就会失败，影响接下来的生产。在动手加工前，郑志明谨记师傅的教诲：认真细致地读懂图纸，看清楚相关数据，反复核实检验，务求精准。

手工划线钻孔，位置误差很关键。郑志明用极细的划针在零件表面划出十字线，在两线交叉处用锤子轻敲一下样冲，留下样冲眼，初步确定孔的位置。"为了确保精度，我把样冲磨得很尖，打出的点也非常小，必须拿放大镜才能看清楚。"郑志明说，接着，他用夹具夹紧零件，将顶针安装在钻床主轴上，慢慢对准零件上的样冲眼，边钻边调整……耗时一整天，郑志明终于完成了液压集成块的加工。

在练习中，郑志明发现用方框法能够将孔的位置误差基本控制在0.05毫米以内。"打个比方：打好样冲眼后，以样冲眼为中心点，由内而外依次画边长为6毫米、7毫米、8毫米和10毫米的方框。钻孔时，孔的外缘会慢慢扩大，这时需要观察孔和每个方框的相切程度。如果孔与前一个方框没有相切，就需要及时调整方向，让它与后一个方框相切。"郑志明介绍，如果能够始终保持与方框相切的话，孔的位置误差就能基本控制在0.05毫米以内，这是郑志明的又一绝活。

2014年5月，郑志明国家级技能大师工作室挂牌成立。郑志明对徒弟们的加工任务"宁严一分，不松半毫"，常常手把手地带领徒弟们学习锉削、钻孔的方法，为公司更多的技能人才提供了广阔的成长空间。

近年来，郑志明主攻电驱桥、混动电机发动机等新能源汽车核心部件自动化生产线的设计与开发，已将目光从传统燃油车转向新能源车和智能装备制造领域。郑志明要求徒弟们认真做好每一道工序、工艺，因为设备的精度靠的是每个零件的精度，要一步一个脚印，为加快迈向制造强国贡献自己的力量。

从事汽车装备制造26年，郑志明熟练掌握了车、刨、焊、铣等加工技能。他手工锉削零件平面，平面精度可控制在0.003毫米以内；手工划线钻孔，位置误差可控制在0.05毫米以内，以较高的精度确保了设备的稳定、持久运行。他先后被授予全国技术能手、国务院政府特殊津贴专家、全国五一劳动奖章、全国劳动模范等荣誉。

新时代最美家政人王荣荣

王荣荣（图3-5），"全国扶贫职业技能大赛金牌""全国技术能手""全国五一劳动奖章"获得者。她经历了怎样的蝶变人生？

图3-5 "全国五一劳动奖章"获得者王荣荣（右三）

每次走进工作室，王荣荣总会一眼就看见墙上那张特意布置的励志海报。它时时提醒着自己：当你努力朝着自身的目标前进，整个世界都会为你让出道路。

王荣荣2001年初中毕业后就打零工，上缫丝厂当选茧工，到商店当售货员，在餐馆里当服务员，用稚嫩的肩膀帮父母分担家庭的重担，支持弟弟妹妹上学。24岁时，王荣荣结婚，第二年孩子出生。不料，一年后，丈夫在一次体检中被确诊为急性淋巴癌晚期。王荣荣向亲朋好友求援，凑钱给丈夫治病。可最终，仍未能挽救丈夫年轻的生命。

为了还上丈夫治病欠下的钱，王荣荣选择前往城里打短工。一天，她收到村里发来的一则培训月嫂的信息。王荣荣听别人说过这个职业，现在月嫂的市场需求很大，而且零投入、薪水高。信息里的一句话再次吸引了她的目光——"贫困户参加家政培训，培训费用全免。"2018年，当地政府了解到王荣荣的情况后，已将她家列入建档立卡贫困户。也就是说，一分钱不花她就能学到挣钱的新技能。这对于家境贫困的王荣荣来说，无疑是雪中送炭。

王荣荣立即报名。参加培训后，她才发现，如今育儿越来越讲究规范，当中的学问也越来越多。认真的她一句不落地听完所有课程，厚厚的笔记本上记得满满当当，有空的时候就反复琢磨那些笔记内容。她对照模具，不断地尝试给婴儿做抚触的力度和步骤，练习抱起婴儿、给婴儿换纸尿裤等动作规范。她练得非常投入，晚上回到家里还抱着枕头继续练。

20天后，凭借优异的成绩，王荣荣通过考核，被家政服务公司录用，成为一名月嫂，从此告别了打零工的生活。照顾新生儿，抱姿和眼神交流很重要。在客户家中，王荣荣会用眼神和声音一边逗引孩子，一边伸手将孩子慢慢抱起。对于新生儿的任何反应，月嫂都需要给出回应。有的新生儿一到晚上就哭闹不停，多是穿着不适、腹部不适、疝气、缺钙等原因。若是新生儿肠绞疼，就会脸涨得通红，小拳头攥得很紧，一声接着一声哭闹。若是新生儿脑袋左右摇摆，不停啼哭，那是饿了。若是新生儿睡得好好的，一旦往床上放，就挣扎着哭，那是缺乏安全感的表现，需要将其揽入怀里……处理这些新生儿的常见问题，王荣荣早已非常熟练。

走入育儿新职场，王荣荣主动承诺3天试用期，如果客户对自己的服务不满意，就不收费。她娴熟的专业技能和优质的服务，总能折服客户一家人，让对方放心地把孩子交给她照顾。

经历过苦日子，更懂得珍惜今日甜。王荣荣珍惜这来之不易的工作机会。不光是当月嫂，还有育儿嫂、护理员等，她把家政服务的各个工种都干了个遍。两年时间里，不断收获着良好口碑的王荣荣，很快成长为金牌月嫂，月收入从3000多元涨到1万多元。她也越来越感受到家政服务这份职业的价值所在，社会需要优质的家政服务。

2020年8月，全国扶贫职业技能大赛在山西大同举行。王荣荣作为公司选派的参赛选手，参加家政服务员项目的比赛。总决赛题目是虚拟家中有一位偏瘫老人和一个3岁小孩需要护理：在他们午睡醒来前10分钟，完成适合他们食用的水果拼盘，拼盘既要有艺术造型，又要有营养搭配，既节省生活成本，又提高生活品质；拼盘完成后，将老人扶上轮椅，给老人做康复训练操，让老人愉快地食用水果；然后唤醒小孩，让孩子快乐地吃水果，教他背儿歌或古诗。

通过决赛和总决赛的家务料理、母婴护理和养老照护3个模块的实力比拼，沉着稳健的王荣荣从来自21个省份的38名选手中脱颖而出，获得家政服务员项目金牌！

拿着金牌，王荣荣落泪了。金牌的背后，是她刻苦的训练和长久的坚持。

王荣荣获奖后，北京一家家政公司开出每月3万元的高薪，聘请她去做家政服务培训。可是她婉言谢绝了。她说："家乡更需要我，我希望带领更多姐妹，尤其是年轻的从业者们，通过技能致富，助力乡村振兴。"

2021年9月，王荣荣成为家政服务公司的培训讲师。她希望能带动更多人像她一样获得技能，再创美好生活。

在培训中她时刻关注着学员的表情和反馈，效果不理想她就重新再教，回家后还反复查资料，学习名师课程，边学边练。她让家人充当学员，听了之后提意见，还对着镜子或在空旷的田野上一个人练习讲课。她真诚地对待每一个学员，手把手地教，耐心地指出不足。

通过反复练习，王荣荣的授课水平不断提升。她积极地鼓励学员："没有什么难的，只要有一颗做好服务的心。"她教导学员："家政服务是最诚实的职业，你的付出与收获永远成正比。你学得越多，客户对你的信任与尊重就会越多；你努力得越多，拿到的薪资自然就越多。"

研究家政知识和行业动向，备课、教课，运营公司社交媒体账号，帮助公司拍摄其他家政从业者的短视频，受邀到企业和学校演讲……这是王荣荣现在的生活日常。

平凡的她，靠着自强不息诠释了"三百六十行，行行出状元"的道理。

"人间万事出艰辛。越是美好的未来，越需要我们付出艰苦努力"。盘点这些劳模，他们身上有一个共同点，那就是穿越眼前的迷雾，相信并为"美好的未来"而奋斗。

 【思考总结】

1. 查阅、了解更多劳模们的故事，并分享给同学和老师。
2. 查阅资料，了解你的专业领域中从古至今的杰出人物及其事迹。
3. 基于自己所学的专业，说一说你可以为社会做哪些有价值的事。

模块四
工匠精神

我国工人阶级和广大劳动群众要大力弘扬劳模精神、劳动精神、工匠精神，适应当今世界科技革命和产业变革的需要，勤学苦练、深入钻研，勇于创新、敢为人先，不断提高技术技能水平，为推动高质量发展、实施制造强国战略、全面建设社会主义现代化国家贡献智慧和力量。

——习近平

 【故事导入】

大国工匠卢仁峰

放慢呼吸，每一个姿势的变换都要万分小心，焊枪在手中稳定地移动，弧光闪烁，焊花飞溅……这是中国兵器工业集团首席焊接技师、内蒙古第一机械集团有限公司（以下简称"一机集团"）焊工卢仁峰的日常工作状态。

他数十年如一日，克服常人难以想象的困难，练就了焊接绝技；他攻克了一个个技术难题，培养了一批又一批的优秀焊工；他是集"大国工匠年度人物"、全国"最美职工"等称号于一身的"独手焊侠"。

卢仁峰与电焊结缘于1979年。16岁时，他来到内蒙古第一机械制造厂从事焊接工作。"看到师傅们焊出一条条鱼鳞纹，真是美慕。他们热爱工作、吃苦耐劳的精神深深打动了我，那时候我就下决心要好好学、好好干，成为最优秀的焊工。"卢仁峰说。

上班时跟着师傅认真学习焊接技术，下班后按照要领一遍遍练习；吃饭时把筷子当成焊条，把桌子当成练习板；利用业余时间研读专业书籍，记下20多万字的读书笔记……卢仁峰无时无刻不在潜心钻研焊接技术。然而，正在此时，工作中的一场意外让他险些失去左手。出现四级伤残后的左手别说辅助焊接，就连端杯水都很困难。厂里为了照顾他，安排他做库管员，他没有答应，而是坚持继续从事焊接工作。出院后他反复练习，将焊板割下来、焊上去，别人一次能完成的焊接，他需要两三次甚至更多次。卢仁峰的妻子董焕先看在眼里，急在心里。为了不让丈夫太辛苦，她多次劝卢仁峰放弃。

不能放弃！卢仁峰专门做了加厚隔热手套，方便左手卡住零件，并用牙齿咬住焊帽护住脸部，时间久了，卢仁峰的脸变得非常僵硬，牙齿也被咬出了血。"我要求自己在工作之余每天至少练完50根焊条才能回家，我把这些要求贴在工具箱上，严格执行。"卢仁峰说，等他完成一天的"功课"时，车间里早已空无一人。这一练就是5年，厚厚的手套磨破了多副，凭着惊人的毅力，他不仅恢复了焊接技术，还靠右手练就了一身电焊绝活，赢得"独手焊侠"的美誉。

卢仁峰家里珍藏着一只大手套。"当时我戴着这只手套将残疾的左手掩饰起来，参加首届兵器工业技能大赛，我要用单手参与竞赛来证明自己。比赛第二名的成绩，验证了我的技术，也让我对未来充满信心。"卢仁峰说。

命运弄人。1996年，厄运又一次降临在他身上。一次，正当他拿起电焊钳焊接罐体内管道时，近1吨重的罐体封头突然掉落下来，把他困在里面。这次事故导致卢仁峰第四腰椎骨骨折、骶骨骨折、肾脏严重挫伤。这一次事故后，几乎所有人劝他不要再干了。但半年后，卢仁峰又回到焊接生产一线。

经过多年研究与实践，卢仁峰先后完成某车辆焊接变形和焊缝成型问题攻关、某轻型战术车焊接技术攻关、某新型民品科研项目焊接攻关等23项"卡脖子"技术难题，创造了熔化极氩弧焊、微束等离子弧焊、单面焊双面成型等焊接方法，研究出短段逆向带压操作法、特种车辆焊接变形控制及HT火花塞异种钢焊接技术等多项成果获国家专利。

党的十八大以来，习近平总书记关于弘扬劳模精神和工匠精神的一系列重要论述，为我们进一步深化对工匠精神的认识提供了根本遵循。深刻认识工匠及工匠精神的重要理论与实践意义，对于大力弘扬工匠精神，建设一支重知识、善技能、创新型的产业大军，具有重大意义。"不惰者，众善之师也。"长期以来，在党的领导下，我国工人阶级和广大劳动群众奏响了"咱们工人有力量"的主旋律，特别是在新时代的伟大征程上为决胜全面建成小康社会、决战脱贫攻坚发挥了主力军作用。大力弘扬劳模精神、劳动精神、工匠精神，对于鼓舞和激励全党全国各族人民在决胜全面建成小康社会、决战脱贫攻坚取得决定性成就的基础上，乘风破浪，开拓进取，为全面建设社会主义现代化国家、实现第二个百年奋斗目标而继续奋斗，具有重大意义。

单元一　工匠

恩格斯指出，真正的劳动是从制造工具开始的。制造工具最初是使自然之物通过人类的加工成为能够打猎或捕鱼的工具。将自然的石块、动物骨头等加工成工具，就是最初的手工艺。这使得前人迈出了人猿相揖别的关键一步。习近平总书记说："人类是劳动创造的，社会是劳动创造的。"因而手工艺劳动在起源意义上就是创造人类的劳动，与人类的出现有内在关联，同时持续地创造着人类的生活。手工艺劳动不仅创造物质财富，而且创造美的享受。它从创造人类生活不可或缺的工具发展到满足人类对美的需求，从磨制石器到制作玉器，大大丰富了人类的生活。如陶工所制作的陶器，从简单粗陋到不断精致化，使得陶器不仅具有实用价值，同时也具有美的欣赏价值。

荀子说："人积耨耕而为农夫，积斫削而为工匠。"长期从事农业生产的人为农夫，长期使用斧头等工具的人为工匠。工匠的出现几乎与人类的历史一样久远。工匠就是从小学徒而终身从事某种匠工的人，如铁匠、铜匠、建筑泥瓦匠等。在中国传统文化语境中，工匠是对所有手工艺（技艺）人，如木匠、铁匠、铜匠等的称呼。自古以来，任何一个从事工艺劳动的工匠，都是以其毕生精力献身于这一工艺领域的。早在春秋战国时期，除农业之外的各种手工艺工匠已经形成规模，称为"百工"。这些工匠能够"审曲面势，以饬五材，以辨民器"。随着工业化时代的到来，现代工艺已经从手工艺发展到机械技术工艺和智能技术工艺。技艺水平的发展也标志着人类文明的进步。中国自古以来就是一个工艺制造大国，灿烂的中华文明孕育了无数行业优秀的工匠及其创造。在我国的工艺文化历史上，产生过鲁班、李春、李冰、沈括这样的世界级工匠大师，还有遍及各种工艺领域里像庖丁那样手艺出神入化的普通工匠。

进入现代工业社会，传统手工工匠似乎远离了人们的生活，但工匠并不是消失了，而是以新的面貌出现了。手工艺正在向机械技艺以及智能技艺转换，出现了现代工业领域里的新型工匠，如机械技术工匠和智能技术工匠。我国要成为世界范围内的制造强国，又面临着从制造大国向智造大国的升级与挑战，对技能的要求直接影响到工业水准和制造水准的提升，因而更需要将中国传统文化中所深蕴的工匠文化在新时代继续发扬光大，守正创新。

铁匠是打铁或锻造铁器的工匠。铁匠也是一门古老的职业，他们以铁为原料，靠一把小小的铁锤打造出各式各样的生产工具和生活用品来养家糊口。铁匠用来打铁的工具有：小铁锤、大铁锤、铁夹（用来夹烧热了的铁坯）、砧子（铁匠打铁的平台）等。铁匠一般都有一个自己的铁匠铺，有一座用来煅烧铁坯的火炉，在火炉的连接处有一个大的用手拉的风箱，主要用来控制火的温度和力度，一般称为掌控火候。火炉所用的燃料有木炭和煤炭，对木炭和煤炭的要求比较高，一百公斤煤炭中只有十来公斤煤可以用来打铁，能够打铁的炭叫铁炭。一个铁匠一般会带一到两个学徒，学徒的主要工作是用一把比自己师傅大出五六倍的大铁锤，帮助师傅把用来制作工具的被炉火烧熟了的铁毛坯打成所需的形状，在最后工具成形阶段就没有学徒的活了。

木匠是一种古老的行业。木匠以木头为材料，他们伸展绳墨，用笔画线，后拿刨子刨平，再用量具测量，制作成各种各样的家具和工艺品。木匠从事的行业是很广泛的，在现代他们不仅可以制作各种家具，在建筑行业、装饰行业、广告行业等都离不开木匠。比如在建筑行业要通过木匠来做必不可少的门窗等。木匠的祖师爷为鲁班，鲁班是春秋时鲁国人，古代著名的建筑工匠、建筑家，本公输氏，名般，后人称为鲁班。他不仅能建筑"宫室台榭"，而且在征战频繁的年代，曾造"云梯""钩强"等攻城、舟战的器械。相传他创造了"机关备具"的"木马车"，发明曲尺、墨斗等多种木制工具，还发明磨子、碾子等。他的确是少有的勤劳、机巧的工匠，受到社会普遍的赞扬，被称为"机械之圣"。他对后世影响很大，几千年来，一直被奉为木工、石工、泥瓦匠等工艺部门的共同祖师，被称为"鲁班爷"。鲁班发明了许多工具。斧头，用以劈开木材，砍削平直木料。刨子，用以更细致地刨平修饰木料表面。凿子，用以凿孔与开槽。锯子，用来开料和切断木料。墨斗，用来弹线与较直屋柱等。鲁班尺，用来丈量与校正角度等。

明熹宗时，外有金兵侵扰，内有明末起义，正是国难当头，内忧外患的时期。明熹宗朱由校却不务正业，不听先贤教诲去"祖法尧舜，宪章文武"，而是对木匠活有着浓厚的兴趣，整天与斧子、锯子、刨子打交道，只知道制作木器，盖小宫殿，将国家大事抛在脑后不顾，成了名副其实的"木匠皇帝"。朱由校自幼便有木匠天分，他不仅经常沉迷于刀锯斧凿油漆的木匠活之中，而且技巧娴熟，一般的能工巧匠也只能望尘莫及。据说，凡是他所看过的木器用具、亭台楼榭，都能够做出来。凡刀锯斧凿、丹青揉漆之类的木匠活，他都要亲自操作，乐此不疲，甚至废寝忘食。他手造的漆器、床、梳匣等，均装饰五彩，精巧绝伦，出人意料。据《先拨志始》载："斧斤之属，皆躬自操之。虽巧匠，不能过焉。"文献载其"朝夕营造""每营造得意，即膳饮可忘，寒暑罔觉"。

石匠，作为从事采集石料与宝石原料、将石料加工成各类产品的手工业者，承载着深厚的历史与文化底蕴。自古以来，石匠以其精湛工艺，在历史长河中留下了众多珍贵的碑文、石刻佛像以及宝石雕刻等作品，更在石桥建筑技艺方面做出了卓越的贡献。他们不仅为中国数千年的历史文化增添了浓墨重彩的一笔，同时也提供了精美绝伦的房屋装饰和建筑材料。此外，石匠所采掘的宝石，更是首饰的重要原材料。尽管目前石料加工与采掘尚未全面开放，但石匠这一职业仍具有巨大的吸引力和广阔的发展前景。

回溯往昔，理发师亦被称作剃头匠，他们或拥有一间小店，或肩挑一副担子，行走在街头巷尾。担子一头是煤球炉、椅子和印花搪瓷盆，另一头则是装满剪子、推子、剃须刀等工具的木头箱子。这种"剃头挑子一头热"的景象，曾是街头巷尾常见的风景。剃头匠们技艺娴熟，除了基本的理发服务外，还擅长推拿、捶背、剃须、采耳等多种技能。理发工具也从最初的剃刀、磨刀石等简单物品，发展至如今三十至四十种之多的丰富种类。这些变化不仅反映了理发技艺的不断进步，也体现了人们对发型美观需求的日益增长。

在剃头匠的巧手之下，顾客们得以享受舒适的理发体验。他们躺在椅子上，任由剃头匠用温水湿润毛巾，轻轻敷在脸上。随后，剃头匠便以熟练的技艺开始为顾客剃须刮面。一些经验丰富的老剃头匠，更是手法精湛，他们能够精准地掌握剃刀的力度和角度，让顾客在享受服务的同时，也能感受到一种别样的艺术魅力。当理发结束时，顾客们摸着自己光滑的脸颊，感受着焕然一新的精神面貌，无不对剃头匠的技艺表示赞叹和感谢。

 【拓展阅读】

中国古代工匠

1. 最早造房子的有巢氏。
2. 最早钻燧取火的燧人氏。
3. 春秋末、战国初鲁班。
4. 解牛的庖丁。
5. 战国水利工程专家李冰。

6. 三国时期的"名巧"马钧。

7. 宋代工程师韩公廉。

8. 明朝著有《天工开物》的宋应星。

单元二　工匠精神的内涵

千百年来技艺工匠的劳动实践及其生产的物质文明成果遍布人类生活以及审美的各个方面，同时在精神文明层面形成了以工匠精神为核心的工匠文化。工匠精神有着十分丰富的内涵。

新时代劳模文化积极弘扬社会主义核心价值观的时代性和社会性。劳模文化是对广大劳动者实践的高度总结和具体概括，是新时代的精神需求。劳模文化与劳模精神、工匠精神相互包容、相互依存，弘扬劳模文化是践行社会主义核心价值观的应有之义。工匠精神体现劳动者钻研技能、精益求精、敬业担当的职业精神，是对劳模文化的进一步升华。工匠精神与劳模精神一脉相承又相互包容。

工匠精神首先是一种劳动精神。人民创造历史从根本上看是劳动创造历史。人类在改造自然的伟大斗争中，不断认识自然的客观规律，通过在劳动实践中不断积累实践经验与技能，从而推动历史进步和创造更为丰富的社会财富。中国梦的实现，人民群众美好生活需要的满足，都需要广大劳动人民的劳动创造。正如习近平总书记所说："用辛勤劳动创造中国人民的美好生活、创造中华民族的美好未来。"人民在创造历史的同时，也在创造自我。通过劳动实现自我价值或人生价值是工匠精神的本质内涵。劳动是人类赖以生存的根本，同时也为个人提供了实现人生价值的舞台和空间。

"劳动是财富的源泉，也是幸福的源泉。人世间的美好梦想，只有通过诚实劳动才能实现；发展中的各种难题，只有通过诚实劳动才能破解；生命里的一切辉煌，只有通过诚实劳动才能铸就。"一个人只有通过诚实劳动，才可为社会创造物质财富与精神财富，才可得到他人和社会的认可与褒奖。与此同时，实现自我人生价值目标而产生的幸福感和愉悦感，会进一步激发劳动者的创造激情，从而为社会和他人创造更为丰富的财富。"一切劳动者，只要肯学肯干肯钻研，练就一身真本领，掌握一手好技术，就能立足岗位成长成才，就都能在劳动中发现广阔的天地，在劳动中体现价值、展现风采、感受快乐。"工匠精神首先就是热爱劳动、专注劳动、以劳动为荣的精神。在劳动中体验和升华人生意义与价值，是工匠精神的题中应有之义。

工匠精神是对职业劳动的奉献精神。几千年来从事技艺劳动的各种工匠，其社会地位并不高，然而，千百年来工匠以业维生，并以技艺为立身之本，无私地奉献自己的全部心血，提高和完善自己的技艺，创造了灿烂的工匠文化。工匠精神就是干一行爱一行，在干中增长技艺与才能。发扬工匠精神，就要提高我们的爱岗敬业精神，"劳动没有高低贵贱之分，任何一份职业都很光荣。"劳动最崇高，劳动最光荣，在平凡的岗位干出不平凡的业绩，就是工匠精神的体现。无论是三峡大坝、高铁动车，还是航天飞船，都凝结着现代工匠的心血和智慧。

工匠精神是一丝不苟、精益求精的精神。重细节、追求完美是工匠精神的关键要素。几千年来，我国古代工匠制造了无数精美的工艺美术品，如历代精美陶瓷以及玉器。这些精美的工艺品是古代工匠智慧的结晶，同时也是中国工匠对细节完美追求的体现。现代机械工业尤其是智能工业对细节和精度有着十分严格的要求，细节和精度决定成败。对细节与精度的把握，是长期工艺实践和训练的结果，通过训练培养成为习惯气质、成为品格，就能从心所欲不逾矩。"功夫"一词，不仅指武功，而且也指各种工匠所应具有的习惯性能力。功夫是长期苦练得来的。不下一定的苦功，不可能出细活。工匠从细处见大，在细节上没有终点。

2015年，中央电视台播出《大国工匠》纪录片，讲述了24位大国工匠的动人故事。这些大国工匠令人感动的地方之一，就是他们对精度的要求。如彭祥华，能够把装填爆破药量的呈送控制在远远小于规定的最小误差之内；高凤林，我国火箭发动机焊接第一人，能把焊接误差控制在0.16毫米之内，并且将焊接停留时间从0.1秒缩短到0.01秒；胡双钱，中国大飞机项目的技师，仅凭他的双手和传统铁钻床就可生产出高精度的零部件；等等。无数动人的故事告诉人们，我国作为制造大国，弘扬工匠精神、培育大国工匠是提升我国制造品质与水平的重要环节。

工匠精神的核心要素是创新精神。"创新是一个民族进步的灵魂，是一个国家兴旺发达的不竭动力。"一个民族的创新离不开技艺的创新。在现代工业条件下，对于工匠技艺的要求已经不仅仅是像传统工匠那样，只是从师傅那里学得技艺从而能够保持和发扬祖传工艺技法。实际上，传统工艺也是在传承与创新中得到发展的，我们要将传承与创新统一起来，在传承的前提下追求创新。现代机械制造尤其是现代智能制造，对技艺提出了越来越高的难度和精度要求，不仅要有娴熟的技能，而且要求技术创新。每一个产品的开发，每一项技术的革新，每一道工艺的更新，都需要有工匠的创新技艺参与其中。

《大国工匠》纪录片中的那些卓越工匠，不仅具有高超的技艺，而且具有强烈的创新意识和创新能力。高凤林在他所参与攻关的多项重大项目中，不断改进工艺措施，不断创造新工艺，不断攻克一个个难关，从而达到世界第一的水准。创新能力，不是对以往工艺墨守成规，而是对现有的生产技艺大胆革新，给行业技艺带来突破性贡献，促进生产技艺水平提升，推动社会经济发展。

 【拓展阅读】

工匠精神金句

1. 知者创物，巧者述之守之，世谓之工。百工之事，皆圣人之作也。（《考工记》）

2. 人心惟危，道心惟微；惟精惟一，允执厥中。（《尚书·大禹谟》）

3. 打工的状态并不可怕，打工的心态很可怕。（付守永《工匠精神》）

4. 书痴者文必工，艺痴者技必良。（蒲松龄《聊斋志异》）

5. 当你做某件事的时候，你就要跟它建立起一种难割难舍的情结，不要拒绝它，要把它看成是一个有生命、有灵气的生命体，要用心跟它进行交流。（获奥斯卡奖日本影片《入殓师》）

6. 我亦无他，惟手熟尔。（欧阳修《卖油翁》）

7. 用志不分，乃凝于神。（《庄子·达生》）

8. 今臣之刀十九年矣，所解数千牛矣，而刀刃若新发于硎。彼节者有间，而刀刃者无厚；以无厚入有间，恢恢乎其于游刃必有余地矣。（《庄子·养生主》）

9. 对于好产品的追求是无止境的，它来自对每个细节的打磨和探究，它是基于一种将细节做到极致的欲望，是对以往的颠覆和创新。（苹果产品设计的核心人物乔纳森·艾夫）

10. 从创新的角度来讲，很多时候最需要的素质应该是能够耐得住寂寞，在别人都不看好的情况下，你是不是愿意相信这个事情，是不是真的愿意投入做这个事情。（百度创始人李彦宏）

11. 工匠平静、安适、充实、愉悦、幸福，活在当下，强在内心。（付守永《工匠精神》）

12. 很多人认为工匠是一种机械重复的工作者，但其实，工匠意味深远，代表着一个时代的气质，与坚定、踏实、精益求精相连。把做的事看成有灵气的生命体。（《大国工匠》系列）

13. 工匠们喜欢不断雕琢自己的产品，不断改善自己的工艺，享受着产品在双手中升华的过程。工匠们对细节要求，追求完美和极致，对精品有着执着的坚持和追求，把品质从99%提高到99.99%，其利虽微，却长久造福于世。（《大国工匠》系列）

14. 曾几何时，工匠是一个中国老百姓日常生活须臾不可离的职业，各类手工匠人用他们精湛的技艺为传统生活景图定下底色。社会进入后工业时代，一些与现代生活不相适应的老工匠逐渐淡出，但工匠精神永不过时。（《大国工匠》系列）

15. 世界再嘈杂，匠人的内心，绝对必须是安静、安定的。（中国台湾李宗盛《致匠心》）

单元三　工匠精神的本质

中国哲学对工匠精神有着深刻的认知：道技合一或"匠工蕴道"。在《庄子》的多篇文章中，表达了对工匠精神的本质看法。《庄子》以庖丁解牛、匠石运斧、老汉粘蝉等生动事例告诉人们，古代匠人的技艺能够达到鬼斧神工的至高境界，即所谓"臣之所好者，道也，进乎技矣"。庖丁以十九年解牛数千之功力，使技法能够以神遇而不以目视，达到"官知止而神欲行，依乎天理"的境地，足以见得，古代工匠精神既是实践的积淀，同时又是内心对道的追求的展现。"道"是中国哲学的最高概念，其蕴含着天地与人间社会的规律或准则（天道、人道等）。在道家看来，道既是思维所能把握的最高概念，同时也是万物存在之理。万物的本性都是道的体现，匠工蕴道，这个道，是技艺之道，同时也是得天理之道。庄子以庖丁娴熟技艺、游刃有余的技艺来表明，庖丁对劳动对象的自然机理纯熟于心，并化为精神生命之道。而在庖丁的精神境界里，则深蕴着对道的追求和把握，同时也将这种追求和把握与技艺的完美结合在一起，从而达到鬼斧神工的境界。当代大国工匠高凤林、张冬伟、顾秋亮等，其技艺达到臻于完美的境界，都是通过刻苦训练和反复实践，从而达到对其劳动对象的自然机理之道的深刻把握。

从根本上说，工匠精神是一种伦理德性精神。就德性论层面而言，人的一切行为发自内在品格。对完美的追求，精益求精以及持之以恒的探索创新，是内在德性的展现。从道德的观点看，每个人都应当追求德性，过一种有德性的生活。德性论认为，在人们的现实生活中，我们可以找到德性行为者作为我们行为的典范。那么，什么样的人可以充当这样一种典范？在古希腊，苏格拉底的回答是工匠，并且只有像铁匠、铜匠甚至修鞋匠那样具有手工艺的人才才真正具有德性。道技合一是德性品格的见证。在苏格拉底看来，工艺制作是指向善的活动，一个人熟练地掌握了他所从事的技艺，也就能够把这类事情做好，从而成为一个有德性的人。因而，做一个有德性的人，也就是像匠人那样生活和工作。具备工匠精神的大国工匠坚守质量品质，一生打造精品，把产品的好坏看成自己人格和荣誉的象征，他们就是这样具有优美德性、始终追求卓越的人。我们要以他们为榜样，做一个品德高尚而追求卓越的人，积极投身于中华民族伟大复兴的宏伟事业中。

工匠精神是千百年来工匠在劳动实践中展现出来的风采和神韵，体现了技术尖兵的优秀品质。工匠精神承载着职业精神的核心价值，对职业教育的人才培养具有重要统领意义。通过对一线从业者的深度访谈，工匠精神的实质可以凝结为三句话。

第一，我只做这一件事。我们内心尊敬的匠人，他们一生都只做一件事，这件事是他的兴趣所在，就像是他们生命的一部分。当然工匠精神的表现不止于此，还有更多的人表现在"干一行爱一行"，在国家的建设中，曾有无数的劳动者就像是螺丝钉，祖国需要在哪里，就把自己钉在哪里。除此之外，工匠精神还有当下的意义，即只做当下这件事，不分心，不受外来干扰。由此可见，工匠精神的第一要义是专注，即专注于要做的事，无论这件事是他自己喜欢的、追求的，还是外部要求的、组织需要的，做的时候就不分心，全力以赴。

第二，我要把它做得越来越好。把事情做得越来越好是一种态度，表明对自己承担事务的负责，它更是一种"向好"的思维，背后是反思的习惯，即通过反思不断做出行动的改进。我们发现，那些有反思习惯的人往往有自己内心的"要求"，他做事的标准总是高于他人，这是一种很了不起的标准，正是这样的标准引导着做事的结果不断"向好"。因此工匠精神的第二要义是精进，即在原来的基础上做得更好，有了这种精神，即便是起点低、水平差，输出的结果也会不断"优化"，由不完美走向完美。

第三，我乐在其中。那些真正的工匠与一般人相比有一个重要的特征，他们工作乐在其中。这种乐有几个层次的成分，首先是一种"参与其中的乐"，只要做这件事，他就是快乐的；其次是一种"获得成就的乐"，当作品完成，达到自己内心要求时体验到的满足；最后是一种"自我成长的乐"，通过自己的努力，服务他人的能力不断提升，为人处世达到了新境界。因此，工匠精神的第三要义是乐业，不论做什么，都积极体验其中的乐趣，并通过主动赋予意义，获得工作动力的输入，成为一个有自我工作动机的人。

总之，工匠精神的实质是专注、精进、乐业。

单元四 听总书记讲工匠精神

时代发展，需要大国工匠；迈向新征程，需要大力弘扬工匠精神。

技术工人队伍是支撑中国制造、中国创造的重要力量。我国工人阶级和广大劳动群众要大力弘扬劳模精神、劳动精神、工匠精神，适应当今世界科技革命和产业变革的需要，勤学苦练、深入钻研，勇于创新、敢为人先，不断提高技术技能水平，为推动高质量发展、实施制造强国战略、全面建设社会主义现代化国家贡献智慧和力量。（2022年4月27日，致首届大国工匠创新交流大会的贺信）

劳动创造幸福，实干成就伟业。希望广大劳动群众大力弘扬劳模精神、劳动精神、工匠精神，勤于创造、勇于奋斗，更好发挥主力军作用，满怀信心投身全面建设社会主义现代化国家、实现中华民族伟大复兴中国梦的伟大事业。（2021年4月30日，在"五一"国际劳动节到来之际向全国广大劳动群众致以的节日祝贺）

大力弘扬劳模精神、劳动精神、工匠精神，激励更多劳动者特别是青年一代走技能成才、技能报国之路，培养更多高技能人才和大国工匠，为全面建设社会主义现代化国家提供有力人才保障。（2020年12月10日，致首届全国职业技能大赛的贺信）

在长期实践中，我们培育形成了爱岗敬业、争创一流、艰苦奋斗、勇于创新、淡泊名利、甘于奉献的劳模精神，崇尚劳动、热爱劳动、辛勤劳动、诚实劳动的劳动精神，执着专注、精益求精、一丝不苟、追求卓越的工匠精神。劳模精神、劳动精神、工匠精神是以爱国主义为核心的民族精神和以改革创新为核心的时代精神的生动体现，是鼓舞全党全国各族人民风雨无阻、勇敢前进的强大精神动力。（2020年11月24日，在全国劳动模范和先进工作者表彰大会上的讲话）

实体经济是我国经济的重要支撑，做强实体经济需要大量技能型人才，需要大力弘扬工匠精神，发展职业教育前景广阔、大有可为。（2019年8月20日，在甘肃省张掖市山丹县考察山丹培黎学校时的讲话）

建设知识型、技能型、创新型劳动者大军，弘扬劳模精神和工匠精神，营造劳动光荣的社会风尚和精益求精的敬业风气。（2017年10月18日，在中国共产党第十九次全国代表大会上的报告）

广大劳动群众要立足本职岗位诚实劳动。无论从事什么劳动，都要干一行、爱一行、钻一行。在工厂车间，就要弘扬"工匠精神"，精心打磨每一个零部件，生产优质的产品。在田间地头，就要精心耕作，努力赢得丰收。在商场店铺，就要笑迎天下客，童叟无欺，提供优质的服务。只要踏实劳动、勤勉劳动，在平凡岗位上也能干出不平凡的业绩。

（2016年4月26日，在知识分子、劳动模范、青年代表座谈会上的讲话）

在改革开放历史新时期，"蓝领专家"孔祥瑞、"金牌工人"窦铁成、"新时期铁人"王启明、"新时代雷锋"徐虎、"知识工人"邓建军、"马班邮路"王顺友、"白衣圣人"吴登云、"中国航空发动机之父"吴大观等一大批劳动模范和先进工作者，干一行、爱一行、专一行、精一行，带动群众锐意进取、积极投身改革开放和社会主义现代化建设。为国家和人民建立了杰出功勋。（2013年4月28日，在同全国劳动模范代表座谈时的讲话）

 【拓展阅读】

雕刻火药的大国工匠——徐立平

0.2毫米，不到两张A4纸的厚度，这是徐立平的"雕刻"精度；下刀的力度完全由自己感知和判断，稍有不慎就可能导致灾难，这是徐立平的工作环境。

徐立平是中国航天科技集团有限公司第四研究院7416厂班组长。30多年来，徐立平立足航天固体发动机整形岗位，不惧危险，执着坚守，勇于担当，练就一身绝技绝招，为火箭上天、导弹发射、神舟遨游"精雕细刻"，是雕刻火药、为国铸剑的大国工匠。他光荣当选第十三届全国人大代表，荣获时代楷模、最美航天人、全国技术能手等荣誉称号，获全国五一劳动奖章、中华技能大奖。

1989年，工作还不到3年的徐立平，为找出正在研制的某重点型号发动机的故障原因，与专家们一道从发动机中仔细探寻。在狭窄空间里，人在成吨的炸药堆里小心作业，每次只能铲出四五克药。为确保安全，规定每人在里面最多干上10分钟就必须出来。但为了让队友们能多休息一会儿，徐立平每次都坚持多挖五六分钟。历经2个多月的艰难挖药，故障成功排除。

凭着过人胆识和刻苦练习，徐立平练就了一手"精雕细刻"的绝活。0.5毫米是固体发动机药面误差允许的最大误差，而徐立平整形的误差控制在不超过0.2毫米。30多年来，徐立平整形的产品始终保持着100%合格率和安全事故为零的纪录。他还依托"徐立平大师技能工作室"帮助青年职工成长，所在班组被命名为"徐立平班组"，其中多人成长为国家级技师和技能技艺骨干。

感动石油大国工匠——刘丽

刘丽（图4-1）是中国石油大庆油田第二采油厂的一名采油工，先后荣获全国五一劳动奖章、全国技术能手等荣誉称号。她也是"刘丽工作室"的带头人，登上央视新闻的一位"大国工匠"。刘丽说，要成为新时代的大国工匠，最重要的是要有"几股劲儿"：遇到辛苦不怕累的干劲儿，遇到挑战不服输的倔劲儿，遇到挫折不气馁的韧劲儿，遇到难题不放弃的钻劲儿，还有遇到困难不退缩的闯劲儿。

大庆油田是我国工业战线上的一面旗帜，每年到大庆油田参观、考察、学习的来宾有一个必去的地方，那就是"铁人"王进喜纪念馆。而今，到"刘丽工作室"参观的人也日渐增多。回溯大庆油田近60年的发展历史，在刘丽的身上既可以看到对"大庆精神""铁人精神"的传承和延续，更可以看到新时代的石油工人把"我为祖国献石油"的旋律唱得更动人。

图4-1 "全国五一劳动奖章"获得者刘丽

人们耳熟能详的"铁人"王进喜是第一代大庆石油人的典型代表。和王进喜一样，刘丽的父亲刘文生也属于大庆油田的第一代石油人，先是在采油队当队长，后到培训中心做教育工作。刘丽是家里的第六个孩子，由于年龄的差距，她对父亲早年的工作并不是很了解。然而让她不能忘怀的是，父亲在80多岁高龄的时候，每天看报纸、写日记的习惯从未间断过。受到父亲的影响，"学习"二字从未远离刘丽的工作和生活。

1993年，刘丽以全校第一名的成绩从技校毕业。上班后，她又用一年的时间昼夜兼程继续学习，考入大学深造。在刘丽眼中，父亲那代石油人最大的特点是"老实、认真"，这也是大庆油田的传家宝"三老四严"精神的体现。1998年8月，刘丽郑重宣誓，成为一名中国共产党党员。在此之前，她写了两年多的思想汇报。"每次我都会把思想汇报拿给父亲看，他逐字逐句地批改，和我交流哪方面工作做得还不够，哪方面还需要加强。父亲总能给我指出很多不足。"刘丽回忆说。

随着开采难度不断加大，简单、重复的体力劳作已经不能满足实现百年油田发展的需要，以刘丽为代表的知识型、技能型、创新型职工成为大庆油田高质量发展的急需人才。

刘丽说，女员工奋战在油田生产一线，首先面对的挑战是野外作业的恶劣环境。"我们地处东北，夏季炎热，冬季严寒，女员工在身体上面临着较大的考验。在采油工作中，男女在岗位区分上的差别不大，女员工一样要管理油水井，一样要做生产维修。工作时需要使用大机械和铁工具，很多都是体力较重的活儿，所以对女员工的体能有较高的要求。"在她看来，要想干好工作，女员工势必要比男员工经受住更多的考验，尤其是想成长为技师等高技能人才，承担起岗位上的急难险重任务，就要付出更多。

站在井场上的油田女工，她们不娇气、不怕苦、不怕累，和男员工一样能担当。在工艺改造和技术革新方面，油田女工努力锻炼自己的空间想象力和立体思维能力，有针对性地补齐机械技术方面的短板。为了在各方面都能保持"发言权"，刘丽像海绵吸水一样不断学习新知识，开发新技术。

央视新闻的《大国工匠》节目曾播出刘丽调试最新一代抽油机井口盘根盒的画面。她一边向徒弟们展示，一边解释说："转动这个盘根盒的外壳，然后这个密封圈就出来了。"更换盘根盒中的密封圈，这项看似普通的工作是保证井口密封清洁必须要做的，然而这个活儿在过去，也是采油工最不愿意做的。"平常我需要拿螺丝刀顺着方向一点一点抠取，螺丝刀伸下去没有活动的空间，经常把这个螺丝刀都别弯了，到底下也不好抠，尤其是产生的小碎块在底部根本就抠不出来。"

更换的时候要用螺丝刀在只有1厘米宽的环形空间里，把密封圈一个一个地抠出来，越深越难抠。换一次密封圈要干四五十分钟。长时间停机，会影响产量，密封效果差，井口都成了油葫芦。几十年来，采油工们一直都用抠取的办法更换盘根盒密封圈，虽然也自创了一些工具，但都没有从根本上解决更换难的问题。那时担任井长的刘丽也在重复这项工作，如何改变这种更换方式，她几乎天天都在琢磨。直到有一次，刘丽在使用口红的时候茅塞顿开。"我转动的是底部，但是口红从上边慢慢地露出来了。我恍然大悟，想到可以通过旋转顶出的结构把这个密封圈顶出来。"她立即着手设计图纸，寻找厂家加工。第一个上下可调式盘根盒在2000年生产出来，刘丽第一时间把它装到了自己管理的抽油井上试验。十几年下来，密封圈盒完成了五代改进，不仅使更换操作简单快捷，停机时间缩短，每口井日节电还达到了11度。2018年，密封圈盒被大庆油田授予有史以来第一个技术革新成果特等奖。

刘丽常说："工作室不是我自己的，如果只有我一个专家，那工作室的意义就没有发挥出来。"她深知只有整个团队强大了，才能真正助力油田发展。

员工做创新的热情越来越高，岗位上对成果的需求也越来越大，做创新的过程中需要面对和解决的问题也自然越来越多。刘丽以工作室为平台，大力推动多工种合作、跨专业联合，真正实现了强强联合，合力攻关。2017年的夏天，雨季降水频繁，因电路问题导致的抽油机停机现象频发。采油队的夜巡工人少，巡查面积大，无法及时发现停机，处理故障有时要延误几个小时，严重地影响了产量。针对这个问题，"刘丽工作室"的采油工们想到做一种高亮度指示灯，把指示灯装在抽油机游梁尾部，通过指示灯的闪动，让夜巡工人远远地就能判断出抽油机的运行状态。

创意有了，可在形成方案的时候，电源选择的问题成了大家争论的焦点。为什么呢？刘丽解释道："指示灯利用抽油机配电箱内的自身电源是最合适、最直接的办法，但指示灯要装在抽油机游梁尾部，需要从配电箱向游梁尾部扯线，这段电线悬在空中，野外风吹雨打，会出现断线的情况，后期维护与管理难度很大。"同时，装置要装在高空，游梁尾部位置没有太好的固定点，就不能使用大型的自身发电装置。面对这些困难，刘丽亲自负责协调，采油专业的技师们搞不懂的难题，她交给擅长电工专业的电工分会的技师们。电工分会的技师按照采油技师的要求马上着手研究，大家一起上网查找资料。最终，他们利用太阳能电极板做电源，采用超低温蓄电池和LED高亮度灯，设计出一款抗低温的抽油机运行状态指示灯。安装在抽油机上后，夜巡工人在500米距离内就可以判断出抽油机是否在运行。

该成果在现场应用后受到一线员工的广泛好评，大家备受鼓舞，又一鼓作气针对电泵井和螺杆泵井的结构，设计出另外两种指示灯。刘丽把这三种指示灯统称为机采井运行状态指示装置，投入使用后，既能及时发现停机现象，又大大地缩短了夜巡工人的巡检时间，同时缩短了发现和处理故障的时间，挽回了产量损失。

通过多工种"跨界"合作，刘丽带领她的工作室成员们实现了"革新资源共用、创新经验共享、专业工种互补、生产难题攻克"的创新模式。

刘丽对"大国工匠"这个称谓充满敬意。她说："在我心中，高凤林等著名工匠是我高度敬仰的人物。'大国工匠'，这个称谓是国家和社会对技术工人的高度认可和尊重，也是一面旗帜，一直在我们心中飘荡，激励我们持续向前，不断努力。"

考工记（节选）

原文：函人为甲，犀甲七属，兕甲六属，合甲五属。犀甲寿百年，兕甲寿二百年，合甲寿三百年。凡为甲，必先为容，然后制革。权其上旅与其下旅，而重若一，以其长为之围。凡甲，锻不挚则不坚，已敝则桡。凡察革之道，视其钻空，欲其惌也；视其里，欲其易也；视其朕，欲其直也，橐之欲其约也；举而视之，欲其丰也；衣之，欲其无齘也。视其钻空而惌，则革坚也；视其里而易，则材更也；视其朕而直，则制善也；橐之而约，则周也；举之而丰；则明也；衣之无齘，则变也。

译文：函人制作甲衣时，犀甲的上下旅都是用七片连缀而成，兕甲的上下旅都是用六片连缀而成，合甲的上下旅都是用五片连缀而成。犀甲可用一百年，兕甲可用二百年，合甲可用三百年。凡制作甲衣，必须先量度人的体形，然后裁制甲片。称量甲衣的上旅和下旅，而重量要一样，用甲衣的长度作为腰围。凡甲衣，皮革锻制不实就不坚固，锻制过分致使革理损伤就会使甲衣易于曲折而不强韧。凡观察甲衣的方法：看甲片上为穿丝绳连缀甲片钻的孔眼，孔眼要小；看甲片的里面，要刮治得平而光；看甲衣的缝，要上下对得很直；装进袋子里，要体积小；举起而展开来看，要显得宽大；穿到身上，要甲片相互间不磨切。看到甲片上的钻孔很小，就知道甲衣很坚固；看到甲片的里面平而光，就知道甲衣的材料好；看到甲衣上的缝很直，就知道做工好；装进袋子体积小：就知道缝制精致；举起展开显得宽大，就一定很有光耀；穿到身上甲片相互不磨切，活动起来就很便利。

【思考总结】

1. 谈一谈大国工匠们在工作中可能会面临哪些挑战，他们是如何应对的。
2. 总结劳动模范、大国工匠们的共同品质或特点。
3. 说一说自己和大国工匠们的差距主要有哪些。

模块五
"1+X" 证书

在全面建设社会主义现代化国家新征程中，职业教育前途广阔、大有可为。

——习近平

 【案例导入】

昆明两酒店员工获国家咖啡师职业技能等级证书

洲际酒店集团旗下昆明中心皇冠假日酒店和昆明中心假日酒店的员工们喜获国家咖啡师职业技能等级证书！

经过多日的理论和实操课程培训，员工们迎来了国家咖啡师职业技能等级证书的考试。考试现场十分严格，不定时还有突然袭击的中华人民共和国人力资源和社会保障部（简称人社部）"巡查员"巡视考试。幸亏日常学习认真，那阵势还真有些"吓人"。

经历了风雨，就会看到彩虹！

总经理 Albert Lee 说：在各大品牌市场竞争白热化的时代，抓住人才就抓住了未来，酒店努力提升员工福利待遇，聘请专业机构对员工进行正规系统培训，逐步提升员工相关知识结构和技能，并鼓励考取国家层面技能证书，为员工将来进入国家高技能人才队伍奠定基础。每位员工用专业知识服务客人，提升了客人入住体验，让酒店乃至整个城市给客人留下美好印象。

云南金米兰咖啡职业培训学校系云南金米兰咖啡集团公司旗下机构，"樱花假日酒店"是云南金米兰咖啡集团1998年进入云南市场的第一家签约客户，并一直友好合作至今。"20多年来，我们是在大家的帮助与支持下成长到今天的，一定要用自身优势，去回报我们最忠实的合作伙伴！"校董周玫激动地说，"这是迄今为止，国内为国际品牌酒店员工核发的第一批国家咖啡师职业技能等级证书，作为国内高星级酒店的咖啡供应商也只有我们能做得到！未来，我们将会为更多的像你们一样的忠诚合作伙伴的员工做同样的事情"。

单元一　"1+X"证书制度

一、什么是"1+X"证书制度

《国务院关于印发国家职业教育改革实施方案的通知》（国发〔2019〕4号）中提出，要"在职业院校、应用型本科高校启动'学历证书＋若干职业技能等级证书'制度试点工作"，即"1+X"证书制度试点工作（图5-1）。这是目前我国学历证书与职业资格证书由"分开授予"向"合并授予"的一个大胆尝试。

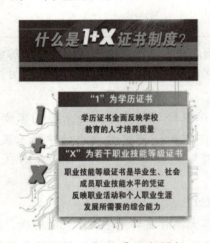

图5-1　"1+X"证书制度

"1+X"证书制度中："1"是指学历证书，指学习者在学制系统内实施学历教育的学校或者其他教育机构中完成了学制系统内一定教育阶段学习任务后获得的文凭；"X"是指取得的若干职业技能等级证书。"1+X"证书制度是指学生在获得学历证书的同时，取得多种职业技能等级证书。

学历证书全面反映学校教育的人才培养质量，在国家人力资源开发中起着不可或缺的基础性作用。职业技能等级证书是毕业生、社会成员职业技能水平的凭证，反映职业活动和个人职业生涯发展所需要的综合能力。拓展就业创业本领，缓解结构性就业矛盾，多一项职业技能，多一种谋生方式。

二、"1+X"证书制度的背景

在习近平新时代中国特色社会主义思想指引下，进一步推进新时代职业教育改革发展，2019年1月国务院印发了《国家职业教育改革实施方案》（简称"职教20条"），把学历证书与职业技能等级证书结合起来，探索实施"1+X"证书制度。"职教20条"明确提出，"深化复合型技术技能人才培养培训模式改革，借鉴国际职业教育培训普遍做法，制定工作方案和具体管理办法，启动'1+X'证书制度试点工作。"2019年《政府工作报告》进一步指出，"要加快学历证书与职业技能等级证书的互通衔接"。

"1+X"证书制度体现了职业教育作为一种类型教育的重要特征，是落实立德树人根本任务、完善职业教育和培训体系、深化产教融合和校企合作的一项重要制度设计。

（一）复合型技术技能人才有助于产业转型升级

生产技术手段、组织方式的巨大变革，以及消费观念与结构的升级，使得产业发展的形态、要素和过程变得更为复杂，从而产生了对产业一线从业人员的新需求，例如人才结构去分层化、技能操作高端化、工作方式研究化等。产业一线从业人员不仅需要掌握本岗位最基本的工作技能，还必须对岗位群中的相关岗位生产内容有所了解，时刻掌握生产和服务对象的需求及变化，了解本行业技术与生产组织方式的发展成果并主动学习和使用，并基于工作情境培养团队协作、终身学习、沟通反馈等若干重要的方法能力与社会能力。而传统的职业资格鉴定方式则显现出一定的缺陷：①终结性评价无法关注能力形成的过程，无法记录学习者能力培养的各个动态成果；②已有的职业资格评价手段无法有效地鉴定职业能力水平，尤其是知识与技能的分隔评价，忽视了能力形成的情境性和综合性，且无法体现职业能力复杂的特点。因此，在产业对一线技术技能人才能力需求发生重大变化的情况下，人才的培养和评价制度也必然需要发生变革，"1+X"证书制度也就应运而生。

（二）提升职业教育人才培养效率

"双证融通"是近年来一些地区尝试将学历文凭和职业资格证书相融合，将"育人"与"育才"相融合的一项举措，也是提升职业教育育人质量、提升教育资源利用效率的举措。但这项举措实施的重要阻碍在于学历文凭与职业资格证书的获取途径、评价导向、学习内容等存在不同之处，且在实施过程中存在一个专业对应多个职业资格证书、面向知识技术密集型岗位的综合资格证书不足、"课证融合"远远没有达到等问题。而解决这一问题的根本路径是，将两类证书的授予集中在一个部门进行管理和监督，在行政层面打破两类证书在执行过程中的壁垒。"1+X"证书制度赋予了教育行政部门授予职业技能等级证书的权力，这就为深层次实施"双证融通"，提升职业教育人才培养的效率提供了前提条件。

（三）提升职业技能等级证书的含金量

职业资格证书制度是现代社会就业的一项基本制度，尽管国务院自2015年以来取消了若干职业资格许可与认定事项，但这并不是否认证书在资格许可和资质认定上所发挥的作用。因为该证书能够在现实层面表明劳动者具有从事某一职业所具备的学识和技能，是用人单位招聘录用劳动者的主要依据。有研究表明，在控制了人力资本变量后，持有职业资格证书的从业者比无职业资格证书的从业者平均收入高出17.6%。所以各国都拥有一套基于本国国情的职业资格证书制度，这项制度规定了职业资格证书考核的内容、获得的途径、授权的机构等。但是长期以来，我国职业资格证书由人力资源和社会保障部门单独实施与管理，"证出多门、证书管理混乱"的现象普遍存在，且有的证书无法有效起到鉴定职业能力的作用。产生这些乱象的根源在于证书缺乏有效的竞争和协作机制。证书的作用应该充分接受市场的检验，不同类型的证书应该起到协调、配合和相互补充的作用。这些都需要一个制度性的竞争环境来实现。"1+X"证书制度的试点实施，将形成以教育部门为主体的职业技能等级证书体系，以及以人力资源和社会保障部门为主体的职业技能等级证书体系。两个证书体系将在竞争中找准各自证书的主要群体和功能定位，强化证书的质量与鉴定效力，从而在市场环境中筛选出一批具有市场价值的资格证书。

（四）充分利用丰富的职业院校教育与培训资源

21世纪以来，各级政府投入大量资源建设各级各类职业院校，在资源配置、师资队伍建设、科研工作等方面给予职业院校许多帮扶政策。这使得目前我国学校职业教育在硬件设施、师资队伍等方面实力不断增强。但这些资源目前仅限于职前教育阶段使用，对社会开放力度不足，部分地区的实习、实训设备闲置率较高，这不利于教育资源的均衡配置和高效利用。赋予教育行政部门以"职业技能等级证书"的授予权力，鼓励符合条件的职业院校与应用型本科高校参与到职业技能等级证书的开发和授予过程中，将在一定程度上提升学校教育与培训资源的使用效率。各级各类职业院校在资源、组织等方面比社会机构更具有实力和权威性，所以，职业院校教育与培训资源的投入将可以提升职业技能等级评价的有效性。

目前，我国的教育部门的学历证书体系与人力资源和社会保障部门的职业资格证书体系各自为政，无法在资格的匹配、转换等方面形成持续性的共识。除此之外，实践层面也缺乏两者融合的环境，各级各类职业院校以学历教育为主，技校、公共实训基地、社会培训机构等以职业技能培训与资格认证为主，缺乏两者相互融合的平台与机制。"1+X"证书制度的实施，实际上为国家资格框架的建立提供了一个很好的契机。试点职业院校和应用型本科高校可以根据实际情况，在做好证书教育的同时，探索资格转换在证书授予中的各种可能。

三、"1+X"证书制度的意义

在以习近平新时代中国特色社会主义思想指引下，为了贯彻党的十九大精神和全国教育大会精神，全面贯彻落实习近平总书记关于教育的重要论述，推进新时代职业教育改革发展，把学历证书与职业技能等级证书结合起来，探索实施"1+X"证书制度，是"职教20条"的重要改革部署，也是重大创新。实施"1+X"证书制度试点具有以下三个方面的意义。

（1）提高人才培养质量　学校通过引导以社会化机制建设的职业技能等级证书，加快人才供给侧结构性改革，有利于增强人才培养与产业需求的吻合度，培养复合型技术技能人才，拓展就业创业本领。

（2）深化人才评价模式改革　通过实施"1+X"证书制度试点，调动社会力量参与职业教育的积极性，创新培养培训模式和评价模式，引导职业院校采取育训结合、长短结合、内外结合方式，落实学历教育与职业培训并举并重的法定职责，高质量开展社会培训。

（3）探索构建国家职业资格和学历教育相结合人才培养模式　职业技能等级证书是职业技能水平的凭证，也是对学习成果的认定。结合实施"1+X"证书制度试点，推进探索职业教育国家"学分银行"制度设计、畅通技术技能人才成长通道。真实、完整记录学习成果和学习经历，通过科学、准确衡量人才成长发展程度和水平，促进人力资源开发，推动全民学习、终身学习的学习型社会建设和人力资源强国建设。

单元二　"1+X"证书制度实施

一、"1+X"证书制度实施的原则

实施"1+X"证书制度试点的总体原则遵循以下几点：

① 坚持政府引导，社会参与。加强政府统筹规划、政策支持、监督指导，引导社会力量积极参与职业教育与培训。

② 坚持育训结合，质量为上。落实职业院校学历教育和培训并举并重的法定职责，坚持学历教育与职业培训相结合，促进书证融通。

③ 坚持管好两端，规范中间。严把证书标准和人才质量两个关口，规范培养培训过程。

④ 坚持试点先行，稳步推进。从试点做起，用改革的办法稳步推进，总结经验、完善机制、防控风险。

充分发挥培训评价组织的作用，按照相关规范，联合行业、企业和院校等，依据国家职业标准，借鉴国际国内先进标准，体现新技术、新工艺、新规范、新要求，开发高质量职业技能等级标准。

二、"1+X"证书制度实施的内容

（一）职业技能等级证书的内涵

职业技能等级证书分为在院校外、院校内实施的面向社会人群和院校在校学生的职业技能等级证书，按照管理职责分别由国务院人力资源和社会保障部门和教育行政部门监督管理（技工院校内实施的职业技能等级证书由人社部门负责）。基于这一制度安排，教育行政部门监督管理、在院校内实施的职业技能等级证书发放对象以在校学生为主体，因此，院校内实施的职业技能等级证书可以定义为：是学习者在完成针对某一职业岗位关键工作领域的典型工作任务所需要的相关知识、技能和能力的学习任务后获得的反映其职业能力水平的凭证。从本质上来说，院校内实施的职业技能等级证书（图5-2）一方面是学生职业技能水平的凭证，另一方面是一种学习结果的凭证。

图5-2　职业技能等级证书样本

由于院校内实施的职业技能等级证书也是一种学习结果的凭证，因此，必须处理好职业技能等级证书与学历证书的关系。学历职业教育对学生系统学习职业知识、技能，形成综合能力，为未来职业发展打好基础具有重要作用。在院校实施职业技能等级证书，是为了让学历教育更好对接科技发展新趋势、对接生产服务一线关键岗位、对接就业市场需求，弥补学历教育在针对性、先进性、适应性和灵活性上的不足，职业技能等级证书要根植在学历教育基础上，是学历证书的补充、强化和拓展。

随着科技发展出现的新技术、新工艺、新规范和新要求，在学历教育人才培养方案中没有及时反映，要通过职业技能培训来补充这些内容。学生学习专业人才培养方案所规定的课程的同时，根据学生个人职业选择的需要，通过职业技能培训，强化其完成某一职业岗位关键工作领域典型工作任务所需要的职业知识、技能和核心素养。学生在学习本专业（或专业群）教学内容之外学习与本专业相近或其他领域有良好就业机会的职业技能培训课程，以拓宽就业领域，扩大就业机会。

学习者获得职业技能等级证书，一方面应有利于学习者对职业世界的工作岗位、工作领域的典型工作任务及其能力要求有清晰认识，对自我职业技能水平即完成岗位工作任务的胜任力有准确认知，能让学习者更好地进行个人职业选择、职业生涯的设计和发展；另一方面职业技能等级证书应有利于用人单位对求职者完成职业岗位工作领域及其工作任务的胜任力有清晰的了解，能让用人单位准确地将求职者配置到适合的工作岗位从事最适合的工作，以实现人与职业、与岗位的最优配置。

（二）职业技能等级证书的职业技能领域选择

职业技能等级证书需要在职业技能体系中选择出需要进行专门教育和培训，并用证书予以认定的职业技能领域，清晰地界定其名称。不是所有的职业技能领域都需要用证书予以认定。职业技能领域的选择路径包括：现有职业教育中知识与技能快速更新迭代，适应新产业、新技术、新业态、新模式"四新"经济发展需要的职业技能；现有职业技能中需专门进行强化，达到专业水平的核心知识与核心技能；现有职业教育与培训中尚未形成完整培养体系，社会急需的职业技能；现有职业能力培养的基础上，针对共同的职业岗位群或相近职业领域需进一步拓展的职业技能。

职业技能领域的选择要符合相关要求：①职业技能的边界与内容要清晰，有明确的岗位面向。②职业技能要达到足够的专业水平，需进行专门培养与评价。③职业技能应适应产业、行业发展趋势，能满足社会对技术技能人才的需求，并对个体生涯发展有价值。④选择的职业技能对现有职业教育内容具有重要的延伸或补充作用。

（三）职业技能等级证书的等级划分与标准

"职教20条"将职业技能等级证书分为初级、中级、高级，等级划分总是依次递进，高级别要求涵盖低级别要求。由于在院校内实施职业技能等级证书，包括了在学制系统中的中等职业学校、专科层次的高等职业院校和本科院校实施的职业技能等级证书。学制系统中不同教育阶段的学校培养目标定位不同，它们面向企业组织的岗位也存在差异。不同的教育阶段有层次之分，企业组织中因分工不同，岗位有层级之分。因此，职业技能等级证书应对接不同教育阶段的层次和不同岗位的层级。另一方面，职业技能的形成是个体职业生涯发展的重要组成部分，职业技能不可能离开个体而存在，职业技能等级证书是反映个体职业技能水平的凭证，它反映个体知识的广度和深度、技术技能的熟练程度、能力的成熟度。因此，职业技能等级需要从教育层次、岗位层级、能力成熟度等多维度来划分。

尽管职业技能等级划分存在着多维度的复杂性，但这三者之间通过工作岗位的职业活动实现了统一。不同教育阶段的毕业生会被配置到不同层级的工作岗位，不同层级工作岗位对从业者职业知识、技术技能和能力水平呈现出不同要求并体现出职位的层级差异，同一工作岗位不同从业者综合能力成熟度也会呈现出等级差异。而不同从业者能力成熟度的差异最终需要通过完成真实工作任务的质量程度来衡量。

衡量职业技能等级标准应该是从业者完成某一工作岗位关键工作领域的典型工作任务的质量。通俗地讲，企业衡量员工职业技能水平的标准就是看员工"能做什么"（行为与结果）、"怎么做的"（条件）、"做得怎么样"（质量或者标准），也就是说行为、结果、条件、标准可以作为衡量职业技能水平或描述职业技能要求的四个要素。

按照这种方式描述职业技能水平更有利于对从业者的工作过程和工作结果进行观察和测量，有利于用人单位对从业者工作任务完成质量的评价。

（四）书证相互衔接和融通

书证相互衔接融通是"1+X"证书制度的精髓所在，这种衔接融通主要体现在以下方面。

第一，职业技能等级标准与各个层次职业教育的专业教学标准相互对接。学历证书是学生可持续发展基础，职业技能等级证书作为学历证书的补充、强化和拓展。不同等级的职业技能标准应与不同教育阶段学历职业教育的培养目标和专业核心课程的学习目标相对应，保持培养目标和教学要求的一致性。

第二，X证书的培训内容与专业人才培养方案的课程内容相互融合。X证书的职业技能培训内容要有机融入学历教育专业人才培养方案。学历教育的专业课程能涵盖X证书职业技能培训内容的，就不再单独另设X证书培训；专业课程未涵盖的培训内容，则通过职业技能培训模块加以补充、强化和拓展。

第三，X证书培训过程与学历教育专业教学过程统筹组织、同步实施。X证书培训和专业教学可以统筹安排教学内容、教学和实践场所、教学组织形式，统筹确定教学时间，统筹安排师资，从而实现X证书培训与专业教学过程的一体化。

第四，X证书的职业技能考核与学历教育专业课程考试统筹安排，同步考试与评价。职业技能等级标准与专业教学标准的对应、X证书培训内容与学历教育专业课程的融合、培训过程与专业教学过程的统筹安排，为实现X证书职业技能考核与学历教育专业课程考试的统筹安排、同步考试评价奠定了基础。

第五，学历证书与职业技能等级证书体现的学习成果相互转换。获得学历证书的学生在参加相应的职业技能等级证书考试时，可免试部分内容，获得职业技能等级证书的学生在申请高一阶段学历教育或获得职业技能等级证书的社会成员，在按规定程序进入院校接受相关专业学历教育时，可按规定兑换学历教育的学分，免修相应课程或模块。

三、"1+X"证书制度实施的作用

进入新的发展阶段，建设现代化经济体系、建设教育强国、全面实现社会主义现代化的总体目标，对深化复合型技术技能人才培养模式和评价模式改革，提高人才培养质量提出新的时代要求，需要建立与之相适应的职业教育制度。

（一）职业教育需要有与之相适应的制度安排

任何一种教育类型都有与其教育功能相适应的内在结构和活动特征。职业教育作为一种教育活动，既是一种将经济社会发展需要与个体身心发展需要相互结合、实现人的社会化的过程，同时也是一种促进个体与职业世界结合的教育活动。实现人的社会化的目标与满足人的职业生计和生涯发展需要目标的高度统一，决定了职业教育具有不同于普通教育的教育对象、培养目标、体系结构、办学定位、人才培养模式、评价方式等内在结构，体现出职业教育具有教育需求与产业需求结合、学校育人与企业育人协同、个体个性化发展与职业化发展统一的"跨界性"特征，从而决定了职业教育需要具有不同于普通教育，体现其内在规律和特征的结构、规则、程序、规范、机制等制度安排。将体现人的个性化、社会化水平的学历证书与体现产业、企业与职业岗位综合职业能力水平程度的职业技能等级证书相互衔接和融通，正是现代职业教育制度框架关于人才培养模式、评价模式的制度设计。

（二）职业教育服务经济社会发展，需要相应的制度作为保障

服务经济社会发展和充分就业需要，对接科技发展趋势和市场需求，这是建立职业教育体系、深化职业教育改革的逻辑起点。职业教育伴随着工业化、现代化兴起并不断发展到今天成为独立的体系，经历了从建立在手工作坊师徒关系基础上一对一的传统学徒制，向规模化培养的学校职业教育、学校与企业合作教育等教育组织形式转变的过程，实现了技术技能人才培养的全面性、系统性和普遍性。但随着现代科学技术特别是现代信息技术的日新月异，新技术层出不穷，生产方式、劳动组织形式、工作手段和劳动者职业岗位不断变化，新的职业不断涌现，职业更迭速度大大加快，职业周期大大缩短，对职业教育提出新的要求。职业教育要在坚持人才培养的全面性、系统性和普遍性的同时，不断适应经济社会发展和科学技术发展的需要，针对企业技术提升与生产和服务更新换代需求、劳动者个人就业创业及能力提升需求，及时将新技术、新工艺、新规范、新要求纳入教学内容，采取灵活的教学组织形式，提高人才培养的适应性、针对性、灵活性，缩短学生适应工作岗位的时间，提升学生就业创业本领。建立学历证书与职业技能等级证书相互融合的教学制度，是实现人才培养的全面性、系统性、普遍性与适应性、针对性、灵活性相统一，不断提升职业教育服务经济社会发展能力的根本保证。

（三）激发职业教育的内生动力，需要相应的机制创新

职业教育涉及政府、行业企业、院校、学生及其家长、社会公众等利益相关方，办学主体多元化是职业教育作为一种教育类型区别于普通教育的重要特征。但由于各利益相关方在社会发展中扮演着不同的角色，发挥着不同的作用，其行为动机、方式各异，各利益相关方在职业教育办学目的性和利益诉求上存在非一致性。这种目的性和利益诉求的不一致，需要建立一种有利于调动利益相关方积极性的机制，通过机制创新激发利益相关方，特别是行业企业、社会组织等社会力量参与举办职业教育这一公共服务的内生动力，从而建立起职业教育的多元办学格局。用社会化机制招募遴选社会评价组织承担职业技能等级

标准制定、教学资源开发、师资培训、考核发证等职能，通过竞争机制做大职业教育培训评价组织并提升职业技能等级证书的含金量，是职业教育机制设计的重大创新，也是深化职业教育体制机制改革的必然要求。

（四）建设终身学习型社会，构建学历证书与职业技能等级证书相互衔接和等值互认

建设"人人皆学、处处能学、时时可学"的学习型社会，培养大批创新人才，是人类共同面临的重大课题。学习型社会的构建实质是将学校教育和继续教育、普通教育和职业教育、学历证书和职业技能证书有效沟通和衔接，以促进个体职业生涯的发展。建立国家资历框架制度，是为实现这种沟通衔接而采用的一种制度设计，也是国际普遍的做法，其核心是学历水平与职业技能等级水平等值互认。"1+X"证书制度将职业技能等级标准与职业标准和教学标准对接，将职业培训的内容与学历教育的课程相融合，将职业技能等级考核与学历教育相关专业课程考试统筹安排，同步考试评价，将学历教育的学习结果与职业培训的学习结果进行认定、积累和转换，为学习者终身学习奠定了基础。

单元三 "1+X"证书制度实施试点

自2019年开始，重点围绕服务国家需要、市场需求、学生就业能力提升，从10个左右领域做起，启动"1+X"证书制度试点工作。通过试点，深化教师、教材、教法"三教"改革；促进校企合作；建好用好实训基地；探索建设职业教育国家"学分银行"，构建国家资历框架。

试点内容主要包括：一是培育培训评价组织，二是开发职业技能等级证书，三是融入专业人才培养，四是实施高质量职业培训，五是严格职业技能等级考核与证书发放，六是探索建立职业教育国家"学分银行"，七是建立健全管理、监督与服务机制。

试点职业技能领域：面向现代农业、先进制造业、现代服务业、战略性新兴产业等20个技能人才紧缺领域，率先从10个左右职业技能领域做起。

试点院校：试点院校以高等职业学校、中等职业学校（不含技工学校）为主，本科层次职业教育试点学校、应用型本科高校及国家开放大学等积极参与，省级及以上示范（骨干、优质）高等职业学校和"中国特色高水平高职学校和专业建设计划"入选学校要发挥带头作用。

根据《关于在院校实施"学历证书+若干职业技能等级证书"制度试点方案》（简称《试点方案》）要求，首批启动5个职业技能领域试点，并于2020年下半年进行试点工作阶段性总结。日前，教育部委托教育部职业技术教育中心研究所，经过面向社会公开招募、

专家遴选、公示公告等程序，在建筑工程技术、信息与通信技术、物流管理、老年服务与管理、汽车运用与维修技术等5个领域遴选确定了参与首批试点的有关职业技能等级证书。包括：建筑信息模型（BIM）职业技能等级证书、Web前端开发职业技能等级证书、物流管理职业技能等级证书、老年照护职业技能等级证书、汽车运用与维修职业技能等级证书和智能新能源汽车职业技能等级证书。

一、"1+X"证书制度角色和功能定位

（一）试点院校工作

"1+X"证书制度中试点院校要做好"1+X"证书制度试点工作。院校是"1+X"证书制度试点的实施主体（表5-1）。试点院校党委要加强对试点工作的领导，按有关规定加大资源统筹调配力度。

表5-1　全国前三批"1+X"证书制度试点数量统计表

批次	证书数量	试点项目数量			
		中职院校	高职院校	本科院校	总计
首批	6	689	1155	144	1988
第二批	10	1047	1972	259	3278
第三批	76	6551	8555	2577	17683
总计	92	8287	11682	2980	22949

具体应做好以下几个方面的工作：

① 选择有关职业技能等级证书，确定参与试点的专业。

② 统筹专业（群）资源，深入研究职业技能等级标准与有关专业教学标准，推进"1"和"X"的有机衔接，将证书培训内容及要求有机融入专业人才培养方案，优化课程设置和教学内容，加强专业教学团队建设，选派教师参加有关培训。

③ 根据在校学生取证需要，对专业课程未涵盖的内容或者需要特别强化的实训，在培训评价组织支持下，组织开展专门培训，同时可面向社会成员开展培训。

④ 符合条件的院校按程序申请设立为考核站点，配合培训评价组织实施证书考核。

⑤ 管理和使用好有关经费。

（二）"1+X"证书制度省级教育行政部门工作

负责指导监督本区域"1+X"证书制度试点工作。主要包括：

① 根据有关条件和要求，组织做好区域内试点院校的申报和备案工作。

② 指导院校内职业技能等级证书培训和考核工作。

③ 会同省级有关部门研究制定支持激励教师参与试点工作的有关政策，将参与职业技能等级证书培训与考核的相关工作列入教师和教学管理人员工作量范畴，将职业技能等级证书有关师资培训纳入职业院校教师素质提高计划项目等。

④ 配合省级有关职能部门研究确定证书培训考核收费管理有关政策。

⑤ 帮助协调解决试点工作中出现的新情况、新问题。

（三）"1+X"证书制度中国家教育行政部门的有关职责

① 负责做好"1+X"证书制度试点工作的整体规划、部署和宏观指导，对院校内职业技能等级证书的实施工作负监督管理职责。

② 建设培训评价组织遴选专家库和招募遴选管理办法。本着公正公平公开的原则进行公示公告。

③ 组织制订有关标准化工作指南，指导培训评价组织开发职业技能等级标准。

④ 组织对培训评价组织行为和院校培训质量进行监测和评估。

⑤ 结合"1+X"证书制度试点工作，探索职业教育国家"学分银行"建设。

（四）保证 X 证书的质量

① 开发高质量职业技能等级标准。

② 严格职业技能等级考核与证书发放。

③ 对职业技能等级证书体现的学习成果赋予相应学分。

④ 建立职业技能等级证书和培训评价组织监督、管理与服务机制。

（五）在"1+X"证书制度试点工作中的基础条件和经费保障

《试点方案》指出，各省（区、市）在政策、资金和项目等方面向参与实施试点的院校倾斜，支持学校教学实训资源与培训考核资源共建共享，推动学校建好用好学校自办、学校间联办、与企业合办、政府开办等各种类型的实训基地。要吸引社会投资进入职业教育培训领域。通过政府和社会资本合作（PPP模式）等方式，积极支持社会资本参与实训基地建设和运营。产教融合实训基地和产教融合型企业要积极参与实施培训。

《试点方案》明确，中央财政建立奖补机制，通过相关转移支付对各省"1+X"证书制度试点工作予以奖补。各省（区、市）要加大资金投入，重点支持深化职业教育教学改革、加强技术技能人才培养培训等方面，并通过政府购买服务等方式支持开展职业技能等级证书培训和考核工作。参加职业技能等级证书考核的建档立卡等家庭经济困难学生免除有关考核费用。凡未纳入"1+X"证书制度试点范围的培训、评价、认证等，不享受试点有关经费支持。

二、"1+X"证书制度试点策略

（一）制定试点目标，筛选试点区域

《国家职业教育改革实施方案》强调"1+X"证书制度目前处于"试点"状态中，也就是说，尽管"1+X"证书制度借鉴了国际社会关于职业技能等级鉴定与证书授予的一些思想和做法，但是它的启动和后续的发展一定是基于中国特殊国情的。这种国情包括中国庞大的学校职业教育体系、中国独特的人力资源市场及其制度构成、中国教育部门与人社部门长期形成的两套技能形成与鉴定体系等。所以，试点工作的主要目标是为我国推行"1+X"证书制度找到各种现实方案，为后续大规模的启动提供"先行者"的经验。为此，教育行政部门应制定详细的试点目标，明确试点期内各试点区域应该在宏观、中观和微观层面需要获得的成果。此外，教育行政部门应该注意筛选试点区域，筛选时应该考虑区域已有的人社部门职业资格证书体系的完备程度、区域各级各类职业院校和应用型本科高校的数量、区域产业结构与人才需求特征等，尽可能地让"1+X"证书制度的试点区域拥有成熟的人社部门职业资格证书体系，有较为成熟的职业教育科研与教研力量，有完整的学校职业教育体系，且区域之间在产业分布和层次上应有所区别。

（二）制定"1+X"证书开发技术方案并组织部分专业证书的开发

国家教育主管部门应及时出台"1+X"证书的开发技术方案。开发技术方案的主要目的是为职业技能等级证书的开发提供明确的技术路径，让各主体在开发职业技能等级证书时能够有明确的依据和统一的安排。这一方案应该包括：证书设计与开发的思路、理念与原则，证书开发的程序与方法，证书的文本体例设计，证书的考核方案，证书的编排格式等内容。此外，教育主管部门应该尽快组织专业人员开发若干试点专业的职业技能等级证书。开发团队中应至少包括行业专家、企业一线技术专家、职业教育课程专家、职业院校骨干教师四类群体。至于"学历证书"，则可以保留原有的学历教育体系及其证书授予制度。

（三）搭建"1+X"证书信息化管理与使用平台

教育主管部门应根据需要搭建全国范围内的"1+X"证书信息化管理与使用平台。该平台建设的目的是让证书的信息呈现、报名、获取、考核、查询、更新等功能实现高度集成，并24小时对社会开放，从而让证书的管理与使用更为高效和便捷。诸多国家（如澳大利亚的"培训包"）的类似证书的管理和使用过程均已经实现了信息化，且收到了良好的效果。尽管我国的"1+X"证书制度建设起步晚，但是可以在基础设施、平台建设、人员组织、过程管理等方面借鉴已有的经验，发挥"后发优势"。

（四）完善"1+X"证书授予资质审核与过程管理制度

尽管"X"证书的授予权已经落实到职业院校和应用型本科高校中，但不是所有的职业学校的所有专业都具有相应职业技能等级证书的授予权，这个问题涉及"1+X"证书授予资质的问题。学历证书可以由教育行政部门批准举办的各级各类职业院校与应用型本科高校授予，但是职业技能等级证书的授予权应该给予那些拥有一定专业教学和科研实力的专业。"X"证书的授予权可以考虑由省级教育行政部门统筹分配。分配时需要综合考虑各市、县职业院校与应用型本科高校的地理位置、专业资源与实力等。此外，省级教育行政部门要制定相应的过程管理制度，对拥有"1+X"证书授予权的职业院校定期进行证书培训、鉴定与授予工作的检查。

 【拓展阅读】

"1+X"证书制度：构建协同治理模式 提高职教育人质量

职业教育"1+X"证书制度要求学生在获得学历证书的同时，还要取得各类职业技能等级证书，这样的制度设计充分体现了职业教育的类型特征。

"职业教育的职业技能等级证书应适合行业发展，对学生的技能成长和就业有所帮助，确保满足企业的用人需求，职业技能等级证书的开发主体应对标国家教学标准，满足国家职业标准，符合产业用人标准，并适应产业最新发展要求来研制并开发证书，产教融合校企携手提升职教育人质量。"

——北京中民福祉教育科技有限责任公司执行董事总经理杨根来

"1+X证书制度带来了模块化教学、学分制和弹性学制的灵活学习方式，这些新的变化对职业教育的现行模式带来了一定的挑战和冲击，这就要求职业院校的教师们要将专业课和证书的培训内容做好紧密的衔接。"

——北京新大陆时代教育科技有限公司副总经理邓立

"学生要结合自己所学专业，以及未来职业规划，把X证书的考取作为日常学习之外的提升职业竞争力的抓手。"

——新道科技股份有限公司助理总裁何胜利

 【思考总结】

1."1+X"证书制度对于高职学生有什么实际意义？

2."1+X"证书在高职学生就业过程中起什么样的作用？

3."1+X"证书的含金量如何？依据对此证书的认识谈谈自己的看法。

石油和化工行业"十四五"规划教材

高等职业教育教材

劳动教育理论与实践指导手册

马洪玲　张雅萍　主编

王卫平　主审

实践篇 上

化学工业出版社

·北京·

石油和化工行业"十四五"规划教材

高等职业教育教材

王卫平　主审

目录

实践篇 上

情境一　日常生活劳动实践 / 002

模块六　生活用品整理收纳 / 002

【案例导入】/ 002
单元一　整理收纳概述 / 003
单元二　服饰收纳 / 006
单元三　书籍收纳 / 008

单元四　日用杂货收纳 / 010
【拓展阅读】/ 013
【思考总结】/ 013

模块七　校内卫生清洁打扫 / 014

【案例导入】/ 014
单元一　垃圾分类进校园 / 015
单元二　宿舍 6S 清扫标准 / 018

【拓展阅读】/ 021
【思考总结】/ 023

模块八　室内植物养护管理 / 024

【案例导入】/ 024
单元一　认识室内植物 / 025
单元二　室内花卉养护 / 031

【拓展阅读】/ 034
【思考总结】/ 035

情境二　专业生产劳动实践 / 036

模块九　化工安全实践 / 036

【人物导入】/ 036
单元一　海姆立克急救法 / 037

单元二　创伤包扎 / 039
单元三　心肺复苏 / 042

【拓展阅读】/ 044　　　　　　　　　│　【思考总结】/ 045

模块十　品饮文化实践 / 046

【人物导入】/ 046　　　　　　　　　　单元三　茶艺实践 / 059
单元一　茶品文化与茶叶 / 047　　　　【拓展阅读】/ 064
单元二　茶具与品茶 / 055　　　　　　【思考总结】/ 064

实践篇 上

扫一扫

本模块数字资源

模块六
生活用品整理收纳

生活有条理，人生有格局，整理物品其实是在整理人生。

——许珈惠

【案例导入】

整理收纳进入国赛　新兴服务市场需求紧俏

2023年9月，在第二届全国技能大赛上，一群"空间魔术师"通过合理的规划与设计，在2小时内制订好空间规划的方案，然后根据方案进行整理，将乱糟糟的房间变得井井有条，同时还不失美学气息。这也是家政服务（整理收纳）项目首次进入国家级职业技能大赛。此次参加比赛的选手共60位，来自30个省（区、市），年龄大都在26岁至36岁之间，九成以上是本科学历。

通过收纳工具合理布局、利用家庭空间一直是近年社交平台上的热门话题。从事整理收纳行业的人士普遍认为，这并非家政保洁的概念，而是一种生活方式。以空间规划、时间高效利用、科学统筹、减法和留白、取舍之道等为基础，然后才是方法论：包括收纳整理技巧、科学使用收纳工具、整理流程标准化、色彩及陈列、"断舍离"、空间规划、整理细分等。

而人们对于收纳、整理的概念，也从分门别类地整理好，到了进阶版的"有效收纳"。所谓"有效收纳"，是指整理好的物品应该在看得到、可随手拿取并容易放回的位置，而不是看起来整齐了，取用的时候却得翻箱倒柜，继而又乱作一团，或者干脆收起来就不再打开，让物品彻底"消失"在家中。

2021 年 1 月，人社部正式将整理收纳师纳入家政服务行业细分新工种。当时国内接受过职业整理师培训的总人数已经超过 18000 人。随着人们对生活品质的追求和时间管理意识的增强，对整理收纳师的需求不断增加。

相关报告也显示，家政行业从业人员期望接受的职业培训主要是收纳整理、保洁与养老看护，分别有 41.9%、32.3% 和 32.3% 的人员希望接受此类培训。这也反映了伴随着消费需求的多元化，"衣橱整理""全屋收纳"等新兴服务市场需求紧俏。

单元一　整理收纳概述

理生活万物，纳人生智慧。整理收纳不仅仅是一种整理物品的方法，还是一种心灵的表达，是对生活的热爱和尊重；是一种生活态度，它可以让心情变得轻松愉悦，让空间变得有序而美丽，让生活更加高效和有条理；同时也是一种人生哲学，可以教我们学会如何面对和处理物质世界的复杂性；更是一种生活智慧，可以让我们更好地管理和利用空间和资源。

一、什么是整理收纳

整理常用于表示：去除不需要的东西，也指对内容零散层次不清的已有文字作品或者材料进行条理化、系统化的加工。出自汉·王符《潜夫论·本训》："是故法令刑赏者，乃所以治民事而致整理尔，未足以兴大化而升太平也。"

收纳的含义是：收进、留下。出自宋·曾巩《太祖皇帝总叙》："收纳学士大夫用之，不求其备。"收纳包含"收"与"纳"，是好好将物品收容、存纳，也是令一切物品在空间中遵循一种合理流畅的秩序，井井有条。

日常生活中，整理收纳是一种合理分配物品的方法，就是让一个空间通过物品的摆放和归纳，变得整洁、清爽，提高空间利用率。整理收纳是一项非常重要的家务工作，它不仅可以更好地利用时间、空间和物品资源，还可以使生活更加舒适、有序、健康。整理收纳的对象是物品，根据物品的属性及使用频率，决定其摆放的位置和空间。每件物品都有它的位置，整理和收纳就是为了让物品找到属于它的位置。整理是一种思维，收纳是呈现方式。整理收纳不是简单的扔东西和归置物品，而是一个决策和判断的过程。这不仅仅是对物品的取舍，更是审视自己人生的一次机会。

二、整理收纳的意义

不少人把整理收纳当成一件事，其实整理和收纳是有先后顺序并且相辅相成的。就像审视自己的人生一样，找出有意义的东西，整理也需要找出那些适合保留的物品。之后才是对这些物品做合理的收纳，而不是一股脑地把东西全都收起来。收纳就是把整理出来的东西做分类，把东西摆放得更有逻辑性。做到想要什么东西就知道从哪里取的程度，形成一个靠潜意识就可以随手归位、方便生活的系统。

学会整理收纳可创造以下价值。

第一，释放空间。在当前这个时代，物质不再像过去那么匮乏，基本上想要的东西都能买到。日常的一些东西无时无刻不在填充着我们的家。但与此同时，受限于人们收入增长速度，人们的居住空间并没有随着时间不断增大。这就导致了人们的空间逐渐被一些生活物品所占据，让人们无意间多了许多负担。随着时间的推移，房间逐渐被那些时刻贬值的物品所占据，这其实是一件非常不划算的事。通过整理收纳，可以节省生活空间。

第二，为注意力减负。人的精力是有限的，每做一件事就会花费一些精力，直到每天的精力耗尽。物质富足是好事，但同时也会带来一些负面效应，就是东西越来越多，用于管理这些东西的精力也会消耗得越多。想想每天决定穿什么、吃什么、买什么，各式各样的琐碎物件不断地消耗我们的金钱、时间和精力。对于没有整理过的东西，每天我们都可能被它占去一些精力。既然精力是有限的，就应该用在重要的事情上，比如学习、陪伴家人等。

第三，认识自己。收纳整理看似很简单，但那些最平常的东西反而是对自我锻炼最有效的。技能可以通过后天的学习不断加强，一个人的心理则需要通过不断的自我认知来升华。整理收纳就是一种非常有效的"自我认知"方式。很多人在人生的各个阶段都会感到迷茫，整理收纳就是一把帮助自己"认识自己"的钥匙。在努力尝试选择、购买、使用、处理物品的过程中，大脑意识就是在经历一次次锻炼，培养一些无意识的本能。当这些都变成无意识的本能时，生活就变得简单了。

第四，锻炼决策能力。在工作和学习中往往会面对各种各样的选择，而对这些选择的决策能力是每个人都需要用到的。整理收纳不仅能提高做家务的动手能力，对决策力的提升也是显而易见的。每个人在整理时都会下意识地根据自己的喜好和需求对物品进行审视，从而决定如何处置这些物品。在这个不断循环的过程中，做决策的反应会越来越快，最后达到一种本能的程度。这种能力可以运用到日常生活的各个方面。

第五，培养良好形象和人际关系。家庭空间的布局在很大程度上能够反映一个人的基本形象。同样，办公桌也是个人面貌的一种外在展示。学会整理收纳可以给人一种对周围事物有良好掌控力的形象，可获得更多的正面评价。好的习惯还可能带动并影响周围更多的人，让整个环境都更加美好。

第六，提升幸福感。学会整理和收纳，就能更加主动地、有选择地和自己喜欢的东西在一起。排除掉那些干扰影响自己的物品，让周围都是自己需要和喜爱的物品，会让我们感觉对自己的工作、生活和学习充满控制力，仿佛一切尽在掌控之中，从而大大提升幸福感。

整理收纳是一项值得一生学习的基本技能，它可以帮助人们释放生活空间、提高专注力、拓展认知和提高决策能力，变得更加阳光上进，并逐渐提升幸福感。

三、整理收纳的基本原则

整理和收纳是一种对于美的追求，可让家庭和办公空间变得更加宜居和舒适，让内心更加平静和安宁，让生活简单、精致，从而提高工作和生活的质量。通过整理收纳，将东西整理摆放得整整齐齐、井然有序是一件非常有成就感的事情。相信掌握了整理收纳方法的人，人生也会活出不一样的色彩。整理收纳的意义，对于每个人都不尽相同，但却蕴含了人们真实的需求，虽然收纳的是物品，何尝不是在梳理自己的内心，学会更好地生活。

四、整理与收纳四部曲

1. 归类

在正式开始收纳前，需要先把所有物品分门别类。可根据自身喜好分类，可按照功能分类，可按照使用频率分类，还可按照颜色或者其他方式进行分类。通过归类，使东西固定在适合的位置，就不用再为找东西而浪费时间了。如果想学习的时候，找不到笔；想健身的时候，找不到器材……耽误的少量时间累计起来就会很长了，还容易成为行动的阻力，甚至导致放弃行动。

2. 精简

精简物品要用"自我中心主义"代替"物品中心主义"。必须重新审视自己和物品的关系，选择物品的标准为：我所必需、适合我、令我舒适。这一过程中，要留下经常使用的，去掉不经常使用的，学会"断舍离"。但也不能一味地"断舍离"，合理的精简才是生活的真实模样。

3. 定位

完成了前期工作后，就可以开始给物品定位。例如，客厅区域收纳客厅对象、卧室以寝具与衣物收纳为主、厨房则以收纳厨具及各类食物为主。建议不要把所有东西都堆在一个地方，而应在分类的基础上进行物品定位。定位有利于后期顺利找到某件物品，也有利于形成良好的生活习惯和整理收纳理念，对生活和工作都有帮助。

4. 设计

大致安排好什么类型的物品归于什么样的空间后，就可以对区域性收纳作设计规划，利用隐藏式手法化整为零，无形隐藏在生活周遭，让收纳空间赋予另一个显性的功能性。设计合理的整理收纳可以使空间更大、更漂亮、更实用、更温馨，可使居住者保持好心情，提升空间利用率，让生活更便利。

整理收纳后的空间，可使人心情愉悦。没有整理过的空间，则会给人一种慵懒的心理暗示，进而在面对复杂事情时容易感性地产生烦躁感，而不是直面它、解决它。整理和收纳对人生也有着积极意义。首先，整理和收纳可以看到物品的本质。有很多教程和方法论不断强调，收纳整理之前，要先做选择。这其实就是对物品进行本质层面分析的过程，认真区别、思考使用场景就是对物品的重新审视。在轻松的整理过程中，也会不断有对生活意义的思考。

可见，整理收纳有助于提升对更多事物的认知，建立区域意识，培养条理性及时间观念。学会整理收纳，还可以改善家庭关系。所以，整理收纳是影响一生的生活、学习、工作方式，学会整理收纳的相关知识非常重要。

单元二　服饰收纳

【学习目标】

❖ **知识目标**

1. 理解服饰收纳的重要性：明白合理的服饰收纳能够提高效率，减少寻找衣物的时间，并有助于保持衣物的良好状态，从而延长衣物的使用寿命。

2. 掌握基本的服饰收纳技巧：学习多种收纳技巧，包括折叠、挂放、卷起等方法，以及如何根据衣物材质和款式选择最适合的收纳方式。

❖ **能力目标**

学会有效利用空间：学习如何评估和最大化利用衣柜和抽屉的空间；学习使用多层架子、挂钩、分隔板等工具来优化存储空间。

❖ **素质目标**

1. 培养审美意识和创造力：通过学习将服饰以美观的方式进行收纳，提升审美意识，并在设计个性化的收纳方案中发挥创造力。

2. 培养持续维护和管理衣物的习惯：建立长期的衣物管理习惯，包括定期整理衣物、清洗和修补，以保持衣物的组织和整洁。

【实践意义】

学习服饰收纳的实践意义体现在多个层面，有助于在现实生活中实现更高效、有序的生活方式，提升生活质量。服饰收纳的实践意义主要体现在以下几方面。

1. 提高生活效率

通过有效的服饰收纳，可以减少每天挑选衣物所需的时间。研究表明，平均每人每周花费在寻找合适衣物上的时间为3小时。通过系统化的收纳方法，这一时间可以显著减少。

2. 促进居家环境的整洁与美观

一个整洁的衣柜可以提高整个居室的舒适度和美观度。案例研究显示，拥有一个组织良好的衣柜可以让人感觉更加放松和愉悦，从而提升整体幸福感。

3. 增强个人形象和自信心

当衣物得到妥善管理和展示时，选择和搭配服饰变得更加容易，这有助于提升个人形象。一项调查显示，超过80%的受访者认为穿着得体可以增强自信心和社会交往能力。

4. 培养责任感和自我管理能力

定期整理和收纳衣物的过程可以培养责任感和自我管理能力。实践案例中，通过参与家庭衣物管理，可以学会如何规划时间和优先事项，这些技能对于未来的学习和工作都是极其宝贵的。

【准备工作】

1. 准备收纳工具

在收纳过程中，选择合适的收纳工具能够大大提高工作效率。如衣架、挂钩、收纳盒、储物袋等。根据衣物的类别和尺寸，选择合适的收纳工具，确保衣物能够整齐有序地存放。

2. 评估收纳空间

在进行服装收纳前，需要评估现有的收纳空间。包括衣柜、抽屉、储物箱等区域的尺寸、容量以及结构特点。根据评估结果，确定哪些空间适合存放哪类衣物，以便更好地利用空间、提高收纳效率。

【实践过程】

1. 清空衣橱

将衣橱中所有的衣物取出，进行清空。在清空时，应轻柔地处理衣物，并在衣橱底部铺设垫巾以保护衣物。同时，注意检查是否有其他房间的衣物未被清理。

2. 分类筛选

将衣物分类，可以按照家庭成员（如大人、小孩）、季节（如当季或过季）、类型（如上衣、裤子、裙子）等来划分。确保分类清晰明确，避免混放。

3. 折叠和整理

对于需要收纳的衣物，进行简单的折叠，使其整齐并易于存放。可以使用浅色布艺收纳箱来暂存这些衣物，并确保收纳箱放在一个固定的位置。

4. 归位

将衣物放回衣橱中，可根据使用频率和季节置于合适的位置。例如，常用衣物可以放在更容易拿取的位置，过季衣物则可以放在较高或较远的地方。

5. 减少衣物数量

在收纳前进行"断舍离"，检查衣物是否合身、是否过时或长时间未穿，处理掉不需要的衣物，以减少总量，使管理更加方便。

6. 保持整洁

在收纳过程中，保持衣橱的整洁，定期检查并调整衣物的位置，确保衣橱不会因为被塞满而变得混乱。

通过上述各步骤，可以有效地整理和收纳衣物，使衣橱保持有序，同时也能更容易找到所需的衣物。记得在整理过程中，要一次性完成，避免拖延导致的混乱。

单元三 书籍收纳

【学习目标】

❖ 知识目标

1. 理解书籍收纳的概念、目的和基本原则。
2. 识别不同类型的书籍及其适宜的收纳方式。
3. 掌握书籍收纳所需的材料和工具的名称与用途。
4. 了解书籍收纳的历史和文化背景，以及其在现代社会的应用。

❖ 能力目标

1. 熟练掌握书籍整理、分类、摆放和保养的基本技巧。
2. 设计合理的书籍收纳空间，并能够根据实际情况进行调整优化。
3. 独立完成书籍收纳的实践操作，并能够解决过程中遇到的问题。
4. 运用创意思维，设计出既实用又美观的书籍收纳方案。

❖ 素质目标

1. 培养对书籍收纳工作的热爱和尊重。
2. 认识到良好的书籍收纳习惯对个人学习和生活的积极影响。
3. 体会到团队合作在书籍收纳活动中的重要性，并愿意与他人分享收纳技巧。
4. 在书籍收纳的过程中体验到"秩序美"和"环境美"，从而提升自身的生活品质。

【实践意义】

1. 培养组织与管理能力

通过书籍收纳活动，可学会如何有效地规划和利用有限的空间。例如，通过实际操作，可以了解在一个五层书架上合理分配100本书的方法，使得每一层都能容纳不同类别的书籍而不至于混乱。

通过对书籍进行分类和标记，锻炼逻辑思维和分类管理能力，如将历史书籍按照时间顺序排列、科学书籍按照学科分类等。

通过维护和管理已收纳的书籍，学习持续性的组织技巧，比如每周检查一次书籍的整齐度和清洁度，长期保持良好状态。

2. 提高空间利用率

可学会如何根据书籍的尺寸和使用频率来优化书架空间，例如，将常用的参考书放在最容易拿取的位置，将不常用的资料放在较高或较远的地方。

通过实践了解不同类型书架的优势和局限，如立式书架适合存放大量书籍，而悬挂式壁架则适合空间较小的房间。

通过案例分析，如分析图书馆的空间布局，学习如何在有限的空间内最大化地存储和展示书籍。

3. 强化责任感与审美观

在负责自己书籍收纳的过程中，可培养对个人物品的责任感，例如，通过定期整理自己的书桌和书架，意识到保持环境整洁的重要性。

通过创造美观的书籍收纳方案，如使用颜色编码或装饰性书签，可提升个人的审美能力和创造力。

通过参与公共空间如教室或图书馆的书籍收纳活动，可以学习如何为集体创造和维护一个有序且美观的学习环境。

【准备工作】

1. 准备收纳工具与材料

包括书架、收纳盒、标签、记号笔等。在准备过程中，要注意工具与材料的质量、尺寸和价格等因素。

2. 选择与布置场地

场地的选择与布置对于学习效果有着重要影响。应选择宽敞明亮、通风良好的教室作为场地，并根据学习内容进行布置。例如，可以设置多个书架展示不同的收纳方式，提供直观的视觉感受。同时，要确保场地整洁有序，提供良好的学习环境。

【实践过程】

1. 清理与分类

对现有书籍进行彻底的清理，剔除过时或不再需要的书籍。然后根据书籍的类型、使用频率等进行分类，如教科书、参考资料、休闲阅读等。

2. 选择合适的收纳工具

根据空间大小和个人习惯，选择适合的书架或收纳盒。市面上有各种设计合理的收纳工具，可以帮助更有效地利用空间。

3. 摆放与标记

将书籍按照分类放置在书架上，并保持一定的顺序，如按照字母顺序或者科目顺序。对于不常用的书籍或资料，可以使用标签进行标记，以便快速查找。

4. 维护与调整

定期对书籍收纳系统进行维护，确保每本书都放在其应在的位置。随着学习需求的变化，书籍的收纳位置也应相应调整。

5. 分享与反思

通过分享自己的收纳经验和感悟，不仅能够帮助他人，还能加深自己对于整理收纳知识的理解和应用。

6. 实践与应用

将收纳的原则和方法应用到其他方面，如通过整理书桌来培养良好的学习习惯和责任感。

收纳是一个持续的过程，需要不断地学习和改进。可以通过阅读相关书籍、参加研讨会或课程等不断提升自己的收纳技能。在收纳过程中，需要考虑书籍的颜色、大小和美观性，从而创造一个既实用又赏心悦目的学习环境。通过发挥创意，更有效地管理和使用书籍，以及使书籍收纳更具个性化和更有趣。

通过上述步骤，不仅能提高收纳效率，还能够养成良好的整理和收纳习惯，从而营造一个有序、高效的学习环境。

单元四　　日用杂货收纳

【学习目标】

❖ 知识目标

1. 了解有效的空间利用策略，掌握空间优化的原则和技巧，如垂直存储、隐藏式存储等。

2. 掌握根据不同房间和区域的特点进行个性化收纳设计的技巧。

3. 通过实际操作，掌握至少5种不同的收纳技巧和方法。

❖ 能力目标

1. 提升整理收纳能力，能进行日常分类和整理，提高空间利用效率。

2. 培养观察力和分析力，能够识别不同物品的储存要求。

3. 提升生活自理能力，有效管理和维护个人物品。

4. 建立良好的生活习惯，提高生活质量。

❖ **素质目标**

1. 培养审美意识，激发创造力，创意收纳解决方案，培养创新思维。

2. 提高环保意识，强调在收纳中使用可持续材料和环保产品的重要性。

【实践意义】

日用杂货收纳作为一种生活需求，其背景和前景与居民的生活水平、居住空间以及消费习惯紧密相关。

（1）生活水平提升　随着城乡居民生活水平的提升，人们对家居环境的要求越来越高，对收纳用品的需求也随之增加。人们开始追求更加美观、轻巧、便捷的收纳方式，以提升居住的舒适度和美观度。

（2）居住空间限制　房价的上涨导致人均实际居住面积减小，这促使人们需要在有限的空间内高效利用每一寸空间，因此收纳行业的发展应运而生，以满足人们对于空间优化的需求。

（3）消费升级趋势　随着消费者对生活品质的追求，日用杂货的收纳也逐渐从单一的存储功能转变为展示个人品位和生活态度的方式，这推动了收纳用品向个性化、时尚化发展。

（4）环保意识增强　环保意识的提升使得消费者在选择收纳用品时更加注重材料的环保性和可持续性，这也促使行业向绿色、可持续的方向发展。

（5）市场规模增长　预计未来几年，中国杂货零售行业的市场规模将持续增长，到2027年市场规模预计将增长至476.33亿元，年复合增长率为16.22%。

（6）门店数量增加　随着市场需求的增加，杂货零售门店的数量也在逐年增加，预计到2027年杂货零售门店数量将达到12889家，年复合增长率为11.25%。

（7）多元化、智能化发展　收纳用品行业将进入多元化、智能化、便捷化的发展阶段，这意味着未来的收纳产品将更加注重用户体验，集成智能技术，提供更加便捷的使用方式。

（8）职业收纳服务兴起　随着国内收纳需求的增加，专业的收纳服务和收纳师职业也开始兴起，为那些需要帮助的人提供专业的收纳解决方案。

综上所述，日用杂货收纳行业的发展前景广阔，随着人们对生活品质的追求和居住空间的优化需求，收纳用品和服务的市场将持续增长。同时，行业的发展趋势也显示出多元化、智能化的特点，这将为市场带来更多的创新和机遇。

【准备工作】

1. 学习内容准备

（1）收纳基础知识　收纳的基本原则、方法和技巧，如分类整理、空间利用、标签使用等。

（2）日用杂货分类　按照功能、用途或材质对日用杂货进行分类，如厨房用品、洗漱用品、清洁用品等。

（3）收纳工具介绍　展示各种收纳工具，如储物盒、收纳箱、挂钩、挂架等，并说明其适用场景和使用方法。

（4）收纳技巧分享　针对不同类型的日用杂货，分享具体的收纳技巧和建议，如使用透明收纳盒方便查找、利用墙壁空间挂放常用物品等。

2.材料准备

（1）图片或实物展示材料　准备一些收纳前后的对比图片或实物展示，以直观感受收纳的效果，体会收纳的重要性。

（2）分类整理示例材料　准备一些日用杂货的样品，现场进行分类整理，加深对分类整理方法的理解。

（3）收纳工具样品　准备各种收纳工具的样品，现场体验其使用方法和效果。

【实践过程】

1.分类整理
首先，识别需要收纳的物品种类，如文具、各种材料、作业、个人物品等。将物品分门别类，相同或相似的物品放在一起。

2.清除无用物品
定期检查物品，确定哪些是不再需要的，可以丢弃或捐赠。

3.选择合适的收纳工具
根据物品的大小、形状和用途，选择适当的收纳盒、文件夹、书架、抽屉分隔器等。

4.利用空间
使用墙壁、门背、桌子下方等空间来安装挂钩、置物架或挂袋。还可使用可移动的储物车或带轮子的收纳箱，以便在需要时可以轻松移动。

5.标签标记
在每个容器或存储区域贴上清晰的标签，注明其内容，便于快速找到所需物品。

6.规定位置
为各类物品指定一个固定的位置，并养成用完即归位的好习惯。

7.定期维护
定期清理和整理收纳空间，确保所有物品都处于正确的位置。

8.创造习惯
每次使用物品后立即归位，避免杂物堆积。根据实际使用情况，适时调整收纳方法和工具，以适应变化。

通过以上步骤，可有效管理杂物，创造一个有序、高效、舒适的学习环境。

整理收纳不是造富神话

自人社部将整理收纳师列为新工种以来，在一些自媒体的推波助澜下，整理收纳师被贴上了高薪的标签。新职业的确催生了新赛道、新机遇，但入行不应盲目，理性的思考和信息的充分收集很有必要。尽管该职业几乎不设门槛，但也并非人人可为，更不是造富神话。

首先，在业内人士看来，整理收纳服务是一项"技能＋知识"的复合型工作，对从业者的综合素质要求较高。让杂乱无章变得井井有条，并在一定程度上提升空间美感，不仅是简单地整理衣服，还涉及空间规划、设计甚至改造，对物品进行再次陈列，对从业者审美水平具有较高要求。

其次，整理收纳师归根结底是服务业，想在行业扎根，需要长期投入，不存在"一夜暴富"的神话。《2021中国整理行业白皮书》显示，有48%的从业者年收入不超过10万元。目前收入水平相对较高的收纳师，收入来源除服务外，还涉及课程培训、讲座沙龙等。而且，收入渠道的拓宽与他们在一线服务积累起来的经验密不可分。整理收纳师不是短时间就能获得高回报的职业，前期需要经过多次尝试积累，才有可能对行业形成正确认识。

此外，针对整理收纳师的培训和考证，目前尚无行业准入标准，培训机构鱼龙混杂的现象仍然存在。新人从业者要充分了解职业培训相关信息。随着未来国家标准出台，行业培训会更规范，不同职级会有不同考核标准。

没有一个行业可以轻松实现暴富，回报与付出是密不可分的，对进入这一行业的新人来说，脚踏实地才能做出成绩。

【思考总结】

1. 整理收纳的目的是什么？它对生活有哪些积极影响？

2. 你目前的个人空间（如房间、学习区域）里，哪些地方需要整理？为什么？

3. 你是否有规律的整理习惯？如果有，描述你的整理习惯。如果没有，你认为阻碍你建立整理习惯的因素是什么？

模块七
校内卫生清洁打扫

清洁是革命的前提。

——马克思

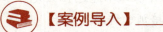 【案例导入】

2016年12月，习近平总书记主持召开中央财经领导小组会议研究普遍推行垃圾分类等制度，强调要加快建立分类投放、分类收集、分类运输、分类处理的垃圾处理系统，形成以法治为基础、政府推动、全民参与、城乡统筹、因地制宜的垃圾分类制度，努力提高垃圾分类制度覆盖范围。2019年6月，习近平总书记对垃圾分类工作作出重要指示，强调实行垃圾分类，关系广大人民群众生活环境，关系节约使用资源，也是社会文明水平的一个重要体现。

垃圾分类一般指：按一定规定或标准将垃圾分类储存、分类投放和分类搬运，从而转变成公共资源的一系列活动的总称。分类的目的是提高垃圾的资源价值和经济价值，力争物尽其用。从2019年起，全国地级及以上城市全面启动生活垃圾分类工作，到2020年年底，多个重点城市基本建成垃圾分类处理系统，2025年年底前全国地级及以上城市将基本建成垃圾分类处理系统。

进行垃圾分类收集可以减少垃圾处理量和处理设备，降低处理成本，减少土地资源的消耗，具有社会、经济、生态等多方面效益，是实现减量、提质、增效的必然选择，是改善人居环境、促进城市精细化管理、保障可持续发展的重要举措，是关乎生态文明建设全局的大事。

推行垃圾分类，关键是要加强科学管理、形成长效机制、推动习惯养成。要加强引导、因地制宜、持续推进，把工作做细做实，持之以恒抓下去。要开展广泛的教育引导工作，让广大人民群众认识到实行垃圾分类的重要性和必要性，通过有效的督促引导，让更多人行动起来，培养垃圾分类的好习惯，全社会人人动手，一起来为改善生活环境作努力，一起来为绿色发展、可持续发展作贡献。

校园环境卫生的重要性不言而喻，它不仅关系到大家的学习生活，更关系到大家的健康。

首先，校园环境卫生会影响学习活动。它是当前学校教育中比较重要的一个外部环境。良好的校园环境会培养良好的学习氛围，从而激励学生充分发挥个人潜力和实现个人成就。

其次，校园环境卫生会影响每个学生的健康。良好的卫生环境既保障了健康的学习空间，还有利于远离蚊蝇害虫、疾病等，远离病毒侵害，保持健康进而发挥最佳的学习效率，以更快的速度掌握知识，不断进步。

最后，正是因为校园环境卫生可以带来诸多益处，足见其重要性。学校要积极主动做好细节管理，对各处设施及环境督促严格执行清洁、维护等规定，保持良好的校园环境。全体师生应牢记"卫生从你我做起"的宗旨，努力营造一个干净、和谐的校园环境。

总之，维护校园环境卫生具有重要意义，每个人都要认真履行自己的义务，通过自觉保持清洁、注意卫生、合理安排学习计划等，为保持良好的校园环境卫生作出贡献，实现最终的共同目标——打造一个舒适美好的学习环境。

单元一　垃圾分类进校园

【学习目标】

❖ 知识目标
1. 了解垃圾的来源、种类、危害以及处理方法，认识垃圾分类的标志。
2. 了解垃圾分类的重要意义。

❖ 能力目标
1. 能进行日常垃圾分类。
2. 通过活动，培养创新能力和想象能力，观察周围环境的变化，并思考如何更好地处理垃圾问题。

❖ 素质目标
1. 认识垃圾分类工作对于改善人民生活环境、实现城市可持续发展、创建节约型社会的重要意义，从而培养社会责任感。
2. 培养节约资源和保护环境的意识，树立正确的垃圾分类观念和积极态度。
3. 从自我做起，带动身边的人正确地进行垃圾分类，养成良好的环保习惯。

【实践意义】

垃圾分类不仅反映了当代大学生的校园精神文明风貌，还是校园行为文明的体现。通过垃圾分类，可以营造更加美丽、整洁的校园环境，这是校园文化的重要组成部分。通过垃圾分类教育，可以在日常生活中养成环保习惯，实践绿色发展理念。校园垃圾分类可以减少垃圾量，节约垃圾无害化处理的费用，并有利于资源的再利用。这既可节省经济成本，还能减少对环境的污染。

在校园中开展垃圾分类回收利用活动，可培养环境保护意识，了解资源循环再利用的重要性，从而在生活中自觉实践节能减排和资源回收。加强校园生态文明建设是落实立德树人根本任务的重要保障。通过垃圾分类，可以树立正确的价值观，培养良好的生活方式。垃圾分类也是国家战略的一部分，是党和政府为人民幸福和国家发展提出的重大举措。通过在校园内的垃圾分类实践，可为文明城市建设和国家发展贡献力量。

因此，校园垃圾分类不仅能提升个人素质，还是对整个社会环保意识和生态文明建设的推动。通过垃圾分类，可以实现资源的合理利用，保护环境，促进可持续发展。

【准备工作】

1. 提前熟悉校园垃圾的来源及种类

（1）宿舍　一次性碗筷、果皮、饮料瓶、食品包装袋、废弃纸质书籍、废纸、塑料包装袋、衣物、电子设备、废电池、快递包装等。

（2）教学楼　废弃文具、废纸、食品包装袋（早餐）、饮料瓶、果皮、未食用完的食物等。

（3）实验楼（如环境楼、逸夫楼）　损坏的仪器（如烧杯、试管）、饮料瓶等。

（4）食堂　剩饭剩菜、塑料袋、纸巾、饮料瓶等。

（5）体育馆　饮料瓶、纸巾、损坏的体育用品（如羽毛球、乒乓球）。

（6）学校的建筑工地　建筑垃圾（如砖头、泥沙）、一次性碗筷等。

（7）校医院　医疗垃圾（如针头）。

（8）学校办公楼　废纸（试卷、废旧报刊）、果皮、食品包装袋等。

2. 进行校园垃圾特点分析

校园垃圾的集中性很强，校园垃圾的主要集中地点为食堂、宿舍、教学楼。

校园垃圾成分复杂、数量持续增长。生活垃圾组成以有机物成分（剩饭剩菜、果皮等）为主，废纸、玻璃、塑料、金属等可回收物质的比例相对较大，无机含量、易堆腐垃圾和可回收废品含量持续增长。

校园垃圾的可再利用价值很高。大量的废弃的纸质书籍、纸屑及废旧电池等可以回收再循环利用。

校园中垃圾箱数量有限，放置地点不合理，甚至垃圾箱时有破损，而且有些垃圾箱清理不及时，还有部分学生未将垃圾丢进垃圾箱。

校园垃圾还有一定的隐蔽性，由于担心别人的态度，所以有些同学会将垃圾扔在比较隐蔽的地方。

校园垃圾一般可分为以下三类：

（1）可回收垃圾　指可再生循环的垃圾。本身或材质可再利用的纸类、硬纸板、玻璃、塑料、金属、人造合成材料包装。

① 纸类。包括试卷、包装用纸、废弃书籍、报纸、快递包装盒、复印资料用纸、纸袋等。

② 塑料类。包括废容器塑料、包装塑料等塑料制品，如各种塑料袋、塑料瓶、泡沫塑料、一次性塑料餐具、硬塑料等。

③ 金属类。如易拉罐、铁皮罐头盒、牙膏皮、废电池、废弃电子设备等。

④ 玻璃类。破损实验仪器，如烧杯、量筒等；镜子、门窗等。

⑤ 纺织物品类。旧衣物，床上用品，如被单、被褥等。

（2）不可回收垃圾　指除可回收垃圾之外的垃圾，常见的有在自然条件下易分解的垃圾，如果皮、菜叶、剩菜、剩饭、花草、树枝、树叶等，还包括烟头、煤渣、建筑垃圾、油漆颜料、食品残留物等废弃后没有多大利用价值的物品。

（3）有害垃圾　指存有对人体健康有害的重金属、有毒的物质或者对环境造成现实危害或者潜在危害的废弃物。包括电池、水银温度计、过期药品、过期化妆品、废日光灯管、废油漆桶、废打印机墨盒、校医院的医疗垃圾等。

【实践过程】

1. 准备阶段

（1）组建垃圾分类实践小组　由学校相关部门（如后勤、环保组织、学生会等）共同组成，明确分工和责任。

（2）制订实施计划　根据学校实际情况，制订详细的垃圾分类实施计划，包括时间节点、任务分配、预算等。

（3）宣传与教育　通过校园广播、海报、宣传册、微信公众号等多种渠道，向全校师生宣传垃圾分类的意义、方法和要求，提高大家的环保意识。

2. 实施阶段

（1）设立垃圾分类站点　根据校园布局和人流情况，合理设置垃圾分类站点，并配备相应的分类垃圾桶或垃圾箱。

（2）投放指导　在垃圾分类站点设置明确的分类标识和投放指导，确保师生能够正确投放垃圾。

（3）监督与检查　安排专人负责监督垃圾分类的执行情况，对不正确投放的行为进行纠正和指导。

（4）回收与转运　与专业的垃圾回收和转运公司合作，定期将可回收物、有害垃圾和其他垃圾进行分类回收和转运处理。

3. 监测与评估阶段

（1）监测执行情况　建立垃圾分类监测机制，定期对校园垃圾分类的执行情况进行监测和评估。

（2）收集反馈　通过问卷调查、座谈会等方式收集师生对垃圾分类工作的意见和建议，了解大家对垃圾分类工作的满意度和存在的问题。

（3）调整优化　根据监测和评估结果，及时调整和优化垃圾分类工作方案，解决存在的问题，提高分类效果。

4. 持续改进阶段

（1）加强培训　定期组织师生参加垃圾分类知识培训，提高大家的分类意识和技能。

（2）引入新技术　探索引入智能垃圾分类设备和技术，提高垃圾分类的效率和准确性。

（3）拓展合作　与社区、企业等外部单位建立合作关系，共同推进垃圾分类工作，形成社会共治的良好局面。

通过以上执行步骤的实施，校园垃圾分类工作可以逐步推进并取得实效，为创建绿色、环保的校园环境贡献力量。

单元二　宿舍6S清扫标准

作为高校环境的重要组成部分，宿舍是学生休息的地方，是学生的第二个家，是学习、生活的重要场所。保持良好的宿舍卫生环境关系到大家的生活质量和身体健康，自己动手共同创建整齐、清洁的宿舍环境，珍惜自己和他人的劳动成果，既能提高生活的舒适度，又能营造健康向上、文明有礼的宿舍氛围。

【学习目标】

❖ **知识目标**

了解宿舍6S标准的基本含义和要求，了解卫生评价标准。

❖ **能力目标**

1. 掌握宿舍内卫生清扫技巧，能够独立完成清洁任务。

2. 能够保持日常卫生达到6S标准要求。

❖ **素质目标**

1. 养成讲卫生、有秩序的生活习惯。

2. 培养自觉自律的独立意识。

3. 营造文明、和谐、美好的宿舍文化环境。

【实践意义】

1. 保持环境卫生

定期打扫宿舍卫生，可有效减少灰尘、细菌和病毒的滋生，降低患病风险。一个干净整洁的环境有助于提高居住者的生活质量。

2. 培养良好的生活习惯

打扫宿舍卫生要求每个人都要参与其中，这样有助于培养责任心和自律性。通过共同维护宿舍卫生，能够养成良好的生活习惯，如定时打扫卫生、整理物品等。

3. 增进团队协作

共同打扫宿舍卫生有助于增进宿舍成员之间的沟通和协作。在共同完成任务的过程中，可以互相帮助、互相监督，从而增强团队凝聚力。

4. 提高安全意识

打扫宿舍卫生的过程中，需要注意电源插座、火源等安全隐患，及时消除潜在的安全问题。这有助于提高宿舍成员的安全意识，预防意外事故的发生。

5. 塑造良好的校园文化

一个干净整洁的宿舍环境，是学校文明程度的体现。通过宿舍卫生清扫，可培养爱护公共环境的意识，为营造和谐、美好的校园文化做出贡献。

总之，宿舍卫生清扫具有重要的实践意义，不仅有助于保持环境卫生，提高生活质量，还能培养良好的生活习惯，增进团队协作，提高安全意识，塑造良好的校园文化。

【准备工作】

1. 确定清扫的范围和目标

（1）范围　包括宿舍内的所有区域，如床铺、书桌、衣柜、洗漱间、阳台等。

（2）目标　确保每个区域都达到清洁、整齐的标准。

2. 组织清扫所需的材料和工具

（1）材料　包括清洁剂、消毒液、抹布、拖把、扫帚、垃圾袋等。

（2）工具　根据需要，还可能用到玻璃刮、吸尘器等。

3. 制订清扫计划和分工

（1）计划　制订详细的清扫计划，包括清扫的时间、频率、步骤等。

（2）分工　明确每个人的清扫任务和责任区域，确保清扫工作有序进行。

4. 进行具体的清扫前准备

（1）整理　区分必需品和非必需品，将不必要的物品进行分类处理，如丢弃、捐赠或移动到适当的位置。保留个人每天的生活物品和每天都要用的清扫工具。清除破旧不能再使用的清扫工具和长时间不用的物品。

（2）整顿　对宿舍所有物品有条理地定位摆放，使物品始终处于最方便取放的位置。如个人每天要用的洗漱用品要有条理地放在指定的架子上，被子折叠要按学校要求等。

（3）清扫　清除宿舍的灰尘垃圾，建立清扫责任区，每个人负责自己的区域。每天至少清扫宿舍地面两次，并拖地两次以上。定期清洗床铺、洗漱台、阳台等区域。

5. 培训和教育

对宿舍成员进行6S管理的培训和教育，使其了解6S管理的重要性和具体做法。强调安全和卫生意识，确保清扫过程中不发生安全事故。

6. 监督和检查

设立监督机制，定期检查宿舍的清扫情况。对不符合要求的地方进行整改，确保6S管理的持续有效。

【实践过程】

6S标准宿舍实践过程可以按照以下步骤进行，以确保宿舍环境的整洁、有序和安全。

1. 整理（Seiri）

（1）物品分类　寝室成员共同制订寝室物品清单，区分必需品、非必需品和不要品，将不再需要的物品进行清理，将有用的物品进行分类整理。

（2）清理过程　清理出不需要的物品，如废旧书籍、衣物、过期食品等。宿舍内物品要根据季节、温度变化及时清理。

2. 整顿（Seiton）

（1）物品定位　根据物品的使用频率和使用习惯，合理安排物品的摆放位置。桌凳、柜子统一位置摆放，确保个人物品一目了然。

（2）标识化　对重要物品或易混淆的物品进行标识，方便查找。

（3）空间利用　合理利用空间，如衣柜、书桌、床铺等要摆放整齐。

3. 清扫（Seiso）

（1）日常清扫　寝室成员共同制订清扫计划，每天保持寝室地面、桌面、床铺等区域的清洁。及时清理垃圾和杂物，保持宿舍整体卫生。

（2）深度清洁　定期对寝室进行彻底清洁，包括地面、家具、窗户等各个角落。

4. 清洁（Setketsu）

（1）保持清洁　通过日常清扫和深度清洁，确保宿舍环境始终保持清洁状态。

（2）消毒处理　定期对宿舍进行消毒处理，杀灭细菌和病毒，保障居住安全。

5. 安全（Safety）

（1）电器安全　定期检查电器设备的安全性，确保使用过程中没有安全隐患。禁止在宿舍内私拉乱接电线或使用违规电器。

（2）防火安全　定期检查消防设施的有效性，确保在紧急情况下能够正常使用。提高宿舍成员的防火意识，禁止在宿舍内吸烟或乱丢烟蒂。

（3）防盗安全　加强宿舍门窗的锁具管理，确保宿舍内的人身和财产安全。

6. 素养（Shitsuke）

（1）习惯养成　通过持续的6S实践，使寝室成员养成良好的生活习惯和卫生习惯。

（2）意识提升　提高寝室成员的环保意识、安全意识和集体意识，共同维护宿舍的整洁、有序和安全。

通过以上六个步骤的实践，可以有效提升宿舍的管理水平，营造一个干净、整洁、舒适、合理的生活环境。

 【拓展阅读】

营造美丽校园　卫生健康先行
——全国文明校园爱国卫生运动见闻

爱国卫生运动为营造美丽校园氛围、助力文明校园建设提供了良好途径。记者采访发现，全国多地校园开展美化环境、卫生整治、加强卫生教育宣讲等爱国卫生运动项目，为广大师生营造了更优美文明的校园环境。

让校园环境更美丽

9公里浪漫湖岸线、10公里幽静林中路以及5平方公里的山水校园，华中农业大学坐落于"百湖之城"武汉。

野芷湖畔的花田里，绿意盎然。"让校园环境景面文心、情景交融。"学校120亩"野芷花田"正是在这样的理念下孕育而生。华中农业大学党委书记高翅说，花田风格是清新雅致、艳而不俗。

为了湖泊环境保护，华中农业大学率先在武汉高校中实施"雨污分流"工程，实现雨水有效利用和污水全收集全处理，从根本上解决了污水直排问题，既美化了校园环境，也让学校周边南湖、野芷湖的水质得到了净化。

"我们充分尊重校园原有的自然环境，坚持因地制宜、和谐、可持续理念，在优化提升的过程中推进生态、建筑、景观和人文高度融合。"华中农业大学园艺林学学院风景园林系教授张斌说。

张斌告诉记者，学校改造了一处废弃的燃气站，在保留和利用原有环境素材和历史印记基础上，建成2万余平方米的"伴山园"。"煤气罐主体原地保留，裁切下的部分经过改造成为花池、水钵，场地内黑臭水塘和沟渠也被净化疏浚。"

记者在现场看到，改造新增的天然植被与周边山体的自然林地互相呼应，亭榭廊桥、山水林石与自然形成一幅和谐的园林画卷。

在清华大学，杨树林广场悄悄换了名字。这里曾是清华大学校园内最大面积的硬质广场，每年校庆、跳蚤市场、室外展览都在此举行，也是英语角、武术协会、轮滑社等社团活动的绝佳去处。

然而，场地内杨树生长较快，并逐年出现坏死现象。为了营造更加舒适美丽的校园环境，清华大学将青桐替换栽植于此，并将"杨树林广场"更名为"青桐林广场"。2020年，学校还对青桐林广场进行了整体改造，增设了绿茵花园、研讨花园等，打造了一条以春景及秋景为主的植物主题景观道路。漫步其间，感受四季轮转，美丽校园正在爱国卫生运动中不断被完善，为创造文明校园提供了良好环境。

让宿舍管理更科学——6S制度

整理（Seiri）、整顿（Seiton）、清扫（Seiso）、清洁（Setketsu）、安全（Safety）、素养（Shitsuke）六个方面的内容，简称6S。它是将现代企业对生产场所、办公区域的6S管理办法引入到学生公寓管理中，使之校园化。

第一个S代表整理：要与不要，一留一弃。要对个人学习和生活用品进行分类管理，分为需要的和不需要的，常用和不常用的，贵重的和一般的物品；要保留需要的物品，清除不需要的物品，腾出最大的空间，充分合理使用空间。

第二个S代表整顿：科学布局，取用快捷。对分类后的各类物品按照需要的和常用的物品定点放置，摆放整齐，方便使用，节约时间；创造整洁有序，整齐划一的宿舍格局。

第三个S代表清扫：清除垃圾，美化环境。对宿舍内的每个区域或部位进行彻底、全面清扫，对清扫区域或部位进行分区，建立责任区，分为私人区域和公共区域；私人区域由学生个人负责(如书架、电脑桌、床铺等)，值日生监督；公共区域由值日生负责，宿舍成员监督；两者有机配合，保证宿舍干净整洁。

第四个S代表清洁：清洁环境，贯彻到底。宿舍成员人人具备集体荣誉感，自觉保持和巩固劳动成果；宿舍成员人人自觉做到不制造脏乱、不扩散脏乱、不恢复脏乱；建立宿舍规则，规范宿舍成员言行举止，养成自觉维护和尊重自己和他人劳动成果的意识。

第五个S代表安全：安全生活，生命第一。宿舍内严禁私接乱拉电源和使用电炉，严禁在宿舍内吊挂挂床、挂椅，严禁在宿舍喝酒赌博，饲养宠物，牢固树立安全防范意识，提高防火、防盗、防诈骗等思想意识，自觉遵守宿舍内各项规定。

第六个S代表素养：自觉行为，养成习惯。把外在的行为规范内化为自身的主动要求，即形成良好的学习和生活习惯；遵纪守法，依规行事，通过自律，消除安全隐患；诚实守信，求真务实，勤学上进，行动上自觉践行"语言美""行为美"，提高自身职业素养和综合素质；待人接物要文明规范，敢于抵制歪风邪气等不良行为，体现个人文明素养。

宿舍6S制度，重点突出"职业化"人才培养模式，培养了学生主动劳动的意识、吃苦耐劳的精神、严谨细致的作风，增强了学生发现美、欣赏美和创造美的能力，提高了学生与人相处、共同生活的能力，不仅有利于提高学生综合素质，也有利于提高学生的就业竞争力。

让卫生观念深入人心

文明校园，书声琅琅。在爱国卫生运动中，关于卫生健康知识的宣讲和学习也是全国各地校园的主要活动内容之一。

初春时节，华中农业大学向师生发出"云"倡议，号召师生校友就地有序帮扶春耕备耕，学校发布倡议书，号召青年学习卫生健康知识，积极组织开展"健康生活打卡21

天""Vlog记录居家大扫除"等活动，号召大家就地参与爱国卫生运动志愿服务。

华中农业大学还积极开展"云"科普，邀请武汉市疾病预防控制中心专家在线开展"防疫有我，健康同行"主题讲座。

清华大学所在的清华园街道，居住着不少清华大学师生。疫情防控期间，为了让更多师生、居民能够了解、参与到爱国卫生运动中，清华大学积极开展宣教活动，以各种宣传卫生健康知识标语、故事海报，传递卫生知识，培育文明观念。

清华大学还与清华园街道合作，在各社区放置多个废弃口罩收集容器，容器上贴有醒目的"废弃口罩投放"等文字标识，方便居民识别、妥善处理。

江苏南通中学校长成锦平说："今年学生的亲身经历就是最好的爱国卫生教育主题，保持良好的卫生习惯已成为学生的自觉。"

 【思考总结】

1. 学校是否有垃圾分类制度？学生是否遵守？
2. 为什么一个干净的宿舍环境对我们的健康和学习至关重要？

模块八
室内植物养护管理

如果是玫瑰，它总会开花的。

——歌德

 【案例导入】

我国首个国家植物园设立一周年　植物保护收集取得新进展

　　我国首个国家植物园设立一周年。一年来，国家植物园在植物保护收集上取得新进展。设立一年来，国家植物园完成了植物种类资源本底调查，新增植物2000多种，截至目前，共收集各类植物1.7万多种，其中珍稀濒危植物近千种，成为全国植物多样性保护的示范区。

　　目前国家植物园建设方案已经编制完成。建设方案对标世界一流植物园，分两个阶段实施。第一阶段到2027年，国家植物园各项水平全面提升，核心功能趋于完善，重点项目全面启动，引领全国植物园高质量发展。第二阶段到2035年，全面建成中国特色、世界一流、万物和谐的国家植物园。

　　国家植物园除了开展植物迁地保护，还是我国植物科学研究的重要平台。近年来，国家植物园不断提升植物科学研究水平，为植物保护发展提供科技支撑。研究成果生动演示了中国植物多样性格局、濒危保护植物分布、植物外来入侵态势、国家植物园四季全景等，有力支撑了国家植物园在植物多样性收集与研究、濒危植物迁地保护、科学传播等领域的工作。

　　国家植物园有一个植物标本馆，是亚洲最大的植物标本馆。一年来，新增近14万份植物标本，目前馆藏植物标本已达301万份，馆藏标本数目和整体规模名列亚洲植物标本馆之首。

　　国家植物园可以说是植物的宝库，几乎涵盖了全球的珍稀植物。那么，国家植物园到底有哪些宝藏明星植物呢？

　　世界珍稀濒危植物，也是世界温室三大旗舰植物之一的巨魔芋，在人工栽培状态下开花数量稀少，从发现至今的100多年来，全世界开放过100余次。2022年7月，国家植物园北园展览温室内，首次实现巨魔芋在人工栽培状态下的群体开花，随后顺利结实，创造了巨魔芋在我国培育研究的新历史。近日，国家植物园又传来好消息，这批巨魔芋的果实已经开始发芽，这也是我国自主培育的巨魔芋首次发芽。

有一种植物叫千岁兰，就跟它的名字一样，它能活2000多岁，原产地是非洲南部的沙漠，是世界上最耐旱的植物之一。

在国家植物园，像巨魔芋、千岁兰这样的珍稀濒危植物有近千种，它们以各自独特的造型和独到的特色，成为国家植物园一道亮丽别致的风景。

单元一　认识室内植物

室内植物不仅为生活空间增添了美感，还带来了许多益处。室内植物以其独特的形态、色彩和生长习性，能够为室内空间增添自然元素和生命气息，使室内环境更加美观、温馨。植物的绿色还能够缓解人们的视觉疲劳，带来宁静和舒适的感受。室内植物的重要性不仅在于它们能够提供生态、环保和健康方面的益处，还在于它们能够美化生活环境、提升人们的心理状态和生活质量。因此，应重视室内植物的存在和作用，让它们在生活中发挥更大的价值。常见室内花卉有如下几种。

一、滴水观音

滴水观音（图8-1）有清除空气灰尘的功效。但是滴水观音茎内的白色汁液有毒，滴下的水也是有毒的，误碰或误食其汁液，就会引起咽部和口部的不适，胃里有灼痛感。应当特别注意防止幼儿误食。但是滴水观音并不属于致癌植物。

图8-1　滴水观音

二、非洲茉莉

非洲茉莉（图8-2）产生的挥发性油类具有显著的杀菌作用，可使人放松、有利于睡眠，还能提高工作效率。

图8-2　非洲茉莉

三、白掌

白掌（图8-3）可抑制人体呼出的废气，如氨气和丙酮。同时它也可以过滤空气中的苯、三氯乙烯和甲醛。它的高蒸发速度可以防止鼻黏膜干燥，使患病的可能性大大降低。

图8-3　白掌

四、银皇后

银皇后（图8-4）以它独特的空气净化能力著称，空气中污染物的浓度越高，它越能发挥其净化能力。因此它非常适合养在通风条件不佳的阴暗房间。

五、铁线蕨

铁线蕨（图8-5）每小时能吸收大约20微克的甲醛，因此被认为是最有效的生物"净化器"。整天与油漆、涂料打交道者，或者身边有喜好吸烟的人，应该在工作场所至少放一盆蕨类植物。

图8-4　银皇后

六、鸭脚木

鸭脚木（图8-6）可给吸烟家庭带来新鲜的空气。叶片可以从烟雾弥漫的空气中吸收尼古丁和

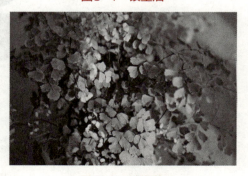

图8-5　铁线蕨

其他有害物质，并通过光合作用将之转换为无害的植物自有的物质。另外，它每小时能把甲醛浓度降低大约9毫克。

图8-6　鸭脚木

七、吊兰

吊兰（图8-7）能在微弱的光线下进行光合作用。吊兰能吸收空气中的有毒有害气体，一盆吊兰在8～10平方米的房间就相当于一个空气净化器。一般在房间内养1～2盆吊兰，能在24小时释放出氧气，同时吸收空气中的甲醛、苯乙烯、一氧化碳、二氧化碳等物质。吊兰对某些有害物质的吸收力特别强，比如空气中混合的一氧化碳和甲醛分别能达到95%和85%。吊兰还能分解苯，吸收香烟烟雾中的尼古丁等比较稳定的有害物质，所以吊兰又被称为室内空气的绿色净化器。

图8-7　吊兰

八、芦荟

一盆芦荟相当于九台生物空气清洁器，因此芦荟（图8-8）有"空气净化专家"的美誉。它可以吸收甲醛、二氧化碳、二氧化硫、一氧化碳等物质，尤其对甲醛的吸收能力特别强。在4小时光照条件下，一盆芦荟可消除一平方米空气中90%的甲醛，还能杀灭空气中的有害微生物，并能吸附灰尘，对净化居室环境有很大作用，当室内有害气体含量过高时，芦荟的叶片就会出现斑点，这就是求救信号，只要再增加几盆芦荟，室内的空气质量又会趋于正常。

图8-8　芦荟

九、龟背竹

龟背竹（图8-9）可在夜间吸收二氧化碳，改善空气质量。龟背竹净化空气的功能略微弱一些，它虽

图8-9　龟背竹

然不像吊兰、芦荟是净化空气的"多面手"，但龟背竹对清除空气中甲醛的效果比较明显。另外，龟背竹夜间吸收二氧化碳的功效对改善室内空气质量、提高含氧量有很大帮助，加上龟背竹一般植株较大，造型优雅，叶片又比较疏朗美观，所以是一种较为理想的室内植物。

十、常春藤

常春藤（图8-10）是吸收甲醛的冠军。常春藤是目前吸收甲醛最有效的室内植物，每平方米常春藤的叶片可以吸收甲醛1.48毫克。而两盆成年常春藤的叶片总面积约为0.78平方米。同时，常春藤还可以吸收苯等有毒有害物质，24小时光照条件下可吸收室内90%的苯。此外，常春藤还能吸附微粒灰尘。根据推测，10平方米的房间中，只需要放上2～3盆常春藤就可以起到净化空气的作用。

十一、橡皮树

橡皮树（图8-11）是消除有害物质的"多面手"。橡皮树对空气中的一氧化碳、二氧化碳、氟化氢等气体有一定抗性，还能消除可吸入颗粒物污染，对室内灰尘能起到有效的滞尘作用。

图8-10　常春藤

图8-11　橡皮树

十二、文竹

文竹（图8-12）是消灭细菌和病毒的"防护伞"。文竹含有的植物芳香有抗菌成分，可以清除空气中的细菌和病毒，具有保健功能，所以文竹释放出的气味有杀菌抑菌之效。此外，文竹还有很高的药用价值，挖取它的肉质根洗去上面的尘土污垢，晒干备用或新鲜即用，叶状枝随用随采，均有止咳、润肺、凉血、解毒之功效。

图8-12　文竹

十三、棕竹

棕竹（图8-13）可消除重金属污染和二氧化碳。棕竹的功能与龟背竹类似，同属大叶观赏植物的棕竹能够吸收80%以上的多种有害气体，净化空气。同时，棕竹还能消除重金属污染，并对二氧化硫污染有一定的抵抗作用。当然，作为叶面硕大的观叶植物，它们最大的特点就是具有一般植物所不能企及的消化二氧化碳并制造氧气的功能。

十四、富贵竹

富贵竹（图8-14）是一种适合放置于卧室的健康植物。富贵竹可以改善空气质量，具有消毒功能，尤其是在卧室内，富贵竹可以有效地吸收废气，使卧室的环境得到改善。

图8-13　棕竹

图8-14　富贵竹

十五、发财树

发财树（图8-15）四季常青，能通过光合作用吸收有毒气体并释放氧气，能有效吸收一氧化碳和二氧化碳，对抵抗烟草燃烧产生的废气也有一定作用。

图8-15　发财树　　　　　　　　　　　　　　图8-16　绿萝

十六、绿萝

绿萝（图8-16）可改善空气质量，消除有害物质。绿萝的生命力很强，吸收有害物质的能力也很强，可以帮助不经常开窗通风的房间改善空气质量。绿萝还能消除甲醛等有害物质，其功能不亚于常春藤、吊兰等植物。

十七、仙人掌

仙人掌（图8-17）是减少电磁辐射的最佳植物。仙人掌具有很强的消炎灭菌作用，还能在夜间吸收二氧化碳，释放氧气。晚上在卧室内放置仙人掌，可补充氧气，有利于睡眠。

十八、君子兰

君子兰（图8-18）是释放氧气、吸收烟雾的清新剂。一株成年的君子兰一昼夜能吸收1升空气，释放80%的氧气，在极其微弱的光线下也能发生光合作用。它在夜里不会散发二氧化碳。在十几平方米的室内养2～3盆君子兰，就可以把室内的烟雾吸收掉。特别是北方寒冷的冬天，由于门窗紧闭，室内空气不流通，君子兰能起到很好的调节作用，保持室内空气清新。

图8-17　仙人掌

图8-18　君子兰

单元二　室内花卉养护

【学习目标】

❖ 知识目标

1. 了解室内植物的基本知识：了解不同种类的室内植物的生长特点，包括它们的特征、生长习性和适宜的生长环境。

2. 掌握室内植物的养护技巧：学会如何正确浇水、施肥、修剪和繁殖室内植物，以确保它们的健康生长。

3. 了解室内植物的作用和益处：了解室内植物对室内空气质量、湿度、温度等方面的影响，以及它们在心理调适和生理健康促进等方面的积极作用。

❖ 能力目标

1. 培养审美观念和空间设计能力：学会如何根据室内环境和自己的喜好选择合适的植物，以及如何将植物融入室内设计，提升空间的美感和舒适度。

2. 提高观察和分析能力：通过观察和分析室内植物的生长状况，学会发现问题、解决问题，提高自己的动手能力和实践能力。

3. 增强沟通能力和团队协作能力：通过与同学、老师和其他人交流室内植物的知识、经验和心得，学会倾听、表达和合作，提高自己的沟通能力和团队协作能力。

❖ 素质目标

1. 培养审美能力、环保意识和责任感。

2. 认识到室内植物对环境的积极影响，如减少空气污染、节约能源等，并在日常生活中关注环保问题，积极参与绿色生活实践。

1. 培养观察能力

通过观察室内植物的形态特征，可以锻炼观察力和细心程度。这种观察能力的培养不仅限于植物学，还能延伸到对周围世界的敏感和关注。

2. 提高环境意识

了解室内植物及其与环境的关系，可以认识到植物在改善室内环境和空气质量中的重要作用。这种意识的提升有助于成为未来环保的倡导者和实践者。

3. 激发自主学习兴趣

围绕兴趣和能力培养，自主探求知识。通过植物学的学习，可以自主探索植物的奥秘，培养持续学习和探究的热情。

4. 美化生活环境

可以通过学习如何将植物融入室内设计，提升空间美感和舒适度。这不仅是一种实用技能，也是提升生活质量的一种方式。

5. 促进身心健康

研究表明，接触自然和植物有助于减轻压力、改善心情和提高创造力。通过室内植物的学习，可以了解植物带来的心理和生理上的益处。

6. 跨学科学习

学习室内植物的过程中，融合了科学、艺术、国学等多个学科的知识，提供了一个多元化的学习平台。例如，植物科学绘画不仅涉及生物学知识，还包含了艺术和美学的元素。

7. 培养责任感

通过亲自照料植物，可以学会负责任和照顾生命的重要性。这种责任感的培养对个人成长和提高社会适应能力都有积极意义。

8. 增强实践操作能力

通过实际种植和养护植物，可以将理论知识转化为实践操作，这种经验对于未来的学习和工作都是宝贵的财富。

【准备工作】

认识室内植物的准备工作需要系统规划，以确保能够全面、深入地了解室内植物的知识。

1. 学习内容准备

（1）室内植物的选择　介绍不同种类的室内植物，如南洋杉、非洲堇、绿萝等。讲解选择室内植物时需要考虑的因素，如光照条件、温度和湿度、空间大小等。

（2）室内植物的种植　准备种植容器和土壤的选择知识，如陶瓷盆、塑料盆、通用花土等。讲解种植步骤和注意事项，如土壤准备、植物种植、浇水等。

（3）室内植物的养护　学习浇水的技巧和方法，如根据季节和植物需求来确定浇水频率。学习施肥的种类和时机，如氮肥、磷肥、钾肥等在不同生长时期的需求。强调病虫害防治的重要性，并介绍简单的防治方法。

（4）室内植物的布置　针对不同区域（如窗前、玄关、客厅、卧室等）的室内植物给出布置建议。介绍如何通过室内植物来美化环境和提升生活品质。

2. 工具与材料准备

（1）实物展示　准备一些常见的室内植物实物，供观察和了解。

（2）图片和视频展示　收集关于室内植物的图片和视频资料，用于展示交流。

（3）PPT课件　制作包含学习内容、图片、视频等元素的PPT课件，方便展示交流。

（4）工具与材料　准备种植容器、土壤、肥料、剪刀等工具和材料，供实践操作使用。

3. 学习方法与策略

通过口头讲解的方式介绍室内植物的知识。

通过实物展示和操作演示的方式，让大家更直观地了解室内植物的种植和养护过程。

进行实践操作，如种植、浇水、施肥等，亲身体验室内植物的养护过程。

就室内植物的相关问题进行讨论和交流，锻炼思考和表达能力。

4. 评估与反馈

（1）课堂测验　通过课堂测验的方式检验对室内植物知识的掌握情况。

（2）完成作业　完成与室内植物相关的作业，如植物养护日记、植物绘画等，以巩固学习成果。

（3）交流反馈　交流、汇总大家对学习内容、学习方法等方面的反馈意见，以便不断改进和完善。

通过以上准备工作，可对室内植物有一个全面、深入的了解，并激发学习兴趣，为未来的学习和生活打下坚实的基础。

【实践过程】

1. 营养土的配比

（1）观花类　腐叶土。优点：保水性、透气性以及吸水性。

（2）观叶类　普通土加上腐叶土，比例3∶1。

（3）仙人掌类植物　沙质土壤。北方植物可用普通土。

2. 如何判断植物缺水

（1）敲击法　适合中型植物。瓷盆敲花盆中部，若声音清脆说明缺水，声音沉闷则不缺水。

（2）目测法　适合所有植物。若土壤的颜色呈灰白色，说明植物缺水，灰褐色说明不缺水。

（3）提拿法　适合小型及吊挂植物。拿起来后，感觉轻则缺水，感觉重则不缺水。

（4）手触法　适合所有大型植物。将手插入土壤约5厘米处取一些土壤，捏一下，若成团则不缺水，松散说明缺水。

3. 植物脱水后的补救方法

植物脱水后，不要立即浇水，应先将植物转移到阴凉处少量浇水，待枝叶恢复正常后再浇足水。

4. 植物的浇水

（1）不能使用含有肥皂及洗衣粉的水。

（2）如果用自来水需将水放入水桶或缸中，放置 1 ~ 2 天后再使用。因为水中有氯气，应先让氯气挥发掉。

（3）浇水宜用软水。硬水含盐量过高，叶片容易产生褐斑。软水中，以雨水和雪水为佳。如果用雪水，待冰雪融化成水，并且水温接近室温时再使用。此外，河水和池塘水也可以用。如果水温与室温相差5℃以上，易伤害植物的根系，最好放置一天后再用。

（4）对于喜微碱性的仙人掌类植物，不要使用弱酸性的水。

（5）浇水要适当。对于喜湿花卉，要多浇水；对于喜干花卉，要少浇水。球根类的花卉少浇水；草本植物和木本植物要多浇水。叶大柔软光滑无茸毛的花卉多浇水；叶片小而茸毛多的植物要少浇水。生长旺盛期要多浇水，休眠期要少浇水。苗大盆小要多浇水，苗小盆大要少浇水。天热要多浇水，天冷要少浇水。晴天旱天多浇水，阴天雨天少浇水。

（6）早春适宜中午前浇水，夏季适宜晨晚浇水。立秋后植物生长缓慢要少浇水，冬季植物进入休眠期或半休眠状态要少浇水。对于松科盆栽和多浆多肉的仙人掌类植物，要按"宁干勿湿"的原则浇水；对于荸荠莲、旱伞草等植物按照"宁湿勿干"的原则浇水。

（7）增加湿度的方法

① 可以每天向叶面喷水，若叶片有茸毛就不要喷水，多数盛开的花儿不能喷水。

② 用湿布擦拭叶面适合叶片大没有茸毛的。

③ 对湿度要求过高的蕨类植物或合果芋，可将花盆放入水中或水面上，以增加湿度。

④ 南方喜湿的植物，喷水后再用透明的塑料布带上，注意塑料布要有孔可以透气，如果有盛开的花朵不宜采用此方法。

 【拓展阅读】

国家植物园设立，将如何更好推动生物多样性保护？

国家植物园于2022年4月18日在北京正式揭牌。此次设立的国家植物园，是在中国科学院植物研究所（南园）和北京市植物园（北园）现有条件的基础上扩容增效整合而成，总规划面积近600公顷。

为何要设立国家植物园？未来将如何推进？"野生植物是自然生态系统的基本组成部分，其携带的遗传资源是关系到国家生态安全和生物安全的核心战略资源。"国家林草局野生动植物保护司副司长周志华说，但由于栖息地破坏、过度开发、气候变化、外来物种入侵、自身繁殖受限等因素，一些野生植物濒临灭绝，亟待采取有效的保护措施。

与以国家公园为主体的就地保护形式不同，国家植物园的一个主要任务是植物的迁地保护。在中国科学院植物研究所高级工程师叶建飞看来，由于威胁生物多样性因素的多样化和复杂性，任何单一的保护方法都很难取得全面成功。

他解释说，迁地保护并不是简单地把植物挖过来栽在植物园里，而是指以人工途径，将生存受威胁物种、区域特有物种或具有重要经济价值的物种从原产地迁往其他地域的专业机构（如植物园、树木园等）予以保护，也包括建立种质资源库保存植物种子、组织、器官等。

近些年，就地保护、迁地保护、植物回归相结合的综合保护理念被日益重视和应用到植物多样性保护中。2021年10月12日，在《生物多样性公约》第十五次缔约方大会领导人峰会上，中国提出本着统筹就地保护与迁地保护相结合的原则，启动北京、广州等国家植物园体系建设。

此次在北京设立国家植物园，正是中国国家植物园体系的重要组成部分。丰富的物种收集是国家植物园的重要特色，雄厚的科研实力是坚强支撑。"国家植物园代表一个国家植物多样性保护、研究和利用的最高水平。"中国科学院植物研究所所长汪小全说，国家植物园设在北京，整合了中国科学院植物研究所和北京市植物园的优势资源，具备了全国领先的科研实力和植物迁地保护水平。

据介绍，南北两园现有国家重点实验室2个、省部级重点实验室5个，已迁地保护植物1.5万余种；建有牡丹、睡莲、野生蕨类植物等6个国家花卉种质资源库；拥有亚洲最大的植物标本馆，馆藏标本280万份……这些都为国家植物园的设立打下了坚实基础。

汪小全表示，新组建的国家植物园将以植物迁地保护为重点，计划重点收集三北地区乡土植物、北温带代表性植物、全球不同地理分区的代表性植物及珍稀濒危植物3万种以上，并收藏五大洲代表性植物标本500万份。还将建成20个特色专类园、7个系统进化植物展示区和1个原生植物保育区，把国家植物园建设成为我国及世界植物种质资源保存、展示的重要基地，植物收集和展示水平达到国内领先、世界一流。

设立国家植物园，迈出建设国家植物园体系的重要步伐。周志华说，将综合考虑国家重大战略、气候带与植被区划特点、现有植物园发展水平等因素，按照统筹谋划、科学布局、保护优先、分步实施的原则，遴选建设一批高水平的区域性国家植物园，构建具有中国特色、国际一流的国家植物迁地保护和科学研究网络。

专家认为，未来我国各国家植物园分工合作、资源共享，将全面提升植物学研究水平。而植物在多地实施迁地保护，有利于降低因区域自然灾害、极端天气及突发状况造成的物种灭绝风险，为国家保存重要的战略资源。这将与就地保护体系形成有机衔接、相互补充，共同推动形成较为完整的生物多样性保护体系。

 【思考总结】

1. 光合作用的发生需要哪些条件？家庭环境中如何模拟这些条件以帮助绿植进行光合作用？

2. 通过什么迹象可以判断植物缺水？列举三个观察植物需水信号的方法。

3. 什么是植物的"营养缺乏症状"？举例说明缺乏氮、磷或钾时植物可能出现的症状。

模块九
化工安全实践

扫一扫

本模块数字资源

生命重于泰山。

——习近平

 【人物导入】

海姆立克

海姆立克(1920年2月3日—2016年12月17日)是美国著名的胸外科医生，他发明的"海姆立克急救法(Heimlich Maneuver)"曾挽救了很多人的生命，被人们称为生命的拥抱。

海姆立克于1943年毕业于美国康奈尔大学(Cornell University)医学院，1972年任职于辛辛那提犹太医院，在这期间听闻美国每年有数千人因窒息而死亡，因而深感震惊。于是海姆立克医生带领团队经过反复研究和多次动物实验，发现可以利用肺部残留气体形成气流让异物冲出的急救方法，美国医学会于1974年10月以海姆立克的名字命名了这种急救方法，所以称为"海姆立克急救法"。仅4年时间里，在美国约有3000人因该法抢救重新获得生命。海姆立克急救法也成了无数医学教材上标准的急救方法之一。

迄今为止，"海姆立克急救法"已经挽救了超过10万人的生命，其中包括美国前总统里根、纽约前任市长艾德、影星伊丽莎白·泰勒等著名人物，《世界名人录》称海姆立克医生为"世界上拯救生命最多的人"。

第二次世界大战期间，海姆立克曾作为一名战地医生志愿支援中国，治疗中国伤员。他回忆起一名战士在成功手术后第二天因伤势过重去世，这个经历深深地刺痛了他。17年后，他发明了海姆立克胸腔引流阀。这项发明极大地提高了胸腔引流的效果，成了抢救胸腔外伤患者的利器，拯救了更多的生命。

单元一　海姆立克急救法

【学习目标】

❖ **知识目标**

1. 了解异物卡喉常见的原因和症状。
2. 掌握海姆立克急救法的基本原理。

❖ **能力目标**

1. 能够运用海姆立克急救法进行自救。
2. 能够运用海姆立克急救法救助他人。

❖ **素质目标**

具备急救意识，具备热爱生命、敬畏生命的情感。

【实践意义】

海姆立克急救法是一种简便、快速且极为有效的急救技术，专门用于解除呼吸道异物梗阻，可以减少因气道阻塞引起的并发症，易于学习与实施，能为患者争取到宝贵的救治时间。

海姆立克急救法不仅是医学上的一个创新，更是公共卫生安全领域的一项重要贡献，它的推广和应用体现了对人类安全的尊重和保护。对于提升整个社会的应急反应能力和公共安全水平具有重要意义。

【准备工作】

（1）场地或环境、人数等要求　化工安全实训基地，人数30人。
（2）工具材料　婴儿模型。

【实践过程】

可两人一组进行实操。

急救原理：利用冲击腹部——膈肌下软组织，产生向上的压力，压迫两肺下部，从而驱使肺部残留空气形成一股气流。这股带有冲击性、方向性的长驱直入于气管的气流，就能将堵住气管、喉部的食物硬块等异物驱除，使人获救。

1. 受害者站着或坐着

救助者立于受害者背后，双臂环绕其腰腹部，一手握拳，拳心向内按压于受害者的肚脐和肋骨之间的部位，用力冲击腹部并双手急速用力向里向上挤压，反复实施，直至阻塞物吐出为止，见图9-1（a）。

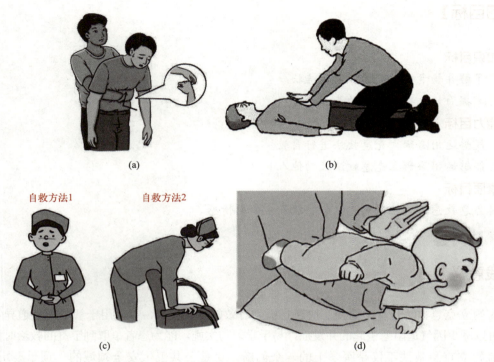

图9-1　海姆立克急救法

2. 受害者躺倒在地，由于缺氧而不省人事

救助者托住受害者背部使之仰卧，两脚左右分开，跪于受害者臀部两侧，一手以掌根按压肚脐与肋骨之间的部位，另一手掌覆盖其手掌之上，用力迅速挤压，反复至咽喉异物排出，见图9-1（b）。

3. 受害者是自己

受害者是自己时，可用自己的拳头和另一只手掌猛捅肚脐与肋骨之间的部位，或用圆角或椅背快速挤压腹部，见图9-1（c）。在这种情况下，任何钝角物件都可以用来挤压腹部，使阻塞物排出。

4. 受害者是1岁以下的婴儿

救护者坐在地上，将婴儿仰卧在大腿上或坚固的表面上。或者让婴儿坐在大腿上，面朝救护者，一只手护住婴儿，一只手中指或食指，放在胸廓下和脐上的腹部，快速重击压迫，重复之，直至异物排出，见图9-1（d）。

5. 受害者溺水后被噎

救助者托扶受害者背部，使其脸朝一侧卧躺，救助者两脚分开跪在受害者臀部两侧，双手叠放用手掌根顶住腹部（肚脐稍上），进行冲击性，快速地向前上方压迫，然后打开下颌，如异物已被冲出，迅速掏出清理，使受害者心肺易于复苏。

单元二　创伤包扎

【学习目标】

❖ 知识目标

1. 了解创伤包扎技术的种类。

2. 掌握伤口包扎的操作要领和包扎手法等。

3. 认真听、看（动作示范），体会动作要领。

❖ 能力目标

能够根据要求配合实物模拟人完成创伤包扎实践。

❖ 素质目标

培养自我保护意识和急救意识。

【实践意义】

　　创伤包扎作为一种基本而实用的急救技能，在紧急情况下能立即对伤者提供必要的初级处理，对于挽救生命、减轻伤害程度及提高后续治疗效果都具有不可或缺的作用。通过实践创伤包扎技能，可以提高学生自我保护意识和急救意识，对于提升整个社会的应急反应能力和公共安全水平具有重要意义。

【准备工作】

　　（1）场地、环境、人数等要求　化工安全实训基地，人数30人。

　　（2）工具材料　多媒体课件、教学示教视频、实训模拟人。

【实践过程】

1. 包扎的目的

（1）保护伤口，防止伤口进一步污染，减少感染机会。

（2）减少出血，预防休克。

（3）保护内脏、血管、神经和肌腱等重要身体组织。

（4）有利于转运伤病员。

2. 伤口种类和判断

（1）伤口种类　割伤、擦伤、刺伤、挫裂伤等。

（2）伤口判断　判断伤口是一个重要的环节，在处理伤口时，要仔细检查，判断伤口的位置、大小、深度、污染程度、有无异物等。

3. 包扎的材料

常用的包扎材料有创可贴、弹力绷带、纱布绷带、三角巾及毛巾、头巾、衣服、领带等。

4. 常见包扎方法

（1）环形包扎法　适用于身体粗壮均匀部位，如手腕、额头及颈部，或者在其它各种包扎方法时，用此法缠绕两圈，以固定绷带的始末两端。如图9-2所示，先用敷料覆盖伤口，再进行包扎。把带头斜放，用力压住，将卷带绕受伤部位包扎一圈后，把带头小角反折，压在上面再环形缠绕数圈，每圈盖住前一圈，再搭接结束。

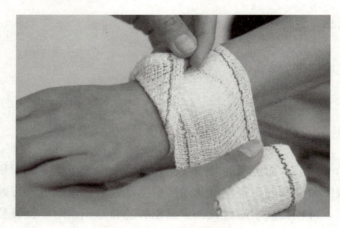

图9-2　环形包扎法

（2）螺旋包扎法　此法用于粗细相等的肢体、躯干部位的包扎。如图9-3所示，环形包扎须两圈，螺旋缠绕若干圈，覆盖上圈的一半，包扎完毕查循环。

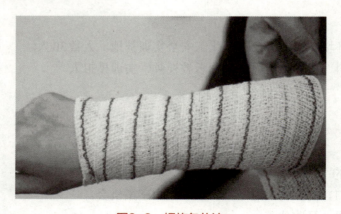

图9-3　螺旋包扎法

（3）"8"字包扎法 此法适用于手掌、手背、踝部和其他关节处伤口的包扎。如图9-4所示，关节之处绕两圈，下一圈上一圈，逐渐分两边，交叉在拐弯处，固定在外边。

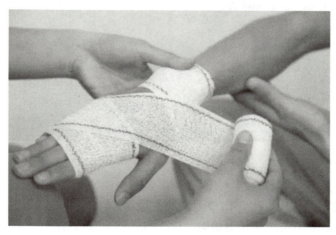

图9-4 "8"字包扎法

需要注意的是，绷带不宜过紧或过松，不然会引起血液循环不良或纱布固定不住。打结时，结不要打在伤口上方。在没有绷带而必须急救的情况下，可用毛巾、手帕、床单（撕成窄条），长筒尼龙袜子等代替绷带包扎。

（4）回返包扎法 此法适用于头部、肢体末端或断肢部位的包扎。如图9-5所示，环形两圈，回返若干，螺旋固定，结放在外边。

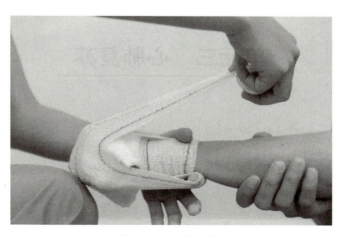

图9-5 回返包扎法

（5）螺旋反折法 此方法用于肢体上下粗细不等部位的包扎，如小腿、前臂等。如图9-6所示，将绷带环形缠绕二圈，稍微倾斜（＜30°）螺旋向上缠绕先用环形法固定始端，螺旋方法每圈反折一次，反折时，以左手拇指按住绷带上面的正中处，右手将绑带向下反折，向后绕并拉紧。需注意的是，反折处不要在伤口上。

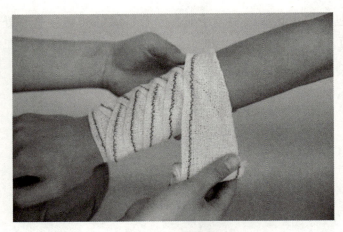

图9-6 螺旋反折法

5. 注意事项

（1）动作要快、准、轻、牢，伤口上要加盖敷料。

（2）较大伤口不要用水冲洗（烧烫伤、化学伤除外），不要在伤口上用消毒剂或药物。

（3）不要对嵌有异物或骨折断端外露的伤口直接包扎，不要试图复位突出的骨折端。

（4）绷带包扎，松紧要适度。

（5）绷带缠绕肢体远心端出现皮肤发紫，或麻木，或感觉消失，或手指、足趾不能活动时，请立即松开绷带，重新缠绕。

（6）若非手指、足趾末端损伤，包扎时要暴露肢体末端，以便观察末梢血液循环。

（7）尽可能佩戴医用手套做好自我防护。

单元三 心肺复苏

【学习目标】

❖ **知识目标**

1. 了解心肺复苏"黄金4分钟"。

2. 掌握心肺复苏按压频率与深度。

❖ **能力目标**

能够根据语音提示完成急救训练。

❖ **素质目标**

1. 培养安全规范操作意识。

2. 树立时间就是生命的急救意识。

【实践意义】

心肺复苏是抢救生命的一种重要手段，通过临床研究证实，对于心脏呼吸骤停的病人，如果能在4分钟之内进行积极有效的救治，救治成功率能够达到50%以上。在生活中突发猝死的病人，往往会因为错过最佳抢救时间而丢掉性命，或者因为抢救时间延误而导致大脑缺血缺氧，留下比较明显的后遗症。心肺复苏方法的普及，可以使学生及时救助那些急需帮助的人，尽可能挽救患者的生命，同时最大限度降低复苏成功后，患者神经系统以及其他系统所出现的相关后遗症和并发症。

【准备工作】

（1）场地、环境、人数等要求　化工安全实训基地，人数30人。
（2）工具材料　多媒体课件、教学示范视频、婴儿模型、人体模型等。

【实践过程】

当出现心脏骤停等严重威胁患者生命的情况时，实施恢复心跳和呼吸的急救措施（如心脏按压、人工呼吸、快速除颤等）使患者循环、呼吸系统和大脑功能得以控制或部分恢复的急救技术，被称为心肺复苏术（CPR）。时间就是生命，心脏骤停时对人体的伤害以秒来计算。

1分钟内，成功率可达90%；

4分钟内，成功率可达60%；

6分钟内，成功率可达40%；

8分钟内，成功率可达20%；

10分钟内，成功率几乎为0。

4分钟内心肺复苏的成功率较高，称为"黄金4分钟"。患者出现异常情况时，越早实施心肺复苏急救，救治的成功率就越高。所以去医院以前，启动最早的心脏按压和人工呼吸急救措施，即院前心肺复苏应争分夺秒，刻不容缓。

心肺复苏术（CPR）主要由胸外心脏按压、开放气道和人工呼吸3个部分组成。

教师示范后，学生两人一组进行实操。

1. 胸外心脏按压

（1）按压体位　患者仰卧于硬板床或地板上，抢救者跪在病患右侧。翻身时整体转动，保护颈部。解开患者衣领、领带以及拉链。

（2）按压部位　胸骨下三分之一交界处，两乳头连线的中点。

（3）按压深度　按压时胸骨下陷至少5厘米。

（4）有效标准　能触摸到颈动脉或股动脉搏动。

（5）按压频率　至少每分钟100次，按压与放松的时间各占50%。用力快速按压，减少中断。

（6）按压姿势　无论跪姿还是站姿，抢救者双膝与患者躯干平行。双臂伸直与胸部垂直，不能弯曲。

2. 开放气道

（1）清理口腔，清除呼吸道杂物如假牙、呕吐物、血液等。

（2）开放气道体位　患者平卧在平地或硬板上，采用仰头抬颌法使患者口腔与咽喉成直线。

（3）操作方法　站在患者的右侧，左手放在患者的前额，用力将头部下压，右手置于患者下颌骨（下巴）下缘将面部向上，向前抬起，来通畅呼吸道。

3. 人工呼吸

口对口人工呼吸，注意嘴要包紧，吹两口气，同时观察胸廓是否隆起。人工呼吸频率每分钟10次。按压与人工呼吸比例：30∶2。完成五个循环、呼吸周期，判断心肺复苏是否有效，如自主呼吸出现、颈动脉搏动可触及，判断时间5～10秒。如无效继续CPR，看时间，并记录。

 【拓展阅读】

孙向波施救压断老人肋骨

孙向波医生毕业于沈阳医学院，在康平县经营一家药店。2017年9月7日晚8点左右，齐老太因感觉头晕到孙向波医生经营的药店买药。孙向波用血压仪帮助齐老太测量血压：低压120、高压200，血压严重超出正常标准，如果不加以控制可能发生脑血管意外，甚至会因为血压压迫，出现心脏病或者心力衰竭骤停，非常危险！

孙向波医生赶快给她拿了一盒硝酸甘油片及两盒其他降压药，并嘱咐她以后要按时吃药经常复查，不能劳累动气等。齐老太在量完血压后起身准备离开，随后发生昏厥。孙向波医生随即拨打120电话并对其实施心肺复苏进行抢救。

齐老太恢复意识后，由120救护车送往康平县人民医院进行住院治疗，被诊断为双侧多发性肋骨骨折（12根）、右肺挫伤、低钾血症，共计住院18天。

事后，齐老太子女提起诉讼，要求孙向波医生赔偿医疗费、护理费、交通费、住院伙食补助费共计9800余元，并且对其因抢救造成的伤残情况支付近10万元的赔偿金。孙向波医生称对休克的病人进行心肺复苏是一件非常专业的事情，必须保证胸外按压快速有力，按压频率要达到100～120次/分，按压深度也不能小于5厘米。对老年患者进行心肺复苏而导致肋骨骨折不可能完全避免。自己在最佳治疗时间进行施救，属于见义勇为行为。

辽宁省康平县人民法院一审判决认为孙向波医生系自愿实施紧急救助行为，虽然救助过程中导致齐老太身体损害，但没有证据证明，齐老太心脏骤停与服用的硝酸甘油药物有关。且孙向波医生具有医学从业资质，给老人进行心肺复苏造成肋骨骨折及肺挫伤无法完全避免，其救助行为没有过错，不违反诊疗规范，故孙向波作为救助人对齐老太的损害不承担民事责任。

2017年10月1日，正在孙向波与齐家人的官司立案之际，《中华人民共和国民法总则》正式实施，关于类似案件明确规定：因自愿实施紧急救助行为造成受助人损害的，救助人不承担民事责任。

2021年5月，沈阳中院二审裁定：驳回原告上诉，维持原判。

2021年12月16日，辽宁省高级人民法院驳回了齐某的再审申请，救助人孙向波不用对被压断肋骨的齐某承担民事赔偿责任。

 【思考总结】

1. 如何避免异物卡喉等情况发生？

2. 创伤包扎有哪几种方法？

3. 心肺复苏的主要步骤有哪些？

模块十
品饮文化实践

作为茶叶生产和消费大国，中国愿同各方一道，推动全球茶产业持续健康发展，深化茶文化交融互鉴，让更多的人知茶、爱茶，共品茶香茶韵，共享美好生活。

——习近平

 【人物导入】

茶圣：陆羽

陆羽（733—804年），复州竟陵（今湖北天门）人，名疾，字鸿渐，又字季疵，号竟陵子、桑苎翁、东冈子，又号"茶山御史"。是唐代著名的茶学家，被誉为"茶仙"，尊为"茶圣"，祀为"茶神"。

陆羽一生嗜茶，精于茶道，以著世界第一部茶叶专著《茶经》而闻名于世。他也很善于写诗，但其诗作目前世上存留的并不多。他对茶叶有浓厚的兴趣长期实施调查研究，熟悉茶树栽培、育种和加工技术，并擅长品茗。

别茶人：白居易

白居易，字乐天，号香山居士，唐代著名的现实主义诗人。白居易一生嗜茶，对茶很偏爱，几乎从早到晚茶不离口。他在诗中不仅提到早茶、中茶、晚茶，还有饭后茶、寝后茶，是个精通茶道、鉴别茶叶的行家。

白居易用茶来修身养性，交朋会友，以茶抒情，以茶施礼。他的别号"别茶人"，是在《谢六郎中寄新蜀茶》一诗中提到的，诗中说故情周匝向交亲，新茗分张及病身；红纸一封书后信，绿茶十片火前春；汤添勺水煎鱼眼，末下刀圭搅曲尘：不寄他人先寄我，应缘我是别茶人。

茶仙：苏东坡

苏轼（1037年1月8日—1101年8月24日），字子瞻、和仲，号铁冠道人、东坡居士，世称苏东坡、苏仙，汉族，眉州眉山（今四川省眉山市）人，祖籍河北栾城，北宋著名文学家、书法家、画家。苏东坡视茶境为仙境，并沉醉于茶，寄身于茶，苏东坡爱茶也爱女子，故有"欲把西湖比西子，从来佳茗似佳人"。

苏轼注重品茶的物外景意，把茶作为沟通自然，内省性情，品味人生的修炼手段，并主张"新火试新茶，诗酒趁年华"典型的茶艺人生，以茶悟慧而入诗入画，他随缘自适，乐观豁达，圆融贯通，自由自在，在茶中品出人格精神，生命体悟和胸襟抱负，并为后人留下无数的精神食粮，不愧为茶仙。

茶神：陆游

陆游（1125—1210年），字务观，号放翁，汉族，越州山阴（今浙江绍兴）人，尚书右丞陆佃之孙，南宋文学家、史学家、爱国诗人。"死去元知万事空，但悲不见九州同"，英雄的悲歌，茶人的爱国情怀。

陆游酷爱茶也爱诗，以茶悟诗而言志，著有一万多首诗，其中有300多首茶诗，诗人把茶当作一门悟的艺术和品的文化。到83岁时还写下了"桑苎家风君勿笑，它年犹得作茶神"，诗人希望陆羽的茶道代代相传，自己下辈子还当茶神。

茶怪：郑板桥

郑板桥（1693—1766年），原名郑燮，字克柔，号理庵，又号板桥，人称板桥先生，江苏兴化人，祖籍苏州。康熙秀才，雍正十年举人，乾隆元年（1736年）进士。官山东范县、潍县县令，政绩显著，后客居扬州，以卖画为生，为"扬州八怪"重要代表人物。

扬州八怪之一清茶里悟人生，顶峰之极，悟出了"难得糊涂"！郑板桥的画怪，书也怪，"曲曲溶溶漾漾来，穿沙隐竹破莓苔，此间清味谁分享，只合高人入茗杯"。这世间珍品只配高人享用，他与其朋友的爱茶、爱竹、爱梅、爱兰、爱石、爱紫砂来显其君子之德。

郑板桥也是写茶联最多之人，"汲来江水煮新茗，买尽清山当画屏"，"香文古鼎把九个，日著新茶两三碗"，"洗砚鱼吞墨，烹茶鹤避烟"，但若是我们也用茶品悟一下板桥的人生，就是"糊涂"而真，见怪不怪了！

单元一　茶品文化与茶叶

中国是茶的故乡，经过漫长的历史跋涉，现在茶已经在全世界扎下了根。作为茶的发源地，每个中国人都感到自豪。对中国人而言，茶不仅是一种饮料，更多的是一种清静、静心的精神象征。历经千年，茶已经渗透到中国人生活的各个层面。唐代煮茶法，煮茶前，先把茶叶碾碎，烧开水后将调料放入，再将茶粉撒入锅内。饮用时，趁热将茶渣和茶汤一起喝下去，谓之"吃茶"。唐人煮茶一度喜欢往茶汤里添加调味料，如盐、葱、姜或橘皮等。但在中唐时，陆羽极力反对这一煮茶的方式，煮茶的时候最多加一点盐调味。此后，唐人饮茶开始提倡茶汤的原味，为茶道之兴奠定基础。宋代点茶法，使宋代的饮茶方式上升到了审美的高度，达到了极致。他们在茶饼上装饰了很多龙凤的花纹，十分精致，叫作"龙凤团茶"。先将饼茶碾成细细的粉末，用沸水冲点茶。为了使茶末与水融为一体，用茶筅快速击打，茶水充分交融，并使茶盏中出现大量白色茶沫。日本的抹茶道就是起源于此。明代泡茶法，制茶法和饮茶法一再简化。朱元璋大力推广散茶导致了茶类的异化，以前只有绿茶，后来慢慢又出现了别的茶类。茶叶冲泡的方法也延续到了今天，泡茶不加任何调味料，喝的是茶的原味、真味，同时泡茶所用的茶具和方法也简化了很多，更利于茶文化的传播。

一、绿茶

1. 初识绿茶

绿茶，山茶科山茶属灌木或小乔木植物，绿茶形态自然、色泽鲜绿，采取茶树的新叶或芽，经杀青、整形、烘干等工艺制作而成，保留了鲜叶的天然物质；茶叶尖而细，表面光滑；开白色花，花朵较小，呈多边形；花期10月至次年2月。绿茶因其干茶呈绿色、冲泡后的茶汤呈碧绿、叶底呈翠绿色而得名。

绿茶原产于中国，在中国河南、贵州、浙江等地广泛分布。绿茶喜湿润、温暖的环境，不耐阳光、高温、湿气，种植时以肥沃疏松的微酸性土壤为宜。

绿茶是中国历史上出现最早的茶类，有着悠久的生产历史；唐代时期，中国已流行用蒸青法制造绿茶，后传入日本，并被许多国家所采用；明代时期，发明了炒青茶制造绿茶。绿茶香高味长、品质优异，且造型独特，具有较高的艺术欣赏价值。绿茶是中国产量最高的茶类，也是品种最丰富、名茶最多的茶类，经济价值丰富。

绿茶最早起源于巴地（今川北、陕南一带），早在西周时代，川北的巴人就已开始在园中人工栽培茶叶。蒙顶山是我国历史上有文字记载人工种植茶叶最早的地方，是茶树种植和茶叶制造的起源地。品饮绿茶以新茶为贵，新鲜的绿茶，色泽绿润，香气馥郁高长，汤色绿明清澈，滋味鲜爽，回甘久久，每年春天清明左右，正是绿茶上新之时。

2. 绿茶的种类

绿茶注重外形，不同的绿茶形态呈现各不相同。有针形茶，如安化松针；扁形茶，如西湖龙井；曲螺形茶，如碧螺春、蒙顶甘露等；片形茶，如六安瓜片等；兰花形茶，如舒城兰花、太平猴魁等；直条型茶，如信阳毛尖等。绿茶在所有茶类中形状最多，且茶形优美，干茶与泡开后的叶底对比，形态格外好看。

图10-1　龙井茶

（1）扁形绿茶　如龙井茶（图10-1）、雀舌茶、峨眉竹叶青。这类绿茶外形扁平、挺直。扁形茶是指在摊放、杀青、做形、干燥等加工过程中，茶叶受到重力压迫，芽叶折叠成扁片形的茶。

（2）针形绿茶　如安化龙顶、安化松针（图10-2）等。这类绿茶外形细长如针状，两端略尖呈针状，有些肥壮重实如钢针，针形茶与条形茶比较相似，但针形茶的条索更紧直如松针。

（3）螺形绿茶　如碧螺春（图10-3）、蒙顶甘露等。这类绿茶形状像螺一样，茶条卷曲，有点蓬松的感觉，茶上多毫。

图10-2　安化松针　　　　　　　　　　图10-3　碧螺春

（4）片型绿茶　如六安瓜片（图10-4）、婺源茗眉等。这类绿茶外形松散平直、叶片呈一片片，有整片型和碎片型两种，整片型的茶如绿茶中的六安瓜片，叶缘略向叶背翻卷，形似瓜子；碎片型茶如绿茶中的眉茶。

（5）兰花型绿茶　如太平猴魁（图10-5）、舒城兰花等。这类绿茶自然舒展如兰花，芽叶完整舒展，在制作过程中杀青后不揉捻，而是稍加理条整形进行烘焙干燥，固定茶叶外形，保持芽叶的完整。

图10-4　六安瓜片　　　　　　　　　　图10-5　太平猴魁

（6）直条型绿茶　如毛峰。名字中带"毛峰"二字的绿茶数不胜数，这里的"毛峰"不仅是茶的名字，也是茶的外形。由多茸毛的细嫩芽叶制成的条状卷曲形并显白毫的茶就是毛峰。鲜芽叶经过杀青等工序后，在锅里滚揉翻炒至显毫，烘干后而成。像常见的黄山毛峰（图10-6），等级高的以初展的一芽一叶制成，外形细扁稍卷曲，形似雀舌。同类的还有峨眉毛峰、兰溪毛峰、九华毛峰等。

（7）毛尖　同毛峰一样，许多名茶也叫"毛尖"，都匀毛尖、信阳毛尖（图10-7）无疑是最有名的两个。毛尖是采用比毛峰更为细嫩的芽叶制成的条状稍弯曲，略显毫的绿茶。芽叶经过杀青、揉捻之后，烘炒整形而成。除了都匀毛尖、信阳毛尖，古丈毛尖、江华毛尖、官庄毛尖等都是毛尖名品。

图10-6 黄山毛峰

图10-7 信阳毛尖

3. 绿茶的制作工艺

绿茶是我国特有的茶叶品类之一，属不发酵茶，是以茶树新芽为原料，经杀青、揉捻、干燥等典型工艺制作而成的茶叶。绿茶品质特征为：外形绿、汤色绿、叶底绿；香高，滋味鲜爽，清汤绿叶。

绿茶生产工艺流程一般包括采青、萎凋、杀青、揉捻、干燥。

采青是指采摘茶青的过程，有着严格的标准。芽叶的老嫩程度、匀整程度，以及采摘的时间等，都决定茶叶品质。

鲜叶采摘回来后，摊放在干净的器具上，厚度以7～10厘米为宜，摊放时间6～12小时，中间适当翻叶，这是萎凋的过程。鲜叶摊放过程中，当含水量达到68%～70%时、叶质变软、发出清香。其中含水量必须把握适量，含水量太低导致失水，叶子晒干晒死，会造成茶叶成品味薄；含水量太高，没有搅拌均匀，造成鲜叶积水，会导致茶叶味道苦涩。

杀青是绿茶加工中的关键工序，一般采取高温措施，散发叶内水分，钝化酶的活性，阻止酶促反应，并使鲜叶中的内含物发生一定的化学变化，从而形成绿茶的品质特征，保持茶叶色泽和风味。杀青过程中若温度过低，叶温升高时间过长，会使茶多酚发生酶促。

揉捻主要作用是破坏叶组织，既要茶汁容易泡出，又要耐冲泡；还能缩小体积，为炒干成形打好基础，塑造不同的特性。

绿茶的干燥工序，一般先经过烘干，使含水量降低至符合锅炒的要求，然后再进行炒干。干燥工序的主要目的有：①使叶子在杀青的基础上继续使内含物发生变化，提高内在品质；②在揉捻的基础上整理条索，改进外形；③排出过多水分，防止霉变，便于贮藏。最后经干燥后的茶叶，必须达到安全的保管条件，即含水量要求在5%～6%，以手揉叶能成碎末。

4. 绿茶的贮藏方式

绿茶的保存和贮藏方法有四种：低温贮藏、常温密封贮藏、石灰石干燥贮藏、除氧贮藏。

（1）低温贮藏　将茶叶分装小包装，密封后置于冷藏室，一般温度控制在3～6℃。必须注意的是，茶叶一定要密封好，最好单独放置，避免和有异味的食品放在一起。有条件的话，可以单独准备一个冰箱，用来贮藏茶叶。此外，也可以将茶叶放在冷冻室内，只在需要品饮时取出，将茶叶取出后不要马上拆封，先放在常温下，待茶叶达到外界温度后，再开封取茶。

（2）常温密封贮藏　将茶叶密封包装好后，放在阴凉干燥、温度较低的地方。要注意把茶叶密封好，茶叶的包装要避光、不透水、透气、无异味。

（3）石灰石干燥贮藏　这是传统的龙井贮藏方法，将干燥的生石灰用布袋装好，茶叶用透气的纸包装好后，放在陶缸中，石灰袋放在缸的中心，而陶缸放在阴凉干燥的地方。要注意的是，石灰要经常、定期检查，潮解后要及时更换。

（4）除氧贮藏　采用气密性良好的复合膜容器，装入茶叶后再加入1小包除氧剂，然后封口，在24小时内可使包装内氧气浓度降低到0.1%以下，并能在很长时间内保持茶叶处于无氧状态，从而达到保鲜的效果。

二、乌龙茶

1. 初识乌龙茶

乌龙茶起源于福建，已有一千多年的历史。乌龙茶的形成与发展，首先要溯源北苑茶。北苑茶是福建最早的贡茶，也是宋代以后最为著名的茶叶，北苑是福建省建瓯市凤凰山周围的地区，在唐末已产茶。

北苑茶重要成品属于"龙团凤饼"，其采制工艺如皇甫冉的采茶诗里所说："远远上层崖，布叶春风暖，盈筐白日斜。"要采得一筐的鲜叶，要经过一天的时间，叶子在筐子里摇荡积压，到晚上才能开始蒸制，这种经过积压的原料无意中就发生了部分红变，芽叶经酶促氧化的部分变成了紫色或褐色，究其实质已属于半发酵了，也就是所谓乌龙茶的范畴。

2. 乌龙茶的种类

乌龙茶有很多小类，品种繁多，形态各异。包括铁观音、水仙、毛蟹、武夷岩茶、冻顶乌龙、肉桂、奇兰、罗汉沉香、凤凰水仙、岭头单丛等，形态各异。

（1）乌龙茶按原产地可分为四类：闽北乌龙茶、闽南乌龙茶、广东乌龙茶和台湾乌龙茶。

① 闽北乌龙茶有大红袍（图10-8）、水仙、武夷岩茶。

② 闽南乌龙茶有铁观音（图10-9）、奇兰、毛蟹。

③ 广东乌龙茶有凤凰单丛、凤凰水仙、岭头单丛。

④ 台湾乌龙茶有冻顶乌龙、文山包种、东方美人。

图10-8　大红袍　　　　　　　　　　　　　图10-9　铁观音

　　（2）乌龙茶按照发酵程度分类　乌龙茶属于青茶，是半发酵茶，根据发酵程度的不同，乌龙茶通常可分为轻度发酵茶（10%～25%）、中度发酵茶（25%～50%）和重度发酵茶（50%～70%）。不同的乌龙茶，其发酵程度是不一致的，轻发酵乌龙茶摇青程度较轻，摇青次数少；重发酵乌龙茶摇青程度较重，摇青次数较多。

　　轻度发酵乌龙茶以文山包种茶、清香型铁观音为代表。清香型铁观音（图10-10）属于流行性的轻发酵乌龙茶，发酵程度为15%～20%。"清汤绿水"就是清香型铁观音最具代表性。"清香型"乌龙茶具有明显的"三绿"特点：干茶绿、汤色绿、叶底绿。冲泡后香气清香持久，茶汤明亮见底，入口生津，落喉甘滑，韵味强，嫩香回甘。

　　传统工艺生产的"浓香型"乌龙茶的发酵程度一般较重，属于中度发酵，主要代表有传统制法的铁观音、武夷岩茶、闽北水仙以及广东凤凰单丛等。比如闽北乌龙（图10-11），其外形粗壮紧结，色泽青褐油润，俗称"宝光"；汤色深橙黄或橙红色，显金圈，叶底肥厚，柔软，花果香浓郁高长，滋味浓醇甘爽。其发酵程度可高达50%左右。

图10-10　铁观音茶汤　　　　　　　　　图10-11　闽北乌龙茶汤

重度发酵的乌龙茶，非白毫乌龙茶莫属。白毫乌龙茶是台湾独有的名茶，是乌龙茶青茶中发酵程度最重的茶品，一般发酵度为60%，也有些多达75%～85%。其外形枝叶连理，白毫显露，故称白毫乌龙茶，因其外形白、绿、黄、褐、红色相间，犹如朵花，又称"东方美人茶"（图10-12）。其汤色呈琥珀色，鲜艳明亮；蜂蜜香型或熟果香型，甜香明显且浓长；滋味甘甜、鲜爽、醇厚。

图10-12 东方美人茶

不同的乌龙茶，因茶树品种和制造工艺的不同，成就了不同的品质特征。以香气为例，轻度发酵茶似绿茶，具有清香；中度发酵茶清香较浓烈；重度发酵茶似红茶，具有蜜香。细啜一口，体会古人"未尝甘露味，先闻圣妙香"的妙境。

3. 乌龙茶的制作工艺

乌龙茶的加工工艺较为复杂，制作过程中不会完全破坏全叶组织，只是轻微擦伤叶缘组织；细胞内含物发生一部分氧化，使得乌龙茶具有独特的色、香、味。乌龙茶的制作工艺相对复杂，技术要求较高。前阶段用红茶工艺加工，经过晾青、晒青、摇青和做青四道工序，后阶段用烘青绿茶工艺加工，经过杀青、初揉、初烘、复揉、复烘五道工序。乌龙茶制法综合了红茶和绿茶的工艺特点，其品质既有红茶的甘醇，又有绿茶的清香，品饮后回味甘鲜。

以流行的新型铁观音为例，来看乌龙茶的制作工艺。铁观音干茶色泽翠绿，外形紧实圆结，汤色碧绿明亮，滋味鲜爽滑口，香气清锐高长，有花香，叶底翠绿稍显红边。

铁观音初制工艺：萎凋、做青、杀青、包揉、烘焙。

（1）萎凋 将鲜叶按品种、嫩度和采摘时间分别摊放于水筛内，要求少量摊薄，按次序摆在摊青架上。其间轻翻2～3次，以均匀蒸发水分。上午采回的鲜叶摊青到下午，与下午采回的鲜叶一起晒青。晒青则要及时摊青，放通风处吹软，摇青时多摇几次。

（2）做青 新工艺做青的特点是摇青次数少、时间短、摊青薄、摊放时间长、轻发酵。做青的室温宜为20℃，空气相对湿度70%～80%。

（3）杀青 新工艺杀青要掌握"高温、抖炒、杀老"的技术原则。杀青时滚筒的温度要达到270～300℃，茶叶在滚筒里发出鞭炮似的响声。

（4）包揉与烘焙 将杀青叶趁热装入揉捻筒内，适当加压揉捻后，可解块上烘。包揉用白布巾，一手抓住布巾包口，把茶包放在板凳上，另一只手紧压茶包向前滚动推揉，揉力先轻后重，要使茶叶在布巾内翻动。手工复烘火温为80℃，10分钟左右。烘焙采用低温慢烤的方法，火温为70℃。烘至茶团呈自然松开，然后解散茶团，焙至八九成干后摊凉，再进行第二道足火。

4. 乌龙茶的贮藏方式

乌龙茶具有吸湿、吸收异味的特性，所以在储存乌龙茶时一定要注意，不能让其受到潮湿和异味的影响，乌龙茶通常低温可以保存2～3年。

储存乌龙茶时需要注意的小细节包括：①最好将茶叶储存到锡罐、瓷罐里。②要注意通风，流动的空气更能够保证茶叶的色香味。③乌龙茶储存相对湿度60%较为适宜，最佳保存温度为0～5℃。④茶叶避光存放。

三、红茶

1. 初识红茶

红茶，为山茶科植物茶的嫩叶或嫩芽。红茶并不是天然生长的，而是在绿茶的基础上制作而成，是以适宜的茶树新芽叶为原料，经萎凋、揉捻、发酵、干燥等一系列工艺过程精制而成的茶，经过发酵后生成的茶多酚、茶黄素、茶红素等新成分，以水冲泡，不仅香气迎人，还呈现出特有的深红茶色，因此被人称为"红茶"。红茶为中国第二大茶类。

2. 红茶种类

红茶按照产地品种主要有：祁红，产于安徽祁门、至德以及江西浮梁等地；滇红，产于云南佛海、顺宁等地；霍红，产于安徽六安、霍山等地；苏红，产于江苏宜兴；越红，产于浙江诸暨、浦江等地；湖红，产于湖南安化、新化、桃源等地；川红，产于四川宜宾、高县等地。红茶的特点是色泽乌润，味厚而带有焦苦，有麦芽香，茶汁红艳。在中国六大茶类中，红茶是比较特殊的一类，总体发酵程度最高，达到了80%～90%，茶树鲜叶成分变化较大，尤其是茶多酚，在发生酶促氧化反应后，减少90%以上，并产生茶黄素、茶红素、茶褐素等新成分和香气物质。

红茶按照品种划分，如图10-13所示，可分为工夫红茶、小种红茶、红碎茶三大类。红茶的特点是汤色红浓透亮，香气浓郁，滋味醇厚甘润，茶性十分温和，刺激性小。在气温较低的时段饮用，最为合适。

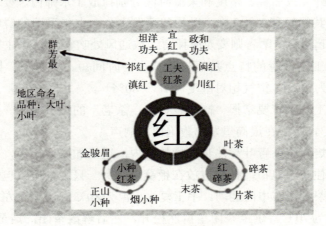

图10-13　红茶品种

3. 红茶的制作工艺

红茶加工工艺分为五个步骤：鲜叶采摘—萎凋—揉捻—发酵—干燥，其中发酵是制作红茶的关键工序。

以武夷山的正山小种为例，展示红茶制作的工艺流程。

（1）鲜叶采摘　一般采摘半开面2～4叶，嫩梢比较成熟，糖类含量高，多酚类化合物含量较少，苦涩味不明显。

（2）萎凋　蒸发水分，使叶片柔软，韧性增强，便于形态的形成，同时使青草味消失，茶叶清香欲现，是形成红茶香气的重要加工阶段。萎凋方法有自然萎凋和萎凋槽萎凋两种。自然萎凋即将茶叶薄摊在室内或室外阳光不太强处，搁放一定的时间。萎凋槽萎凋是将鲜叶置于通气槽体中，通以热空气，以加速萎凋过程，这是目前普遍使用的萎凋方法。

（3）揉捻　茶叶在揉捻过程中成形并增进色香味浓度，同时，由于叶细胞被破坏，便于在酶的作用下进行必要的氧化，利于发酵的顺利进行。

（4）发酵　是形成红茶色、香、味品质特征的关键性工序。叶子在揉捻作用下，组织细胞膜结构受到破坏，透性增大，酚类物质与氧化酶充分接触，在酶的促进作用下发生氧化作用，5～6小时后，叶脉呈红褐色使绿色的茶叶产生红变，形成红茶的色香味品质。

（5）干燥　将发酵好的茶坯，采用高温烘焙，迅速蒸发水分，达到保质干度的过程。其目的有三：利用高温迅速钝化酶的活性，停止发酵；蒸发水分，缩小体积，固定外形，保持干度以防霉变；散发大部分低沸点青草气味，激化并保留高沸点芳香物质，获得红茶特有的甜香。

4. 红茶的贮藏方式

（1）低温贮藏法　可以使用低温贮藏的方法来保存红茶。

（2）铁罐的贮藏法　检查好罐身与罐盖是否密闭。储存时，将干燥的茶叶装罐，罐要装实装严。

（3）木炭密封贮藏法　先将木炭烧燃，立即用火盆或铁锅覆盖，使其熄灭，待晾凉后用干净布将木炭包裹起来，放于盛茶叶的瓦缸中间。

（4）陶瓷坛贮藏法　选用干燥无异味，密闭的陶瓷坛一个，装满坛后，用棉花包盖紧。

单元二　茶具与品茶

一、品茶的环境要求

所谓品茶环境，不仅包括景、物，还包括人、事。宋代欧阳修《尝新茶》诗中提出，新茶、甘泉、清气，好天气，再有二三佳客，构成了饮茶环境的最佳组合。

文人饮茶对环境、氛围、意境的追求体现在许多文学著作中。例如，明代著名书画家、文学家徐文长描绘了一种品茗的理想环境："茶，宜精舍、云林、竹灶、幽人雅士，寒宵兀坐，松月下，花鸟间，清白石，绿鲜苍苔，素手汲泉，红妆扫雪，船头吹火，竹里飘烟。"

二、茶具搭配

平时在饮茶的时候，一般会选择手边的茶具冲泡茶叶，或选择平日用得习惯、顺手的茶具冲泡，极少考虑茶具是否适合这款茶。其实茶与适当的茶具相搭，会起到相得益彰的作用，不仅饮茶氛围更美好，还会觉得茶具十分生动。在选择茶具（图10-14）上，除了注重器具的质地之外，还应注意外观的颜色。只有将茶具的功能、质地、色泽三者统一、协调，才能选配出完美的茶具。

1. 选择茶壶

一杯好茶，自然离不开一把好的、顺手的茶壶，选择茶壶的好坏标准有4字口诀："小、浅、齐、老"。茶壶又分为：二人罐、三人罐、四人罐；壶的样式有很多，小如橘子、大如蜜柑者，也有瓜形、柿形、菱形、鼓形、梅花形、六角形、栗子形等，一般情况下多数用鼓形，取端正浑厚的缘故。

紫砂壶（图10-15）是中国特有的手工制造陶土工艺品，其制作始于明朝正德年间，制作原料为紫砂泥，原产地在江苏宜兴丁蜀镇。据说紫砂壶的创始人是中国明朝的供春。因为有了艺术性和实用性的完美结合，紫砂壶才这样珍贵，令人回味无穷。再加上紫砂壶泡茶的好处和茶禅一味的文化，这就又增加了紫砂高贵不俗的雅韵。

图10-14 茶具搭配

紫砂壶之所以受到茶人喜爱，一方面是造型美观，另一方面泡茶时有许多优点：双重气孔结构的紫砂壶，密度高、透气性能好，沏茶，不失原味。紫砂壶还能吸收茶汁，沏茶无异味，经久使用，仅空壶注入沸水，也会茶香氤氲，这与紫砂壶胎质具有一定的气孔率有关，是紫砂壶独具的品质。紫砂壶冷热急变性能好，壶内注入沸水，绝对不会因温度突变而胀裂；同时砂质传热缓慢，泡茶后握持不会炙手，还可以置于文火上烹烧加温，不会因受火而裂。紫砂使用越久壶身色泽越发光亮照人，气韵温雅。

紫砂壶适合冲泡普洱茶、红茶、乌龙茶、

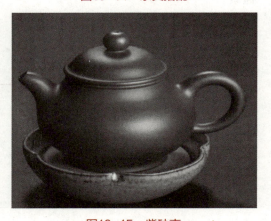

图10-15 紫砂壶

武夷岩茶、黑茶和老白茶，在六大茶类中，乌龙茶香气是最高的。用紫砂壶泡乌龙茶，乌龙茶的香气会随着泡茶被留在紫砂壶中一部分。紫砂壶使用时间越久，即使只注入开水，依然茶香四溢。它的双气孔结构，可以很好地适应冷热骤变，且保温性较好，既保持茶香的纯正，也能增加茶叶的香气，保证茶香和茶汤最佳的口感。

盖碗，又叫盖杯。盖杯由杯盖、杯体和杯托三部分组成，因此又可称为"三才碗"，盖为天、托为地、碗为人，与中国传统文化里讲"天地人"三才合一的观念相印证。清代工夫茶所用茶具就是盖碗。

图10-16 盖碗

盖碗（图10-16）适合泡任何茶品，瓷质盖碗的釉质紧密，最能真实地表现茶的优缺点，每次碰到新茶，都最好用盖碗尝试着泡几次，针对性地通过冲泡技巧来发扬茶的优点。

盖碗泡茶对茶具的要求最少，最简单只要有一只盖碗，一个开水瓶，一撮茶叶就可以泡好茶了，但是如果对茶具讲究的话，也可以添加公道杯、茶盘、茶杯等茶具。总之用盖碗泡茶的配置灵活，可繁可简。用食指、中指和大拇指拿起盖碗，食指轻压杯盖中间，中指和大拇指齐齐抓住盖杯口边缘，将盖杯提起，使盖杯稍微向前倾斜，徐徐倒茶于小茶杯内。

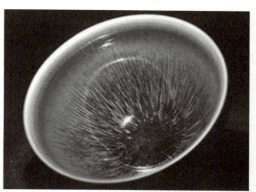

图10-17 建盏

2. 选择茶杯

茶杯是作为盛茶用具，分大小两种，小杯主要用于乌龙茶的品啜，也叫品茗杯，是与闻香杯配合使用的；大杯也可直接作泡茶和盛茶用具，主要用于高级细嫩名茶的品饮。茶杯多由瓷器或紫砂陶制作，也有用玻璃制作的。用玻璃杯直接冲泡茶叶，具有极高的观赏性。

茶杯的力量，足以改变茶汤的风味。茶杯的名字通常都与它们的形状有关，也会考虑釉、纹饰、工艺等。

（1）盏　器皿，盛装液体的日常器具，材质通常为陶瓷、木、竹、金属等。宋代有黑、白、酱、青色，以黑釉为贵。建盏（图10-17）是汉族传统名瓷，为宋朝皇室御用茶具。建盏多是口大底小，有的形如漏斗，造型古朴浑厚，手感普遍较沉。

（2）钟式杯　倒扣似钟形，杯身高挑，器型俊逸，便于拿捏、闻香（图10-18）。集锁

图10-18 钟式杯

香、闻香、品饮等多功能为一体，是这几年来比较流行的一种款式。

（3）压手杯　口平坦而外撇，腹壁近于竖直，自下腹壁内收，圈足（图10-19）。握于手中时，微微外撇的口沿正好压合于手缘，体积大小适中，分量轻重适度，稳贴合手，故称"压手杯"。以明永乐青花压手杯最为著名。

图10-19　压手杯

（4）斗笠杯　造型像蓑翁之斗笠，口部大，底足小，取其怡然自得之美，线条简洁优雅，烧成难度高，于简洁中见大智，尤显珍贵（图10-20）。取杯品茶，若姜尚之于渭水，于山水间心怀天下，于平凡中窥大智之道。

（5）六方杯　形状大小适中，杯型耐看，六方形，造型挺拔，线面清爽，棱角分明，施以汝釉，用起来更加圆润（图10-21）。六棱流直而上翘，方中带曲。

图10-20　斗笠杯

3. 泡茶小工具

作为辅助茶具的"六君子"（图10-22），虽不是不可或缺的存在，却是泡茶、茗茶过程中一道亮丽的风景。"六君子"指的是：茶筒、茶夹、茶匙、茶则、茶漏、茶针。

（1）茶筒　用于盛放"六君子"中其他五样茶具，便于收纳和整理。

（2）茶夹　也称"茶筷"，作用与名字相同，细长状的它可将茶渣从壶中夹出。也有人会用茶夹挟着茶杯，再进行清洗，这样一来滚水不烫手，方便又卫生。

图10-21　六方杯

（3）茶匙　也称"茶扒"，身形细长。茶叶冲泡后容易堆积，这时可以使用茶匙挖取茶壶内的茶，十分便利。

（4）茶则　用于盛茶入壶时所用的器具。作用是从茶叶罐中取茶，再将其倒入壶中。其优势在于便于把控茶量，方便观茶、闻香。

图10-22　泡茶小工具

（5）茶漏　是置放于壶口上，以便倒入茶叶、防止叶片掉落在壶外或茶汤中的器具。使用茶漏倒茶叶，能够过滤掉部分杂质，以免影响品茶的口感。

（6）茶针　也称作"茶通"，是用于疏通茶壶内网的茶具，以保证茶壶的壶嘴能流畅出茶，不会被簇拥的茶叶所堵塞。

单元三　茶艺实践

　　茶艺是包括茶叶品评技法和艺术操作手段的鉴赏，以及品茗美好环境的领略等整个品茶过程的美好意境，其过程体现形式和精神的相互统一。

　　茶在日常生活中的普遍应用，人们首先把其当成饮料，用茶的自然功能，用以清神益智、助消化等。另外茶的又一重要功能是精神方面的。人们在饮茶过程中讲求的享受，对水、茶、器具、环境都有较高的要求；同时以茶培养、修炼自己的精神道德，在各种茶事活动中去协调人际关系，求得自己思想的自信、自省，也沟通彼此的情感，以茶雅志，以茶会友。茶本身存在着一种从形式到内容，从物质到精神，从人与物的直接关系到成为人际关系的媒介，逐渐形成传统东方文化一朵奇葩——中国茶文化。

　　茶艺是"茶"和"艺"的有机结合。茶艺是茶人把人们日常饮茶的习惯，根据茶道规则，通过艺术加工，向饮茶人和宾客展现茶的冲、泡、饮的技巧，把日常的饮茶引向艺术化，提升了品饮的境界，赋予茶以更强的灵性和美感。

【学习目标】

❖ **知识目标**

1. 了解茶文化的形成和发展史，饮茶的起源与演变。

2. 掌握茶的分类及功能，了解茶具的发展历史和类别，了解历代名茶。

3. 熟悉中国茶道精神和茶文化内涵。

❖ **能力目标**

1. 能够运用所学知识并通过实训，基本掌握典型茶艺的操作方法。

2. 掌握饮茶常用礼仪。

❖ **素质目标**

1. 通过对我国茶文化的详细了解和体验，培养热爱我国传统文化的情感。

2. 通过对茶艺和茶道精神的领会，体验茶文化的魅力，提高审美情趣和思想品位。

【实践意义】

　　体会茶文化的魅力，提升人文素养；增强文化自信，培养德智体美劳全面发展。

① 体会茶文化的意义，有助于弘扬传统文化，树立文化自信，有更高的精神追求。

② 培养高雅的生活情趣和审美。

③ 培养人际交往和沟通能力。饮茶是人际交往的重要途径，以茶敬客、以诚待人。

一、绿茶的冲泡

绿茶是一种非常受欢迎的饮品，在国内消费量首屈一指。因为它富含抗氧化剂和其他健康成分，再加上丰富惊艳的味道和香气。只要掌握一些冲泡技巧，就能让绿茶更好喝。

1. 准备工作

（1）环境场地　幽静宽敞的茶厅。

（2）工具材料

① 优质绿茶。龙井茶、碧螺春、瓜片等。龙井茶口感柔和，适合新手；而口感稍微浓郁的瓜片则更适合有一定茶艺基础的人士；同时选择新鲜的茶叶，每人2～3克。

② 纯净、软化或矿泉水，使茶叶的味道更加纯正。

③ 茶具可使用玻璃杯，白瓷茶壶一把。

④ 香一支、香炉一个。

⑤ 脱胎漆器茶盘一个、锡茶叶罐一个、茶巾一条、茶道器一套。

2. 实践过程

（1）绿茶精细泡法

① 点香，焚香除妄念。俗话说："泡茶可修身养性，品茶如品味人生。"古今品茶都讲究首先要平心静气。通过点燃香来营造一个祥和肃穆的气氛，并达到驱除妄念，心平气和的目的。

② 洗杯，冰心去尘凡。茶是至清至洁，天涵地育的灵物，泡茶要求所用的器皿也必须至清至洁。用开水再烫洗一遍本来就是干净的玻璃杯，做到茶杯冰清玉洁，一尘不染。

③ 凉汤，玉壶养太和。绿茶属于芽茶类，因为茶芽细嫩，若用滚烫的开水直接冲泡，会破坏茶芽中的维生素并造成熟汤失味，所以在冲泡龙井、碧螺春等高级绿茶时，只宜用80℃左右的开水。把开水壶中的水预先倒入瓷壶养一会儿，使水温降至80℃左右，用这样的水泡茶不瘟不火，恰到好处，泡出的茶色香味俱佳。

④ 投茶，清宫迎佳人。用茶匙把茶叶投放到冰清玉洁的玻璃杯中。

⑤ 润茶，甘露润莲心。茶叶开泡前先向杯中注入少许热水，起到润茶的作用。

⑥ 冲水，凤凰三点头。冲泡绿茶时也讲究高冲水，在冲水时水壶有节奏地三起三落，好比是凤凰在向嘉宾们再三点头致意。

⑦ 泡茶，碧玉沉清江。冲入热水后，绿茶先是浮在水面，而后慢慢沉入杯底。

⑧ 奉茶，观音捧玉瓶。把泡好的茶敬奉给客人，称之为"观音捧玉瓶"，意在祝福好人一生平安。

⑨ 赏茶，春波展旗枪。这道程序是绿茶茶艺的特色程序，杯中的热水如春波荡漾，在热水的浸泡下，茶芽慢慢地舒展开来，尖尖的叶芽如枪，展开的叶片如旗。一芽一叶的称为"旗枪"，一芽两叶的称为"雀舌"，直直的茶芽称为"针"，弯曲的茶芽称为"眉"，卷

曲的茶芽称为"螺"。

在品绿茶之前，先观察欣赏在清碧澄净的茶水中，千姿百态的茶芽在玻璃杯中随波晃动，好像有生命的绿精灵在舞蹈，十分生动有趣。

⑩ 闻茶，慧心悟茶香。品绿茶要一看，二闻，三品味。在欣赏了"春波展旗枪"之后，要闻一闻茶香。绿茶与花茶和乌龙茶不同，它的茶香更清幽淡雅，必须用心灵去感悟，才能够闻得到绿茶那种春天的气息，以及清纯悠远，难以言传的生命之香。

⑪ 品茶，淡中品致味。绿茶的茶汤清纯甘鲜，淡而有味，它虽不像红茶那样浓艳醇厚，也不像乌龙茶那样岩韵醉人，但是只要你用心去品，就一定能从淡淡的绿茶汤中品出天地间至清、至醇、至真、至美的韵味来。

⑫ 谢茶，自斟乐无穷。品茶有三乐：独品得神，一个人面对青山绿水或置身于高雅的茶室，通过品茗，心驰宏宇，神交自然，物我两忘，此一乐也。对品得趣，即两个知心的朋友相对品茗，或无需多言即心有灵犀一点通，或推心置腹倾诉衷肠，此亦一乐也。众品得慧，众人相聚品茶，相互沟通，相互启迪，可以学到很多书本中学不到的知识，这同样是一大乐事。

在品了头道茶之后，请嘉宾自己泡茶，以便通过亲自实践，从茶事活动中感受修身养性，品味人生的无穷乐趣。

（2）绿茶自家简易冲泡

① 清洗茶具。将茶具用热水清洗一遍，可以去除茶具的异味。

② 加茶叶。将适量的茶叶放入茶杯或茶壶中。

③ 加水。根据茶叶的种类和个人口感选择适当温度的水，倒入茶杯或茶壶中。注意不要用开水，因为开水温度太高会破坏茶叶的味道。需要注意的是，绿茶冲泡有上投法、中投法和下投法之分，要根据不同的茶叶，加以选择合适的冲泡方法。

④ 等待。根据茶叶的种类和个人口感选择适当的冲泡时间。一般来说，2～3分钟最为合适。

⑤ 倒出茶水。等待一定时间后，将茶水倒入杯中。如果是用茶壶冲泡，可以先倒出一部分茶水，让茶叶散开，然后再倒出剩余的茶水。

⑥ 品尝。等茶水稍微冷却后，就可以开始品尝绿茶了。

二、红茶的冲泡

1. 准备工作

（1）环境场地　幽静宽敞的茶厅。

（2）工具材料

① 优质红茶。祁门红茶、正山小种等。

② 纯净、软化或矿泉水，使茶叶的味道更加纯正。

③ 茶具可使用盖碗，白瓷茶壶一把。

④ 香一支、香炉一个。

⑤ 玻璃公道杯、水盂、茶荷、茶巾、茶匙各1个。

2. 实践过程

（1）祁门红茶茶艺基本程序

① 赏茶，宝光初现。将红茶置于茶盒中，欣赏乌黑润泽的茶色。

② 沸水，清泉初沸。水壶中的泉水经加热，微沸，浮起水泡。

③ 洗杯，温热壶盏。用初沸之水，注入瓷壶及杯中，为壶、杯升温。

④ 投茶，王子入宫。用茶匙将茶盒中的红茶轻轻拨入壶中。

⑤ 冲水，悬壶高冲。刚才初沸的水，此时已大开到正好用于冲泡，悬壶高冲可以让茶叶在水的激荡下，充分浸润，以利于色、香、味的充分发挥。

⑥ 奉茶，分杯敬客。将壶中之茶均匀地分入每一杯中，并使杯中之茶的色、味一致。

⑦ 闻茶，喜闻幽香。红茶到手，先要闻香。祁门工夫红茶是世界公认的三大高香茶之一，其香气浓郁高长，还蕴藏着一股兰花之幽香。

⑧ 观汤，观汤赏叶。祁门工夫红茶的汤色红艳，杯沿有一道明显的"金圈"。再观叶底，嫩软红亮。

⑨ 啜饮，品味鲜爽。浅啜慢饮之。祁门工夫红茶与红碎茶浓烈的刺激性感觉有所不同，它口感鲜爽，滋味醇厚，回味绵长。

⑩ 再赏余韵。一泡之后，可再冲泡第二泡茶，感悟其余韵。

⑪ 三品得趣。红茶通常可冲泡三次，每次口感各不相同，细饮慢品，徐徐体味茶之真味，方得茶之真趣。

⑫ 收杯谢客。茶艺完毕，可收杯撤盏，感谢宾客的品饮祁门红茶。

（2）盖碗红茶茶艺基本程序

① 备具。准备茶具，盖碗泡红茶所用的茶具有茶席、随手泡、水盂、盖碗、公道杯、滤网、品茗杯、杯托、茶道组、茶叶罐、赏茶荷、茶巾。并将准备好的茶具按"前低后高"原则摆放在茶盘上。

② 布具、备水。布具：将茶盘上的茶具依次摆放在茶桌上，以方便操作，同时要求做到美观；备水：冲泡一般名优红茶的水温一般控制在90 ～ 95℃之间。如果茶叶细嫩、松散，水温可在此基础上降低。

③ 翻杯。将倒扣在杯托上的杯子翻转过来。

④ 取茶、赏茶。用茶拨将茶叶从茶叶罐中取至赏茶盒，给客人赏茶。

⑤ 温盖碗、公道杯、滤网。往盖碗里注水，往公道杯里注水。温盖碗：通过转动手腕的方式，让热水在盖碗里温一圈。温公道杯：通过转动手腕的方式，让热水在公道杯里温一圈。

⑥ 投茶。用茶拨将赏茶盒里的茶拨入盖碗中。冲泡名优红茶，茶与水的比例控制在1∶50左右。即盖碗注水量如果是150毫升，投茶量则为3克左右。细嫩的茶叶用量可稍多一点。具体的投茶量可根据嗜茶者具体情况做调整。

⑦ 摇干香、闻干香。摇干香即用右手拿起温热的盖碗，左右摇或上下摇动盖碗中的茶叶。接着将盖碗递给客人，请客人揭盖闻干香。

⑧ 浸润泡、摇香。浸润泡：用回旋斟水法往盖碗中注入少许热水，浸润茶叶。摇香：

用手腕力量快速摇动杯身，让茶叶得到初步舒展。

⑨ 冲泡。利用定点高冲方式注水。

⑩ 温杯。通过转动手腕方式，让水在杯里温一圈。

⑪ 沥茶汤、分茶。沥茶汤：利用低斟方式，将所有茶汤沥至公道杯。分茶：利用低斟方式将茶汤分至品茗杯。

⑫ 奉茶。双手端起杯托，将茶奉送至客人面前。

⑬ 收具。冲泡结束后，将茶具重新收回到茶盘之中。

三、白茶的冲泡

白茶之所以称为白茶是因为制作好的白茶茶叶具有白色绒毛。白茶是我国六大茶种之一，白茶具有外形芽毫完整，满身披毫、毫香清鲜、汤色黄绿清澈，滋味清淡回甘的品质特点，属轻微发酵茶，是我国茶类中的特殊珍品。优质的白茶色、香、味、形俱佳，在冲泡过程中必须掌握一定的技巧，才能将其所具有的特性体现出来。

1. 准备工作

（1）环境场地　幽静宽敞的茶厅。

（2）工具材料

① 优质白茶：白毫银针、白牡丹、寿眉等。

② 纯净、软化或矿泉水，使茶叶的味道更加纯正。

③ 茶具可使用白瓷盖碗，白瓷茶壶一把。

④ 香一支、香炉一个。

⑤ 玻璃公道杯、水盂、茶荷、茶巾、茶匙各1个。

2. 实践过程

① 茶叶选择。一般优质白茶是一芽二叶初展，干茶翠绿鲜活略带金黄色，闻一闻香气清高鲜爽，外形细秀、匀整。

② 准备茶具。冲泡白茶一般选用透明玻璃杯或透明玻璃盖碗，就如红茶一般，通过玻璃杯可以尽情地欣赏白茶在水中的千姿百态。

③ 泡茶用水。由于白茶较细嫩，叶子较薄，所以冲泡时水温不宜太高，一般掌握在 $80 \sim 85℃$ 为宜。

④ 温杯。倒入少许开水于茶杯中，双手捧杯，旋转后将水倒出，目的是让杯子留有一定的温度。

⑤ 置茶润泡。用茶匙取白茶少许置放在茶盒中，然后向每个杯中投入3克左右的白茶，提举冲水壶将水沿杯壁冲入杯中，水量约为杯子的四分之一，目的是浸润茶叶使其初步展开。

⑥ 运茶遥香。这是比较关键的，用左手托杯底，右手扶杯，将茶杯顺时针方向轻轻转动约半分钟，使茶叶进一步吸收水分，香气充分发挥。

⑦ 回旋注水冲泡。冲泡时采用回旋注水法，可以欣赏到茶叶在杯中上下旋转，加水量

控制在约占杯子的三分之二为宜，冲泡后静放两分钟。

⑧ 品茶。先闻香再观汤色和杯中上下浮动玉白透明形似兰花的芽叶，观叶底可以看到冲泡后的茶叶在漂盘中的优美姿态，然后小口品饮、回味甘甜。

 【拓展阅读】

中国茶文化

茶饮文化是中华传统文化的一部分，源远流长，传承和弘扬中华优秀传统文化，汲取优秀传统文化的养分，树立当代文化自信。茶饮文化蕴藏着中华民族千百年来积淀而成的人文精髓，其是我国非物质瑰宝。在"讲好中国故事，提高我国文化软实力"的大背景下，解析了我国茶饮文化发展历程，促进了我国茶饮文化的进一步传播发展。

中华民族是一个讲究情面、重视礼尚往来的民族，通过送礼这种形式对维护好彼此间的关系有着积极作用。"礼品茶"是中国民俗送礼的主要形式之一，由于喝茶具有保健，延年益寿的功效，送茶就相当于送健康、送年轻、送长寿、送品格类型，而且它是属于中性礼品，不怕不合品格类型，也能够体现出送礼人的通情达理，传递送礼的心意。

从人际传播效果来看，礼轻情意重，送个礼品茶有助于接近彼此的距离关系，有求于人的时候谈话氛围也会变得轻松一些。以"茶"为载体的人际传播中，喝茶作为一种人际交往模式。茶艺、茶道的内涵体现，可以用"和、敬、理、礼"四个字来概括。

由于茶道所蕴含的"温和"喝茶的人都会遵循和谐共处的韵律，放缓节奏，规范自己的言行，体现在人际交往中的涵养，为搞好人际关系，从而营造良好的谈话氛围。

"以茶代酒敬之"的文化传统，体现了中国人重情好客，相互尊敬的民族精神。以"茶"为载体的人际传播中，下属对领导尊敬，晚辈对长辈尊敬。还有不论辈分，彼此间都互相尊敬的态度，言语温和、尊敬对方的讲话方式和思维习惯。这些都是在"茶文化"思想影响下，人们更懂得相互尊敬、和谐相处，以此达到良好的人际传播效果。

因为在茶馆这种特殊的传播情境下，人们都比较容易心平气和，就事论事，解决问题。所以，常有人到茶馆调解讲理，谈和解之事。人际交往中，每处都要注意礼节、礼仪，注意礼貌用语。以"茶"为载体的人际传播中，劝茶、敬茶、为对方倒茶、递茶等都体现出礼仪的得体，本人的诚意，有助于增进共饮茶者的情感和关系。

喝工夫茶时，大家细品茶之幽香，然后开始聊天，在泡茶的同时开始了心与心的沟通，不论是何话题，畅所欲言，各自发表高论。茶叶本身的芬芳，衬托着浓浓的深情，大家一起交流思想，增进感情。如果你是泡茶者，你可以分享自己的喜悦，想方法寻找话题，找到切入点，增进你自己的沟通能力，尽量为他人分忧解难，给予安慰与关怀。

 【思考总结】

1. 买茶时怎样鉴别茶叶的优劣？如何区分不同的茶叶类型？
2. 在家制作一些简单的茶食品，比如茶叶蛋、茶叶鸡汤、奶茶等。
3. 了解家人的喝茶习惯，与家人一起围炉煮茶吧。

石油和化工行业"十四五"规划教材

高等职业教育教材

劳动教育理论
与实践指导手册

马洪玲　张雅萍　主编

王卫平　主审

实践篇 下

化学工业出版社

·北京·

石油和化工行业"十四五"规划教材

高等职业教育教材

食品检测技术

实验与习题册

主编　水朝晖　吕晓玲

主审　王玉平

化学工业出版社

目 录

实 践 篇 下

情境三　社会服务劳动实践 / 002

模块十一　勤工助学实践 / 002

【人物导入】/ 002
单元一　办公室助理 / 003
单元二　食堂劳动 / 004

单元三　图书管理分类 / 006
【拓展阅读】/ 008
【思考总结】/ 008

模块十二　志愿服务 / 009

【故事导入】/ 009
单元一　志愿服务概述 / 010
单元二　参加志愿服务 / 012

单元三　志愿服务实践 / 013
【拓展阅读】/ 016
【思考总结】/ 017

模块十三　"三下乡"社会实践 / 018

【故事导入】/ 018
单元一　"三下乡"社会实践 / 019
单元二　"三下乡"项目实践 / 021

【拓展阅读】/ 023
【思考总结】/ 024

情境四　传承创新劳动实践 / 025

模块十四　非遗"盘扣"的制作 / 025

【案例导入】/ 025
单元一　传统盘扣的文化内涵 / 026
单元二　传统盘扣的基础工艺 / 027

单元三　经典盘扣的制作工艺流程 / 030
【拓展阅读】/ 034
【思考总结】/ 035

模块十五　传统合香文化体验 / 036

【案例导入】/ 036

单元一　传统合香基础理论 / 037

单元二　合香中常用的香料 / 040

单元三　养生用香十法 / 041

单元四　打香篆的方法 / 044

【拓展阅读】/ 047

【思考总结】/ 048

模块十六　中秋月饼的制作 / 049

【人物导入】/ 049

单元一　月饼的文化习俗 / 050

单元二　特色月饼 / 054

单元三　月饼的家庭制作 / 058

【拓展阅读】/ 063

【思考总结】/ 065

模块十七　创新创业大赛 / 066

【故事导入】/ 066

单元一　中国国际"互联网+"创新创业大赛 / 067

单元二　"挑战杯" / 072

单元三　中国国际"互联网+"大学生创新创业大赛实践 / 075

【拓展阅读】/ 077

【思考总结】/ 079

参考文献 / 080

实践篇 下

情境三
社会服务劳动实践

模块十一
勤工助学实践

扫一扫

本模块数字资源

哪里有天才，我是把别人喝咖啡的工夫，都用在工作上的。

——鲁迅

【人物导入】

优秀毕业生梁势坤

梁势坤同学是内蒙古化工职业学院测控与机电工程系电力专业22级的一名学生，怀揣着对美好未来的渴望，他想通过勤工助学、社会实践来增加自己的人生阅历与工作实践经验，使自己成为更加优秀的人。

经过申请、面试等层层把关，他如愿进入了机电工程系学生科办公室勤杂岗。每天完成繁重的学业课程后，他就来到学生科办公室协助老师整理档案，完成电脑文字处理、数据汇总等工作。办公室的工作来得快、要得急，经常是通知刚下达几个小时后就得收集汇总各方面材料。在如此高强度的工作要求下，梁势坤同学养成了今日事今日毕，高效率、高标准地完成各项工作的良好工作习惯。在办公室服务的这一年，他不仅掌握了灵活运用电脑操作基本技能，而且树立了服务意识，培养了自己的责任担当。他说，在办公室的整个工作链中，他就是那个最小的螺丝钉，"钉子钉得紧，工作不失误。"办公室工作把梁势坤同学历练成为一个更加优秀的人，同时也为其日后的职场发展积累了宝贵的经验。

单元一　办公室助理

【学习目标】

❖ 知识目标
掌握办公室助理常用的基本技能，如电脑基本操作等，具备一定的信息化办公能力。

❖ 能力目标
1. 能够灵活运用手机、电脑等工具，实现办公自动化。

2. 能够掌握文字编辑与撰写能力，具备良好的语言表达和沟通组织能力，具备文件材料整理和管理技能。

❖ 素质目标
1. 培养良好的劳动习惯。

2. 培养勤工助学、自力更生的劳动品质。

3. 培养良好的服务意识与合作意识。

【实践意义】

通过实践，掌握基本的办公室技能，具备一定的服务意识和人际交往能力，为未来就业创业做准备。办公室助理岗位将理论与实践相结合，可培养基本的劳动技能，增加办公室实践能力，促进成长成才。

【准备工作】

（1）场地、环境、人数等要求　各系部学生工作办公室及其他勤工助学岗位。

（2）工具材料　常用办公软件：Word、Power Point、Excel等。

【实践过程】

1. 活动宣传
（1）学期初，由学校勤工助学相关部门向各系部下发本学期勤工助学岗位安排通知及相关细则，并向各专业班级同学传达。

（2）勤工助学部门教师负责向各系部学生介绍勤工助学岗位职责及人员要求。

2. 活动参与

（1）学生本人填写"勤工助学申请书"，各系部签署意见，报备勤工助学中心。

（2）参加勤工助学活动的学生，将资料录入勤工助学管理系统并接受岗前培训，培训合格后发放勤工助学上岗证。

（3）学生持勤工助学上岗证到指定部门岗位直接上岗或竞争上岗。

3. 岗位设置

（1）招聘人数　根据岗位实际需要确定。

（2）聘任时限　当前学期。

（3）工作时段　8:00—12:00，14:00—17:00，19:00—21:00。

（4）工作机制　依据学生课余时间实行排班制。

（5）工资待遇　参照学校勤工助学标准统一发放工资。

（6）聘期结束后，考核合格者由学校出具实习证明。

4. 岗位职责要求

（1）熟练使用Word、Excel、Power Point等软件工具。

（2）有较好的文字功底，能快速、准确地完成会议记录等工作。

（3）熟悉学校教务部门及其他各个部门的工作，并协助完成学校与各系以及办公室相关文件材料的整理、提交与分发工作。

（4）具有较强的工作责任心。

（5）完成各办公室临时交办的其他工作。

5. 活动注意事项

（1）每名学生每学期只能申请一个勤工助学岗位。

（2）勤工助学学生若要中途退岗，必须提前一周递交离岗申请。

（3）做好预备功课，提前了解工作内容，以免出现问题。

（4）做好办公室安全保卫工作宣传，加强防火安全意识学习。在工作场所内除了工作用电外，严禁使用其他个人电器、明火等，以免出现安全隐患。

（5）指导教师组织并领导学生完成各项工作，培养学生的责任担当意识。

单元二　食堂劳动

【学习目标】

❖ 知识目标

1. 了解一定的食品安全知识。

2. 掌握一定的食品生产及处理知识。

❖ 能力目标

1. 能够进行简单的食品加工处理。
2. 能够完成卫生清理，进行简单的器具维修。

❖ 素质目标

1. 培养勤俭节约的良好生活态度。
2. 培养良好的服务态度和为他人服务的意识。
3. 培养通过参加食堂劳动，体验美好生活的能力。

【实践意义】

在劳动实践中培养服务意识和吃苦耐劳的精神，发挥自我教育、自我管理、自我服务优势，进一步保障学生就餐权益，改善学生就餐体验，不断提升食堂服务工作质量，通过提供勤工助学岗位，帮助家庭困难的学生完成学业。

【准备工作】

（1）场地、环境、人数等要求　智慧教室、学生食堂人数30人。
（2）工具材料　抹布、垃圾回收袋等清洁用具。

【实践过程】

1. 活动宣传

（1）学期初，由学校勤工助学相关部门向各系部下发本学期勤工助学岗位安排通知及相关细则，并向各专业班级同学传达。

（2）勤工助学部门教师负责向各系部学生介绍勤工助学岗位职责及人员要求。

2. 活动参与

（1）学生填写"勤工助学申请表"，各系部进行汇总推荐，学院勤工助学部门根据岗位需求等实际情况进行审批，组织学生面试。

（2）经批准参加勤工助学活动的学生，将资料录入勤工助学管理系统，并接受勤工助学中心统一组织的岗前培训，考核通过后发放上岗证。

（3）学生持勤工助学上岗证到指定部门竞争上岗。

3. 活动设计

（1）岗位招聘人数　根据岗位需要设定。
（2）聘任时限　当前学期。
（3）岗位种类　食堂健康安全检查岗、食堂后勤服务岗。
（4）工作时段　12:00—2:00，19:00—20:00。
（5）工资待遇　聘期结束后，对考核合格者参照学校勤工助学标准发放工资。

4. 岗位职责要求

（1）要求工作踏实，责任心强，能够按时按点履行工作岗位职责，较好地完成各项工作任务。

（2）热爱后勤服务工作，态度端正，具备全心全意为师生提供服务的意识。

（3）能够维护进餐秩序，打造良好就餐环境。及时妥当处理进餐学生的现场问题，协调学生和食堂关系。

（4）检查各餐厅窗口是否存在违规收取现金行为，餐具的回收是否及时。

（5）定期与进餐学生的沟通，收集整理食堂意见本，并将好的建议整理成文字材料后汇报给食堂管理部门。

5. 活动注意事项

（1）同一学期，每位学生只能申请一个勤工助学岗位。

（2）勤工助学学生如果中途退岗，必须提前一周向勤工助学中心递交离岗申请书。

（3）做好食堂安全保卫工作，加强防火安全意识，在工作场所内除工作用电外，严禁其他个人用电、明火等，以免出现安全隐患。

（4）由食堂指导教师负责进行勤工助学学生的考核评价，评定是否合格，是否按期正常发放勤工助学工资。

（5）若出现以下情况，酌情扣除部分工资。

① 工作不配合或不认真，对食堂工作造成严重影响。

② 私自占有或损坏食堂公共财物。

③ 对工作情况汇报不属实。

单元三　图书管理分类

【学习目标】

❖ **知识目标**

1. 了解国家图书标准分类法，学会图书分类、登记、上架。

2. 掌握图书修补基本方法，学会修补图书。

❖ **能力目标**

1. 能够协助图书管理人员健全图书借阅制度，严格执行借还手续。

2. 能够协助图书管理人员清点图书，对损坏、丢失图书资料者按规定收取赔款，对借书逾期不交者及时予以督促、制止、追还。

3. 能够对购进、捐赠和订购的图书资料进行及时分类登记上账、上架。做到手续完备、账目清楚、账物相符。

❖ **素质目标**

1. 培养动手动脑能力，培养学生的劳动实践能力。
2. 培养爱护书籍的良好习惯和保护图书的意识。
3. 培养纪律观念和良好的阅读习惯，培养在知识的王国中不断充实自己的能力。

【实践意义】

中华民族历史悠久，文化源远流长，虽历经战火，五千年文明亦不曾中断。中华文明史就是一部图书史，这些散发着墨香的纸张酝酿了我国传世文明。

通过图书管理劳动实践，将图书管理知识与实际生产生活相结合，督促学生主动遵守图书馆相关规定，提高学生规则意识和纪律观念，帮助学生养成热爱公物，尊重他人劳动成果的美德。同时在实践中培养良好的阅读习惯，不断提高自己的思想道德觉悟，不断夯实自身科学文化素养，不断夯实其自身文化底蕴，培养学生在劳动中不断自我提升的意识。

【准备工作】

（1）场地、环境、人数等要求　图书馆阅览室，人数30人。
（2）工具材料　破旧图书、剪刀、胶棒等。

【实践过程】

1. 活动宣传

（1）学期初，由学校勤工助学相关部门向各系部下发本学期勤工助学岗位安排通知及相关细则，并向各专业班级同学传达。
（2）勤工助学部门教师负责向各系部学生介绍勤工助学岗位职责及人员要求。

2. 活动参与

（1）学生填写"勤工助学申请表"，各系部进行汇总推荐，学院勤工助学部门根据岗位需求等实际情况进行审批，组织学生面试。
（2）经批准参加勤工助学活动的学生，将资料录入勤工助学管理系统，并接受勤工助学中心统一组织的岗前培训，考核通过后发放上岗证。
（3）学生持勤工助学上岗证到指定岗位上岗。

3. 岗位设置

（1）招聘人数　根据岗位需求设定。
（2）聘任时限　当前学期。
（3）岗位种类　图书借还管理岗、图书整理岗。
（4）工作时段　9:00—12:00，14:30—17:00。
（5）参照学校勤工助学标准发放工资。

（6）聘期结束后，对考核合格者，学校出具实习证明。

4. 岗位职责要求

（1）责任心强，踏实肯干，能够较好地完成交付的各项工作任务。

（2）做好书本整理、上架统计、修改图书借阅者的基本信息等工作。

（3）对图书馆书籍进行定期除尘，做好防火、防虫、防潮等工作。

（4）协助校图书管理员完成其他工作。

5. 活动注意事项

（1）在同一学期内，每名学生只能申请一个勤工助学岗位。

（2）勤工助学学生如果要中途退岗，必须提前一周向本部门的勤工助学指导教师递交离岗申请。

（3）做好图书馆安全防火工作，加强防火安全意识，在工作场所内除工作用电外，严禁其他个人用电、使用明火等，以免出现安全隐患。

 【拓展阅读】

勤工助学——食堂劳动

内蒙古化工职业学院测控与机电工程系张家宝同学，是一位来自内蒙古自治区通辽市奈曼旗的贫困大学生。其父母在家务农，收入微薄。为了能够最大限度地减轻家庭经济负担，张家宝同学向学校勤工助学部门提交申请，通过层层面试，顺利加入了由学院后勤集团组织的学生食堂勤工助学活动。张家宝同学利用课余时间，负责学生食堂三楼8号窗口黄焖鸡米饭的外卖配送服务工作，正常工作时间为每天中午11:00—14:00，下午4:00—8:00，夜宵配送时间为21:00—22:00。每月除了200元底薪外，每跑一单还可以获得1.5元的跑腿费。如果肯吃苦，每月工资最多可以挣到3000多元。张家宝同学放弃了日常的休息和娱乐的时间，在完成每天繁重的学习任务后，就穿梭于各学生公寓和食堂之间，晚自习过后也要接单送餐直到学生食堂闭店为止。

经过一个学期的辛勤劳动，张家宝同学已经攒够了大二学年的学费和日常生活费。扣除日常花销，他把一部分勤工助学所得薪金寄给了远在家乡的父母，用于改善和提高他们的生活水平，减轻生活压力。在日常生活中，张家宝也是一个乐观向上、助人为乐的人。他曾多次帮助生病的同学打饭，且不收取任何费用。在同学们的心里面，他永远是一位勤劳善良、勇于奉献、团结同学的暖心大哥哥。

勤工助学活动不仅为学生提供了兼职工作的机会，减轻了学生家庭经济负担，还可以帮助学生建立自信、增强学生自尊心、磨炼学生意志。同时培养了学生吃苦耐劳的精神和良好的人际交往能力，以及解决问题和冲突的能力，这些经验将对他们未来的职业生涯产生积极的影响。

 【思考总结】

1. 你愿意在学生食堂进行勤工俭学吗？为什么？

2. 如何做好图书管理工作？

模块十二
志愿服务

让学雷锋在人民群众特别是青少年中蔚然成风，让学雷锋活动融入日常、化作经常，让雷锋精神在新时代绽放更加璀璨的光芒，为全面建设社会主义现代化国家、全面推进中华民族伟大复兴凝聚强大力量。

——习近平

【故事导入】

"最美志愿者"陶莲德：在志愿服务中践行南丁格尔精神

"幺儿回来啦！我们最近还在念叨你……"中秋佳节将至，四川宜宾市军队离退休干部休养管理所热闹不已，宜宾市第二人民医院志愿服务大队的志愿者们边切月饼边和老人们一起唱起了红歌。老人们口中的"幺儿"名叫陶莲德，是中国南丁格尔志愿护理服务总队副秘书长、宜宾市第二人民医院志愿服务大队负责人。

"革命前辈们流血流汗，为新中国的建设作出了伟大的贡献，是我们志愿者永远学习的榜样。每年重要节日以及老人的生日，我们一定会来陪陪老人们。"陶莲德说，服务队已经和干休所的老人们结对4年多的时间，为了让老人们安享晚年，志愿者一直坚持"每周电话联系，每月上门拜访"，定期为老人们开展健康居家护理。老人们若有看病需求，只要打电话联系，志愿者们随叫随到，第一时间帮助他们解决问题。

这些年来，陶莲德及团队深入农村、敬老院、社区和学校等地，开展形式多样的健康科普、应急救援、居家护理以及义诊等志愿服务活动，服务群众4万余人。"能用微薄之力给他人些帮助，就是我最大的快乐。"如今，在陶莲德的影响下，越来越多的人加入她的志愿者团队，"相信微光会吸引更多微光，照亮更多需要'光'的人。未来，我会带领更多医护工作者一起在志愿服务中践行南丁格尔精神。"

单元一　志愿服务概述

一、志愿者的含义

志愿服务是指在不求回报的情况下，为改善社会、促进社会进步而自愿付出个人的时间及精力所做出的服务工作。志愿者通过参与志愿服务，促进社会的进步，同时自身也得到了很大提升。

二、志愿服务的特征

志愿服务具有自愿性、无偿性、公益性、组织性四大特征。

（1）自愿性　是指志愿者发自个人内心自愿为社会或他人提供服务和帮助，任何个人或组织不得违背他人意愿，强制要求其参与志愿服务活动。

（2）无偿性　是指参与的服务不以获取任何物质（或金钱）报酬为目的，但不排除开展活动时所必需的服务保障。

（3）公益性　是指开展的活动不以营利为目的，要具有公共利益的属性。

（4）组织性　是指开展的活动要体现出集体的意识形态或团队的行为规则。

三、志愿服务的类型

志愿服务可以按照不同的领域进行分类，常见的志愿服务类型可分为：教育类、环保类、文化类、扶贫类、社区类、国际类等。根据组织形式的不同，志愿服务可分为以下三类：

（1）以国家政策为导向的志愿服务　如大学生志愿服务"西部计划""苏北计划"等。这类志愿服务一般持续时间较长，往往要求志愿者具备特定的资格条件。

（2）由政府职能机构等组织的官方志愿服务　如亚运会、世博会、奥运会期间的志愿服务。这类志愿服务主要以赛事、会议等活动为载体，涉及面广，持续时间短，参与者多为临时招募。

（3）由民间组织开展的志愿服务　如一些公益协会开展的爱心助学活动、绿色环保活动等。这类志愿服务面向不同的群体，持续时间长短不一。

四、认识志愿者

志愿者是指自愿贡献个人的时间及精力，在不计物质报酬的前提下，为推动人类发展、社会进步和社会福利事业而提供服务的人。志愿者是志愿服务的重要主体，他们致力于免费、无偿地为社会进步贡献自己的力量。

1. 志愿者的服务动机

志愿者参加志愿服务活动的动机分为三类。

第一类：志愿者活动提供更多接触社会的机会，使人产生归属感。

第二类：可以拓宽思考问题的思路。

第三类：志愿者活动可以提供更广泛的信息资源。

2. 做志愿者的五种境界

第一种：帮助别人，自己快乐。这是初为志愿者最深最直接的感受，在帮助别人后，看到别人获得快乐，自己因此也变得快乐。

第二种：身为志愿者，心是志愿者。不论身在何处，不管人到哪里，离开了服务场所，也处处留芳，手有余香，为这个社会需要帮助的人们，提供帮助，服务社会。

第三种：关爱他人，关爱自己。志愿者是爱的群体，把这种对服务对象的爱转化为对自己的朋友、爱人、同事、家人的爱和关心，去让这种世界充满温暖。

第四种：发动社会，服务社会。用我们的影响力去让尽可能多的社会成员都来关心我们的服务对象，进而关心我们这个社会。

第五种：生命不息，奋斗不已。送人玫瑰，传播文明，生命不止，奋斗不息。春蚕到死丝方尽，蜡炬成灰泪始干，做志愿者，一辈子！

五、志愿者四个基本素质

1. 责任感

责任感是志愿者最基本的素质之一。志愿者要对自己所承担的志愿服务工作负责，要认真完成自己的任务，不断提高自己的服务水平。同时，志愿者还要对社会、对他人负责，要积极参与社会公益事业，为社会做出自己的贡献。

2. 团队合作精神

志愿者工作通常需要多人合作完成。因此，志愿者必须具备团队合作精神，要与队友相互配合，共同完成志愿服务工作。志愿者还应该积极参与志愿组织的活动，与志愿者们一起交流学习，不断提升自己的团队合作能力。

3. 沟通能力

志愿者需要与各种人群进行沟通，包括志愿者队友、服务对象、社会各界等。因此，志愿者必须具备良好的沟通能力，能够有效地表达自己的意见和想法，了解他人的需求和期望，以便更好地完成志愿服务工作。

4.创新思维

志愿服务工作需要具备创新思维，这是因为志愿服务工作的需求和形式都是不断变化的。志愿者应该具备开放的思维方式，积极思考解决问题的方法，并且要勇于尝试新的服务方式和模式，以便更好地适应社会发展和需求的变化。

单元二　参加志愿服务

一、成为志愿者的基本条件

① 年满十八周岁或十六至十八周岁以自己劳动收入为主要生活来源者。

② 自愿参加。

③ 不考虑物质报酬。

④ 为社会公益事业服务。

⑤ 具备志愿服务岗位必需的专业知识和技能。

此外，注册时还需要填写个人信息，并遵守相关注册机构的相关规定。

二、志愿者的权利与义务

1.志愿者的权利

（1）知情权　志愿者在参与志愿服务时应当了解与志愿服务有关的真实、准确、完整的信息，以及可能发生的风险。

（2）受培训权　志愿组织在安排志愿者参与志愿服务活动前，应当对志愿者开展相关培训，以提供必要的知识和技能。

（3）安全受保障权　在安排志愿者参与可能发生人身危险的志愿服务活动前，志愿者应当购买人身意外伤害保险，并得到相应的保障。

（4）人格尊严及个人信息受保护权　志愿者应当尊重志愿者的人格尊严，并得到其同意，同时不得公开或泄露其个人信息。

（5）开具志愿服务证明权　志愿者需要志愿服务记录证明时，志愿服务组织应当无偿、如实出具。

2.志愿者的义务

（1）真诚地提供服务，相信所从事工作的价值。

（2）忠于所服务的组织。在群体面前维护组织的尊严和诚实。

（3）迅速并可靠地执行任务。

（4）接受组织有关负责人的领导、指导和工作安排。

（5）学习和参与工作训练，参加有关项目讨论和会议。

三、志愿服务的精神

志愿者精神是一种互助、不求回报的精神。它提倡互相帮助、助人自助、无私奉献、不求回报。志愿者凭借自己的双手、头脑、知识、爱心开展各种志愿服务活动，无偿帮助那些需要帮助的人们。

四、志愿服务项目

1. 环保志愿服务

环保志愿服务是指通过各种形式的活动，宣传环保知识，提高公众环保意识，促进环保行动。环保志愿服务项目包括垃圾分类、植树造林、清洁河道、节能减排等。

2. 教育志愿服务

教育志愿服务是指通过各种形式的活动，为学生提供辅导、帮助，提高学生的学习成绩和综合素质。教育志愿服务项目包括义务教育辅导、大学生支教、农村教育支持等。

3. 健康志愿服务

健康志愿服务是指通过各种形式的活动，宣传健康知识，提高公众健康意识，促进健康行动。健康志愿服务项目包括义诊、献血、抗击疫情等。

4. 文化志愿服务

文化志愿服务是指通过各种形式的活动，宣传文化知识，提高公众文化素质，促进文化交流。文化志愿服务项目包括文化讲座、书法绘画、文化活动组织等。

5. 社区志愿服务

社区志愿服务是指通过各种形式的活动，为社区居民提供服务，促进社区和谐发展。社区志愿服务项目包括社区义工、社区文化活动组织、社区环境整治等。

单元三　志愿服务实践

【学习目标】

❖ **知识目标**

1. 了解志愿服务精神的内涵和基本形式。

2. 掌握一系列实践操作技能，提升动手能力，为未来的职业生涯打下坚实的基础。

◆ **能力目标**

1. 能够独立完成项目策划书。

2. 锻炼应变能力和解决问题的能力，培养创新思维。

3. 锻炼自我管理能力，提高自律性和自我控制能力，培养独立思考和自主决策的能力。

◆ **素质目标**

1. 培养社会责任感，明确个人与社会的关系，并愿意为社会进步和发展贡献自己的力量。

2. 锻炼团队协作的能力，培养相互尊重、理解和包容的精神，增强集体荣誉感。

3. 体验付出的快乐和意义，培养无私奉献的品质，树立正确的人生观和价值观。

志愿服务作为一种社会实践活动，对于培养综合素质具有重要价值。通过参与志愿服务活动，可以培养社会责任感、强化团队协作精神、增进跨文化交流、提升实践操作技能、增强问题解决能力、塑造良好公民形象、锻炼自我管理能力以及培养无私奉献精神等多方面的能力。这些能力对于个人成长和社会发展都具有积极的影响。

【实践意义】

志愿服务把专业理论知识运用于社会实践，在提高志愿者综合素质的同时，也使他们更进一步了解社情民意，从而增强了他们服务社会、贡献社会的责任感。社会责任感是在一个特定的社会里，每个人在心里和感觉上对其他人的伦理关怀和义务。它是一种精神风貌、人生情怀，所展现的是一个人对社会、对他人所承担的高尚使命，是理想和价值观的高度统一。志愿服务以其实际行动将专业理论知识付诸社会实践活动中，弥补了理论与实践之间的差距，为志愿者的教育、培养、提高搭建了一个行之有效的实践载体，成为他们了解社会、服务社会、贡献社会的重要环节。"读万卷书，不如行万里路"说的就是这个道理。

同时，通过志愿服务这一重要的社会实践活动，不仅能够充分调动志愿者内在积极性和主动性，引导他们在实践中自我体悟、自我教育、自我管理和自我提升，在改造客观世界的同时改造主观世界，同时还能够使他们在为社会和他人的奉献中真正领悟到人生的价值和意义，并内化为自身的一种精神追求，进而形成社会责任感的持久动力。广大志愿者在参与志愿工作过程中，既是"助人"，同时也是一种"自助"。它既帮助志愿服务对象提升了道德素养，同时也让自己的道德品质得到提升，最终实现全社会公民道德素养的整体提高。

志愿服务提供的社会交往和互相帮助的机会，强化了人与人之间的关怀和帮助，增强了社会成员之间的信任、团结和互助，成为缓和社会各阶层利益冲突的"减压阀"。志愿服务在我国具有深厚的文化底蕴。《礼记》中提倡摒弃个人主义的"天下为公"思想、孟子的"恻隐之心，人皆有之"思想、墨家的"兼爱非攻"思想、道家的"积德行善"思想，无不折射着"真""善""美"的深刻内涵。在新的历史时期，志愿服务精神更被赋予了鲜明的时代特征，成为实现中国古老的互济制度和现代社会奉献参与式公益活动的有效结合，它不仅已经成为遍布全国各地、渗入诸多社会领域的规模空前的社会活动，同时也是志愿服务参与者了解社会、了解国情、传承道德、实现价值的一条重要渠道，其在引领社会风尚和促进社会教化方面发挥着越来越突出的作用。

【准备工作】

1. 环境场地

（1）场地规划　根据大型活动的规模和具体活动项目，合理规划活动场地，确保场地平整、无障碍物，能够容纳足够的组织人员、志愿者和活动参与者。

（2）场地清洁　确保场地清洁，无垃圾、杂物等，提前清理场地周围，保持道路畅通。

（3）设施布置　根据活动项目的要求，布置相应的设施，如活动区域、休息区、急救区等，确保设施的安全性和便利性。

（4）休息措施　在场地周围设置足够的休息设施，如椅子、遮阳伞、水等，为组织人员、志愿者和活动参与者提供适宜的环境。

2. 工具材料

（1）维修工具　准备一些简单的维修工具，如铁锤、扳手等，用于处理场地设施的小问题。

（2）宣传物料　准备足够的宣传物料，如海报、横幅、旗帜等，用于宣传活动。

（3）安全防护用品　提供足够的急救药品、口罩等防护用品，确保组织人员、志愿者和活动参与者顺利完成活动。

（4）清洁工具　提供足够的扫帚、铁锹、垃圾袋等清洁工具，确保场地的清洁。

（5）搬运工具　根据需要准备适当的搬运工具，如小推车、绳子等，用于搬运器材、物资等。

【实践过程】

1. 筹备阶段

确定活动的目标和主题，确定活动的时间地点，组织筹款或者物资需求等，同时确定活动的负责人和志愿者招募渠道。

2. 招募志愿者

通过宣传渠道（如学校、社区、社交媒体等）发布招募信息，吸引志愿者参与活动。可以通过面试或者填写报名表等方式对志愿者进行筛选和选拔。

3. 培训志愿者

对招募到的志愿者进行培训，包括活动的安全意识、沟通技巧、志愿服务的基本知识等。确保志愿者对活动的要求及预期有所了解。

4. 活动准备

根据活动的需要，准备相应的物资、场地设备确保活动所需的前期准备工作可以顺利进行。同时与相关机构或组织（如学校、社区、公益组织等）进行联系，获得必要的支持和协助。

5. 活动实施

根据活动安排和计划，组织志愿者开展相应的志愿服务活动。可以包括教育支援、环境保护、老人陪伴等。负责人要对志愿者进行指导和管理，确保活动的顺利进行。

6. 监督和评估

活动结束后，进行志愿者活动的回顾和总结评估活动的成效，发现问题并提出改进意见。可以通过问卷调查、讨论会等方式收集志愿者的意见和建议。

7. 感谢和表彰

对参与活动的志愿者进行感谢和表彰，根据情况提供志愿服务证书或奖励，鼓励更多人参与志愿服务活动。

8. 跟进和维持联系

对于志愿者，建立和维护与其的联系，持续邀请他们参与后续的志愿服务活动。对于受益者，与他们保持联系，关心他们的需求和情况，持续提供帮助和支持。

 【拓展阅读】

把学雷锋活动融入日常，与志愿服务有机融合

雷锋，一个文化符号，一座精神丰碑，激励并影响着一代又一代中国人民。2024年是毛泽东等老一辈革命家为雷锋同志题词61周年。雷锋精神是以雷锋的先进思想、高尚品德和崇高追求为基本内涵的一种伟大革命精神。向雷锋同志学习，不仅是崇高品质的传承，也是社会主义核心价值观的彰显。

在社会主义建设与发展的道路上，雷锋精神的传承与发扬，激励着一代代青少年茁壮成长，凝聚形成鲜明的时代特征。2023年3月，在毛泽东等老一辈革命家为雷锋同志题词60周年之际，习近平总书记对青少年学习践行雷锋精神提出一系列重要要求，强调要深入开展学雷锋活动，把握雷锋精神的时代内涵，让学雷锋在青少年中蔚然成风，是全社会共同的使命和责任。

新时代新征程，我们应当引导新时代青少年共同书写新时代雷锋故事，多措并举推动学雷锋活动融入日常，培养有理想、敢担当、能吃苦、肯奋斗的新时代好青年。

围绕学雷锋纪念日等重要时间，组织开展系列活动。引导青少年走近雷锋、读懂雷锋。发挥党、团、队组织的带头作用，将弘扬雷锋精神融入青少年日常生活与学习当中。2023年3月，在学雷锋60周年纪念日到来之际，各地组织开展了系列学雷锋活动。中国青年报社、共青团清华大学委员会、中国青年杂志社在清华大学举办了"雷锋精神的时代价值"理论研讨会；辽宁师范大学举办"三月春风颂雷锋"微话剧表演大赛，以"雷锋精

神"为主线，在一个个故事中追忆雷锋的身影；湖南中医药大学学生工作部组织学生开展了雷锋纪念馆参观活动，在雷锋生平事迹陈列馆感受雷锋精神的内核。伴随着一次次活动，雷锋故事在校园内更深刻更长远地传颂，雷锋精神的种子播撒在一代代青少年心中，进而把弘扬雷锋精神融入血脉，当成一种生活习惯。

鼓励广大青少年开展学雷锋志愿服务。2024年的3月5日是第61个学雷锋纪念日、第25个中国青年志愿者服务日，各地高校纷纷开展了学雷锋文明实践志愿服务月系列主题活动。习近平总书记指出，"雷锋精神，人人可学；奉献爱心，处处可为。"各地各组织应积极引导志愿服务组织注册成立志愿服务队，带领广大团员青年投身志愿服务，推进富有本地特色的社区志愿服务，组织社区青少年积极参与，将社区服务项目多样化，助力基层治理的良性发展。聚焦空巢老人、留守儿童等弱势群体，围绕日常照料、支教助学、文体活动、爱心捐献等方面，切实开展多样化的志愿服务。要力争实现弘扬雷锋精神与志愿行动的有机融合，将雷锋精神转化为青年生活日常。

树立学雷锋先进典型，深化榜样引领。雷锋精神传承的重点人群在青年，雷锋精神发扬光大的关键也在青年。通过个人优秀事迹选出一批能够体现新时代雷锋精神的校园志愿服务先进典型，激发广大青年学子崇尚先进、评先创优的行动意识，营造新时代赓续雷锋精神的良好氛围。设立关于弘扬雷锋精神的荣誉奖项以及开展主题讲座，从榜样身上汲取奋进的力量，实现学生自身成长和领悟雷锋精神的双重引导。

历史川流不息，精神代代相传。无论时代如何变迁，雷锋精神永不过时。作为新时代青年学子，要不断坚定理想信念，践行社会主义核心价值观，把学雷锋活动融入日常、化作经常，让学雷锋在新时代青少年中蔚然成风。

 【思考总结】

1. 从身边的人和事做起，想想可以为他人、为社会做哪些志愿服务项目。
2. 志愿服务的意义是什么？
3. 志愿服务时需要注意什么？

模块十三
"三下乡"社会实践

走近社会、躬身实践，不断夯实坚定理想信念的思想根基、激发勇担时代重任的历史主动、增强发扬斗争精神的内在自觉、厚植保持奋斗激情的力量源泉，用青春的激情奏响"清澈的爱、只为中国"的时代强音，用青春的行动践行"请党放心、强国有我"的铮铮誓言。

——阿东

【故事导入】

重庆电子工程职业学院"三下乡"

暑期来临，重庆电子工程职业学院数字媒体学院、马克思主义学院暑期"三下乡"乡村振兴促进团来到重庆市巴南区石滩镇，围绕乡村振兴、粮食安全主题开展了为期七天的问卷调研、理论宣讲、艺术设计等志愿服务活动。

师生志愿者们结合当地农业发展特色，深入田间地头，通过通俗易懂的话语对乡亲们开展了"粮食安全认知"的问卷调查，他们收集鲜活的一手资料，走访农户，记录当地实情。

围绕当地农特产，志愿者利用数字媒体专业所长，对特产品牌进行标识设计、文创周边设计，振兴乡村文化。

此外，志愿者采用随机走访的方式，通过"人居环境改善"调查问卷，收集了村民们对进一步改善人居环境的建议。在走访实践中，志愿者感受到人居环境的新面貌，切实体会到规范化治理对改善人居环境的重要性。

乡村振兴促进团走进百姓农家，让青年学生在实践中学真知、增见识、长本领，在解决实际问题的过程中掌握新的理论和方法，上好与现实相结合的"大思政课"，以青春之力助推乡村振兴。

单元一 "三下乡"社会实践

一、什么是"三下乡"

1996年12月，中央宣传部、国家科委、农业部、文化部等十部委联合下发了《关于开展文化科技卫生"三下乡"活动的通知》，并在1997年开始正式实施。

"三下乡"即有关文化、科技与卫生方面的内容知识在农村进行普及，促进农村文化、科技、卫生的发展。"三下乡"社会实践活动是各大中专院校开展的一项旨在增强大学生的社会责任感，提高大学生的社会实践能力，加强大学生与基层农村的联系，推动农村经济发展与社会进步而开展的一项社会实践活动。大力开展"三下乡"活动，是我们党全心全意为人民服务的宗旨的重要体现。

1. 文化下乡
电影、电视下乡，图书、报刊下乡，送戏下乡，开展群众性文化活动。

2. 科技下乡
科技人员下乡，科技信息下乡，为群众开展科普活动。

3. 卫生下乡
医务人员下乡，培训农村卫生人员，扶持乡村卫生组织，参与并推动当地合作医疗事业的发展。

二、"三下乡"社会实践的意义

通过开展"三下乡"社会实践活动，我们国家把发展经济、建设小康以及脱贫攻坚结合起来，既可以帮助农村地区发展，推动农业技术进步、支持农民产业发展等，还可以引导农民解放思想，更新观念，提高素质，增强致富能力。通过"三下乡"活动，使得各部门的业务工作结合起来，服务农民，锻炼队伍，推动部门工作，加强自身建设；培育农村文化市场，制定政策措施，多渠道、多形式，引导扶持农村文化科技卫生事业的繁荣发展。

大学生的"三下乡"社会实践活动尽管涉及面广，内容丰富，但也必须与农村实际需要相结合。大学生的"三下乡"社会实践活动，可以使大学生能够深入了解农村地区的生活和问题，增强他们的社会责任感，有助于拓宽大学生的视野以及运用学习到的知识和专业技能为农村地区的发展提供帮助，还可以助力大学生全面发展。大学生参与新农村建设的进程，为大学生了解中国国情开启了一扇窗口，密切了高等教育与新农村建设的关系，这有益于高教体系建立针对性和切合实际的促进新农村建设的策略和途径。

三、"三下乡"社会实践的形成与流程

1. "三下乡"社会实践的形式

"三下乡"社会实践活动形式丰富多样，通常是以个人或小组形式进行，随着社会的发展，"三下乡"社会实践活动的形式有了创新及发展，如充分利用互联网创新，利用社交媒体扩大影响力等，努力提高"三下乡"活动的服务标准。

2. "三下乡"社会实践流程

（1）准备阶段　确定活动目标和主题，撰写方案，确定活动时间和地点，筹备预算和人员组织。

（2）宣传阶段　制订宣传计划，确定宣传渠道和方式，并进行宣传。

（3）实施阶段　根据活动方案，准备相关道具和物品，在教师的指导下开展此次活动，确保活动安全。

（4）结束阶段　活动结束后，成员需要根据此次活动过程与成果，撰写并提交活动总结报告。

四、"三下乡"社会实践的形式

1. 全面深入地做宣讲

利用社区来在当地开展宣讲活动，通过讲座、培训并且与当地居民面对面地沟通与交流，让更多人了解到三下乡。

2. 真情关爱的帮扶

志愿者采取走访慰问、公益帮扶，不仅让老人感受到了关爱，同时也弘扬了中华民族尊老敬老的传统美德。

3. 多彩文化乐民

开展形式多样、丰富、有创意的文艺演出和康体活动，既增强了身体素质和精神状态，还活跃了基层文化生活。

五、"三下乡"社会实践安全须知

1. 在实践中遇到的问题

（1）对当地环境不适应或被蚊虫叮咬。

（2）与社会不良人员发生纠纷。

（3）团队成员之间无法及时取得联系。

（4）不慎遭遇被盗、被抢。

（5）交通不便和住宿困难。

2. 实践中各种问题的防范措施

（1）掌握基本的急救知识，随身携带常用的应急药品。

（2）若团队成员与社会不良人员发生争吵甚至产生肢体冲突，其他成员应及时制止并报警。

（3）增强自卫意识，保持警惕心理，确保自己的人身安全并及时报警。

（4）寻找当地政府部门，共同解决交通不便与住宿问题。

（5）在"三下乡"社会实践活动中，应注意以下事项：出发前再次确认时间和地点，确保食宿等安排妥当；参与人员要听从指挥，注意人身、交通、财产等各个方面的安全；参与人员之间要互相关心、互相帮助，遇到突发状况要沉着冷静，共同寻找解决方案；参与人员要懂礼貌，在与人交谈过程中应谦恭有礼，尊重当地生活习惯，不妄加评论。

单元二 "三下乡"项目实践

【学习目标】

❖ **知识目标**

1. 了解"三下乡"社会实践活动的内容和意义。

2. 掌握活动开展的形式和流程。

❖ **能力目标**

1. 能独立完成活动策划。

2. 提高组织协调能力、沟通交流能力、问题解决能力。

❖ **素质目标**

1. 增强对社会的责任感和使命感。

2. 培养创新思维和创新能力。

【实践意义】

通过大学生的实践工作，可以为当地社区带来实际帮助，如改善民生、促进经济发展等。大学生可以锻炼自己的综合能力，包括组织协调能力、沟通交流能力、问题解决能力等。可以更加深入地了解社会现实，增强对社会的责任感和使命感，为当地社区带来实际帮助。"三下乡"活动作为一项特殊的校园文化活动，可以让大学生在紧张的学习之余，走出校园，体验不同的生活，拓宽自己的视野和思维。

【准备工作】

1. 环境场地

（1）了解当地环境　在出发前，需要了解当地的气候、地形、水源、交通等情况，以便为未来的工作做好准备。

（2）确定合适的地点　选择适合实践活动的地点，避免选择易受天气影响或存在安全隐患的地方。

（3）清理场地　如果场地需要清理，请提前做好清理工作，确保实践活动的顺利进行。

2. 工具材料

（1）准备必要的工具　根据实践活动的需要，准备必要的工具，如锄头、铁锹、镰刀等。

（2）确保工具的质量　确保工具的质量良好，避免使用过程中出现故障。

（3）准备充足的材料　根据实践活动的需要，准备充足的材料，如种子、肥料、农药等。

【实践过程】

1. 活动前

（1）制订详细的活动计划　在出发前，制订详细的活动计划，包括活动时间、活动内容、活动流程等。

（2）遵守规定　在实践活动中，要遵守当地的实践基地规定和操作规程，确保工作安全、高效地进行。

（3）尊重农民　农民是实践活动的主体，要尊重农民的劳动成果和劳动价值，与农民保持良好的沟通和合作确保安全：在实践活动中，确保安全是首要任务。要遵守当地的法律法规，尊重当地的风俗习惯，避免发生意外事故。

（4）制订合理的行程安排　根据实践活动的需求和当地的情况，制订合理的行程安排，包括出发时间、返回时间、活动时间等，确保实践活动的顺利进行。

（5）准备应急预案　考虑到可能出现的意外情况，如天气变化、交通问题等，需要提前制订应急预案，以便及时应对和处理。

（6）做好宣传工作　在出发前，需要做好宣传工作，向学校、家长和社会各界宣传"三下乡"实践活动的重要性和意义，争取更多的支持和关注。

2. 活动中

（1）积极参与　在实践活动中，要积极参与，与当地村民保持良好关系，了解当地的环境和情况，以便更好地开展工作。

（2）做好记录　在实践活动中，要随时做好记录，记录工作进展、遇到的问题、解决方案等，以便后期进行总结和反思。

（3）及时反馈　在实践活动中，要及时反馈工作进展和遇到的问题，以便及时调整计划和解决问题。

3. 活动后

活动结束后，及时进行总结和反馈，收集学生的意见和建议，以便改进下一次的活动。将实践活动的成果展示给村民和学生，让他们了解自己的成果和收获，增强他们的自信心和成就感。对实践活动进行后续跟进，了解学生的后续表现和成果，为下一次的活动做好准备。

 【拓展阅读】

中央宣传部等部门部署开展2024年文化科技卫生"三下乡"活动

为深入学习贯彻党的二十大和二十届二中全会精神，学习贯彻习近平文化思想，广泛汇集各方力量，推动城乡融合发展，推进乡村全面振兴不断取得实质性进展，中央宣传部、国家发展改革委、教育部、科技部、司法部、农业农村部、文化和旅游部、国家卫生健康委、广电总局、共青团中央、全国妇联、中国文联、中国科协日前印发通知，部署了2024年文化科技卫生"三下乡"活动。

通知明确，要以习近平新时代中国特色社会主义思想为指导，全面贯彻落实党的二十大和二十届二中全会精神，学习贯彻习近平文化思想和习近平总书记关于"三农"工作的重要论述，学习运用"千村示范、万村整治"工程经验，以社会主义核心价值观为引领，着眼加强农村思想文化建设，着力提升乡村产业发展水平、乡村建设水平、乡村治理水平，持续强化理论武装，丰富农村文化生活，大力普及科学知识，培育绿色健康生活方式，为有力有效推进乡村全面振兴、加快建设农业强国提供坚强思想保障。

通知强调，要深入学习宣传习近平新时代中国特色社会主义思想和文化理念，开展群众喜闻乐见的宣传宣讲活动，持续增进人们对党的创新理论的政治认同、思想认同、理论认同、情感认同。加强改进农村思想政治工作，围绕中华人民共和国成立75周年，深化"强国复兴有我"群众性主题宣传教育，广泛组织开展系列庆祝活动，引导人们把爱国情、强国志、报国行自觉融入新时代追梦征程。培育农村新风新貌，发挥新时代文明实践中心等基层阵地作用，加强家庭家教家风建设，持续整治高额彩礼、厚葬薄养等陈规陋习。着眼满足农民精神文化生活新期待，深入挖掘传统节日的文化内涵，开展积极健康的民俗文化活动，鼓励支持基层群众自办文体活动，加强农村历史文化遗产保护传承。推动农村科技进步，开展新技术创新、示范、推广工作，搭建数字化公益助农平台，推动科普示范活动、科普项目向农村延伸，传播科学知识、科学方法、科学思想、科学精神。促进健康乡村建设，持续提升基层医疗卫生服务能力，深化乡村环境整治，大力普及健康知识，倡导文明健康生活理念。

通知要求，各地区各有关部门要务求实效，充分发挥"三下乡"活动在推进乡村全面振兴中的重要作用，加强组织领导，加大投入力度，继续向民族地区、革命老区、边疆地区、脱贫地区和中西部地区倾斜，抓好办成一批群众可感可及的实事。坚持守正创新，因地制宜、分类施策，循序渐进、久久为功，持续推动"三下乡"工作提质增效。加大宣传力度，大力宣传集中示范活动的好经验好做法和重点项目的新进展新成效，讲好新时代乡村振兴故事。

 【思考总结】

1. 思考"三下乡"实践活动开展的意义。
2. 策划一次"三下乡"社会实践活动。

情境四
传承创新劳动实践

模块十四
非遗"盘扣"的制作

扫一扫

本模块数字资源

中华优秀传统文化代代相传，表现出的韧性、耐心、定力，是中华民族精神的一部分。

——习近平

【案例导入】

"布丝瑰"传承非遗"盘扣"技艺

内蒙古布丝瑰文化发展有限公司多年来一直专注于非遗文化的传承与创新，通过不断的深入探索和实践，在传统文化手工艺品设计制作和文化活动策划、组织等方面积累了丰富的经验。旗下的"布丝瑰"盘扣作品制作工艺复杂，需要以传统非遗手工艺经过33道工序精制而成，每道工序环环紧扣。每一个盘扣作品都经过匠心打造，只为让人们领略不一样的风采。

在内蒙古布丝瑰文化发展有限公司盘扣手工坊，各种充满巧思和古典韵味的盘扣琳琅满目，青城盘扣技艺传承人和手工艺者们正在精心制作盘扣工艺品。盘扣是劳动人民经过长期的劳动实践和生活积累而形成的民间手工艺品，蕴含着劳动人民的智慧和创造精神，凭借其独特的工艺和精美的造型，青城盘扣技艺传承至今已逾百年。2024年，内蒙古布丝瑰文化发展有限公司盘扣手工坊的青城盘扣技艺入选呼和浩特市第九批市级非物质文化遗产代表性项目名录，为推动传统文化与现代生活的深度融合贡献了力量。

青城盘扣技艺在一代代传承人的努力下，得到了继承和发扬。他们不断学习各种传统的盘扣制作方式，并探索、创新改进盘扣的技艺。盘扣技艺代代相传，留下的不只是手艺，更是古老习俗里的脉脉温情。青城盘扣技艺的作品不局限于传统的花卉和蝴蝶，各式各样的造型甚至字体都可以用盘扣来表现。在布丝瑰创业就业基地展出的作品"中华民族一家亲"（图14-1）以其精美的设计入选了"奋进新时代"主题成就展内蒙古展区和"新时代的妇女儿童——中国妇女儿童事业发展十年成就展"，并被中国妇女儿童博物馆收藏。该作品以石榴为主题构图，石榴的果实部分由56个民族人物的笑脸组成，真切表达了内蒙古各族人民铸牢中华民族共同体意识的坚定信念。旁边镶嵌了红豆，象征着中华民族的多元文化和民族团结。同时，石榴籽的寓意就是中华民族一家亲，希望中华儿女像石榴籽一样紧抱在一起，手足相亲，守望相助，团结一心，共同为实现伟大复兴的中国梦而奋斗。

图14-1 "中华民族一家亲"盘扣作品

内蒙古布丝瑰文化发展有限公司怀揣着对传统手工艺的热忱，传承和发展中华优秀传统手工艺事业，将传统手工盘扣与现代元素相结合，让传统手工艺品能够进入大众视野，进入日常生活，展示了中华民族传统文化的时尚元素和绚丽风采。

盘扣也称作盘钮，是中国传统服饰中使用的一种纽扣，用来固定衣襟或作装饰。中华盘扣艺术作为我国丰富的民间艺术之一，因其为手工盘制的技艺而得名，是我国民族的骄傲，是文化积淀的成果。盘扣的发展经历了中国古代绳、结、带、扣长期多样的演变，其题材以富有吉祥寓意的动植物为主，后又加入一些现代元素，每一粒盘扣都经过精心的设计和制作，从而形成具有中华民族特色的盘扣艺术。

中国传统盘扣蟠花演变而来，由秦朝的一字扣到大唐盛世的初具盘扣模型，再到清朝康乾盛世的善用，到最后民国时期将传统的盘花扣应用在旗袍上大放异彩，最终盘扣这一历史悠久、经典美丽，象征着中国传统优秀文化的"老物件"得到推广，深受大家喜爱。

单元一　传统盘扣的文化内涵

传统盘扣，在源远流长的历史演变中，布条折叠缝纫、细细盘织，古老的气韵或清新淡雅，或端庄大气，或明媚艳丽，一枚枚各有意蕴的盘扣以特有的生命力长盛不衰，在不断推陈出新中，传达着中国衣饰含蓄内敛的格调。

盘扣不仅具有使用功能和视觉美感，而且蕴含着深厚的传统文化。盘扣的内涵凝结在千变万化的"盘"上，它将中华民族的传统艺术与人们对幸福美满的向往，以绚丽多彩的纽花造型呈现，丰富了人们的生活，承载着人们的精神梦想。"盘一方惊艳，扣一丝心弦"，盘扣是一种文化载体。譬如在长裙中间密密地缀一排平行盘扣，于飘逸之中见古朴；低领礼服配盘扣，华丽之中见深沉；大襟旗袍点缀盘扣，端庄之中见性感；斜襟旗袍缀上似花非花的缠丝盘扣，古典之中见清纯；布衣长衫里的盘扣，儒雅中见学识；马褂上整齐排列的一字盘扣，朴实中见勤劳；稚嫩幼童身着饰有盘扣的中式童装，活泼之中见顽皮。盘扣是中华民族服饰的代表性部件之一，也是中国人对服装认知的缩影。

盘扣盘着传统、扣着未来，源于一根彩绳的编织，反映的是中国古代劳动人民的智慧和一丝不苟的涵养。传统盘扣有精巧奇妙的构思，娇小玲珑的模样，五彩缤纷的色彩，质朴精致的特性，深受大众喜爱。纽花的装饰造型最能展现传统文化特色，纽花分为两边，有对称的，有不对称的，缀在不同款式的服装上表达着不同的衣饰吉祥语言，如蝴蝶扣、葫芦扣，因与"福"谐音，寓意生活幸福美满；石榴扣，寓意多福多子，甜甜美美；最具代表性的一字扣，具有一心一意、一生一世、永结同心的美好寓意；琵琶扣，因谐音"枇杷"，故具有吉祥果"富贵吉祥"的寓意。另有很多盘扣的名称本身就是吉语，如双喜扣、如意扣、双全扣等，是双喜临门、吉祥安康、福寿双全的寓意。盘扣用布条盘编成各种花样，有序地连着衣襟，生动地表现着服饰的内涵和意蕴。现代盘扣装饰见图14-2。

(a)　　　　　　　　　　(b)

图14-2　现代盘扣装饰

单元二　传统盘扣的基础工艺

一、纽扣条的制作工艺

传统盘扣纽扣条的宽窄长短可根据布料的厚薄和盘扣的款式而定，一般而言，造型单一的盘扣要比造型复杂的盘扣，纽扣条相对短而粗，体现均衡的艺术感。在制作纽扣条时，为保证盘扣的整体效果，一个盘扣用一根纽扣条编成，不能拼接。裁剪纽扣条布料时，纽扣结部分比纽扣襻部分的纽条要长约10cm，并预留出3～5cm的余量。

1. 刮浆

丝绸等轻薄柔软的面料是制作传统盘扣的首选，但面料薄软不易塑型，刮浆工艺是处理这类面料的第一道工序。刮浆是将制作纽扣条的面料用面糊进行浆制的过程，刮浆后的布料具有一定的硬度，便于盘扣造型。

（1）刮浆材料　面粉和水的比例是1:3，白矾少许（或防腐剂少量）。

（2）面糊制作　先将少许白矾和水放入锅中，搅拌均匀后，放入面粉；接着搅拌，直到面粉、水、白矾完全混合；开小火熬制，同时用木质小铲顺一个方向搅拌，待锅内的面糊呈半透明银白色，八成熟即可。面糊制好需放凉后使用，黏性效果最佳。

（3）布料刮浆工艺　先将布料反面朝上放置在平整的面板上；用蘸上面糊的刮板按照面料的纹理方向用力刮浆，使面糊渗入面料厚度的二分之一处，并使布料刮浆均匀，没有遗漏，尽量保证刮浆后布料的整洁，不得残留面糊；刮浆完成风干后，备用。

除真丝、双绉、素绸缎、乔其纱等薄软面料外，用其他面料制作纽扣条不需要进行刮浆处理，可以直接裁剪缝制。

2. 纽扣条的制作工艺

纽扣条布料的长度依盘扣的形态不同而不同，一般长40～80cm不等，纽扣条布料的宽度约2cm，按照45°裁成斜纹布料。薄料可用暗线包芯法在布条中间衬细棉绳（或衬中国结线）使其硬挺耐用，厚布料直接用明线法制作纽扣条，有时为使盘扣造型达到硬挺效果，需在纽扣条中加入铜丝，便于弯曲盘制时起到塑型效果。

（1）明线扁形纽扣条的制作方法　纽扣条布料较厚时，直接将裁剪后的斜纹布条对折，烫出中线，再将布条两侧的毛边向中线对折，然后从端口开始，用本色线将两边搭接并用手缝针操缝起来，操缝针距0.2～0.3cm。明线纽扣条制作图解如图14-3所示。

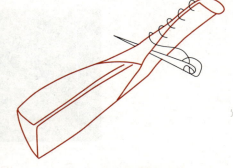

图14-3　明线纽扣条制作

（2）暗线包芯纽扣条的制作方法　纽扣条布为薄料时，应将裁剪后的斜纹布条中间衬上一根细绳缝制，使其粗壮坚硬耐用。首先将裁剪后的斜纹布条对折，把长度是纽扣条两倍的细绳放在对折后的布条正面正中间；将细绳的中间点与布条的顶端缝实；如图14-4所示，接着沿绳外侧0.2cm处用回针缝合布条，留下0.3cm左右的缝份；缝合完成，收紧绳子，将布条向下拉，慢慢将布条全部翻到正面后，剪掉起翻转作用的绳子，整理纽扣条，制作完成。

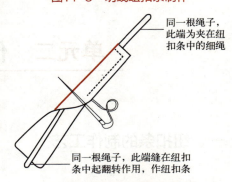

同一根绳子，此端为夹在纽扣条中的细绳

同一根绳子，此端缝在纽扣条中起翻转作用，作纽扣条

图14-4　暗线包芯纽扣条制作

（3）纽扣条中包细铜丝的制作方法　将裁剪好的斜纹纽扣布条对折，然后再将两边毛边向中间对折，并用一根细铜丝夹在布料正中间，将折边对齐，用糊粘牢（把铜丝粘在纽扣条正中间），烫平阴干，带宽不超过0.5cm（图14-5）。此方法可用于制作空芯花和嵌芯花等硬盘花扣。

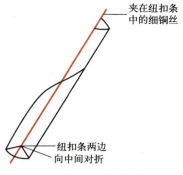

夹在纽扣条
中的细铜丝

纽扣条两边
向中间对折

图14-5　包细铜丝纽扣条制作

二、纽扣结的编结工艺

纽扣结是传统盘扣中最具特色的部件，一根纽扣条盘绕便形成了一个结实的圆形疙瘩，即纽扣结。将纽扣结套入纽襻中将门襟闭合，严实而美观。纽扣结的编结步骤如下。

① 将纽扣条两端对齐，编两个环（图14-6）。

② 将右环盖在左环上，中间交叉（图14-7）。

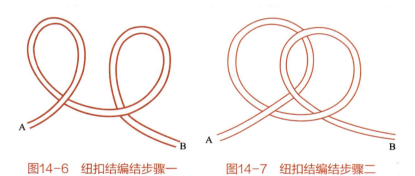

图14-6　纽扣结编结步骤一　　　　　图14-7　纽扣结编结步骤二

③ 将B线按图14-8所指穿线，收紧A端和B端，中间有一线圈立起。

④ 将A线从立起的线圈后面绕过，从前方中间插入；将B线从立起的线圈前面绕过，从后方中间插入（图14-9）。

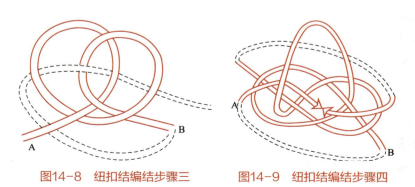

图14-8　纽扣结编结步骤三　　　　　图14-9　纽扣结编结步骤四

⑤ 将立起的线圈向上拉的同时，将插入中间的A、B两线同时向下拉，边抽线边整理、完成（图14-10）。

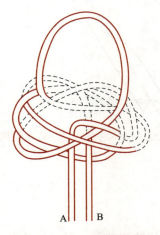

图14-10　纽扣结编结步骤五

单元三　经典盘扣的制作工艺流程

在中国传统盘扣中历史最悠久的是一字扣，其造型仿"一"字形，样式结构清晰，形态简约直观，是最具民族特征的盘扣。其次是琵琶扣，形象兼具抽象和具体的特征，典雅庄重，是花式盘扣中的经典造型。

【学习目标】

❖ **知识目标**

1. 了解盘扣工艺的发展历程和文化传承。
2. 熟悉盘扣工艺的基础工艺。
3. 掌握经典盘扣样式的制作。

❖ **能力目标**

1. 会制作盘扣条、盘扣结。
2. 会制作"一字扣""琵琶扣"。
3. 能顺利完成实践项目。

❖ **素质目标**

感受传统文化的魅力，提高创造美的能力，增强民族自豪感。

【实践意义】

盘扣工艺作为非遗传承项目，凝结着中国劳动人民的智慧，也体现着人们崇尚真善美的追求。通过盘扣工艺制作实践，学生基本了解传统文化精髓，并在动手动脑过程中，实现知行合一，逐渐体悟劳动创造美的生活本质，从而树立科学的劳动观。

盘扣纽扣条的制作，决定了盘扣的用料、颜色、质感和精细程度，非常重要；盘扣在盘制花型之前，必须先将纽扣结编好，编一个大小合适、松紧适度的纽扣结，技巧性强。纽扣条和纽扣结的编制工艺是检验传统盘扣制作水准的重要参数，是传统盘扣的基础工艺。

【准备工作】

需准备布料、剪刀、针、线、底板、大头针等材料工具。

【实践过程】

1. 一字扣的制作工艺

"画有一横一竖，横者以竖破之，竖者以横破之，便无一顺之弊。"这一横一竖道出了对比变化之中求统一的美学原理。这也正是一字扣成为中式服装最典型最普遍的盘扣的根源所在。一字扣通用于所有中式服装，可单独排列，可两个排列，也可三个排列。一字扣横向钉缝在服装上显示的是静态之美，一字扣纵向钉缝在服装上展示的是动感之势。无论如何排列钉缝，其艺术效果都十分鲜明，简洁而不失优雅，单纯而富于表达。一字扣从工艺上划分，可以分为经典一字扣和变化一字扣。经典一字扣（图14-11）制作工艺相对稳定，容易

图14-11　经典一字扣

操作。编制时要求纽扣条粗细均匀，针脚细密匀称，纽扣结、纽扣襻和纽扣花整齐一致。变化一字扣是在保持纽扣花"一"字条状形的基础上，在编法上变换花样，如平结一字扣、蛇结一字扣、麦穗结一字扣、八字麻花一字扣等，呈现统一中凸显别致的艺术效果。

（1）经典一字扣的制作工艺步骤

① 用长约20cm的纽扣条编成纽扣结，抽线至两端齐，从纽扣旁边起针，将两根纽扣条从背面缝合成一字形，长约5cm，一字扣扭结部分完成（图14-12）。

② 用长约10cm的纽扣条（或绳）对折，两端对齐，在对折处预留出一个环作为纽扣襻，从纽扣襻旁边起针用操针将两根纽扣条从背面缝合成一字形，长约5cm，一字扣纽襻部分完成（图14-13）。

图14-12　编一字扣纽结、纽襻

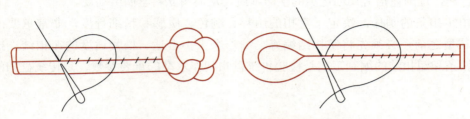

图14-13　用同色线缝合纽结和纽襻的背面

（2）一字扣钉缝工艺　如图14-14所示，钉缝一字扣时，先将一字形尾端固定，然后折返从正面两侧将一字扣钉缝在衣服上，要求平直，纽扣结和纽扣襻对称一致即可。

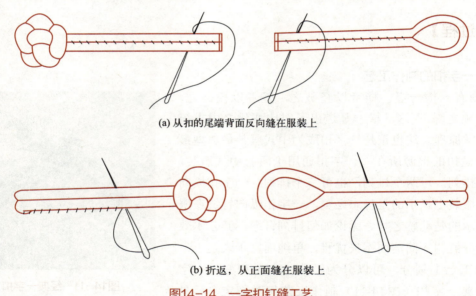

(a) 从扣的尾端背面反向缝在服装上

(b) 折返，从正面缝在服装上

图14-14　一字扣钉缝工艺

2. 琵琶扣的制作工艺

琵琶扣，因造型仿弹奏乐器琵琶而得名。琵琶扣造型简洁明了，纽扣条在编制时一环套一环，井然有序，渐次排列，艺术感强。依服装搭配需要，琵琶扣扣花可大可小，小则编制三圈，大则编制五圈。琵琶扣在中式服装中运用广泛，是重要的传统扣型之一。琵琶扣在服装上可单扣排列钉缝，也可双扣并列钉缝。

变化琵琶扣是在琵琶扣基本要素不变的情况下，添加一些辅助要素，使扣型更加丰富美观，可在琵琶形的左右两侧各盘一个圆，犹如琵琶的耳朵一般，显得十分可爱；也可在琵琶形的四周盘曲成形九个圆环，装饰衬托主体琵琶形，让琵琶盘扣更加漂亮。琵琶扣的制作方式如下。

① 用约60cm的纽扣条（或绳）编纽扣结、抽线，一端留纽扣条长约2cm，称为短线

端，其余纽扣条留在另一端，称为长线端，如图14-15所示。

② 纽结向上，以短线端作轴，如图14-16所示，长线端沿纽扣结绕线一圈，用大头针固定。

图14-15 琵琶扣制作步骤一　　　　　　图14-16 琵琶扣制作步骤二

③ 接着将长线压在刚绕的一圈线上面，紧贴着第一圈来绕第二圈，用大头针固定；以同样方法绕线到第3～5圈，最后将线头从中间小孔穿到背面，用大头针固定，如图14-17所示。

④ 将琵琶扣翻到背面，将纽扣条多余部分剪去并用针线缝实，琵琶扣纽结部分编制完成，如图14-18所示。

⑤ 用长约50cm的纽扣条（或绳）编纽扣襻，首先在纽扣条的一端预留约2cm后做一个环，在另一端用与编纽扣结一样的方法绕线编琵琶扣花，直到编制完成，如图14-19所示。

图14-17 琵琶扣制作步骤三　　　图14-18 琵琶扣制作步骤四　　　图14-19 琵琶扣制作步骤五

⑥ 最终完成效果如图14-20所示。

图14-20 琵琶扣制作步骤六

非遗项目盘扣制作技艺亮相成都国际非遗节

2023年10月12日，在成都国际非物质文化遗产博览园，47支特色鲜明的国内外非遗表演队伍精彩呈现了一场绚丽多彩的天府大巡游，拉开了第八届中国成都国际非物质文化遗产节的大幕，见图14-21。

图14-21　第八届中国成都国际非物质文化遗产节

第八届非遗节以"共享履约实践 深化文明互鉴"为主题，举办五洲非遗、神州非遗、巴蜀非遗、云上非遗四大板块，30多项特色鲜明的节会活动，吸引了来自全球47个国家（地区）和国内各省（区）市的900余个非遗项目、5000余名非遗传承人、传统表演人员和中外嘉宾参与。将向国际社会展示中国政府履行《非物质文化遗产公约》的积极作为，展示传承弘扬中华优秀传统文化的非遗故事。

内蒙古布丝瑰文化发展有限公司携非物质文化遗产项目盘扣制作技艺亮相，既向广大观众展示了工匠们的技术造诣，还传承了丰富的文化内涵。

盘扣技艺是一门精湛的手工艺，它通过巧妙地组合和拼接，展现了内蒙古独有的风格和美感。本届国际参展作品见图14-22，这些细致而精美的盘扣，往往融入了草原风情、民族元素和自然灵感，让人们感受到北疆文化的独特魅力。

这次亮相活动不仅是对盘扣技艺的推广，更是向广大观众展示内蒙古丰富的非物质文化遗产和传统手工艺。它不仅代表着历史和传统，更是内蒙古人民智慧和创造力的结晶。

图14-22　国际非遗品牌参展作品

本次授权展以"弘扬中华优秀传统文化，促进可持续发展"为主题，内蒙古自治区"内蒙古雪军灯笼有限公司（铁艺灯笼编织技艺）""内蒙古戈壁魂皮雕艺术有限责任公司（科尔沁皮雕画）""内蒙古乘人之美手工艺有限责任公司（科尔沁绳结技艺）""内蒙古色拉西文化发展有限公司（潮尔琴制作技艺）""内蒙古计氏羊皮绘画艺术研究院（计氏羊皮画）""内蒙古布丝瑰文化发展有限公司（盘扣制作技艺）"六家非遗品牌IP参展，共同运用知识产权确权等多种方式加强非遗领域的版权保护，助力地方特色经济发展，在取得良好的经济效益的同时，也强化了非遗的保护和传承。

 【思考总结】

1. 结合现代服装需要，为自己设计制作一款盘扣饰品。
2. 思考如何将传统技艺传承与发展下去。

模块十五
传统合香文化体验

要让活态的乡土文化传下去，深入挖掘民间艺术、戏曲曲艺、手工技艺、民族服饰、民俗活动等非物质文化遗产。要把保护传承和开发利用有机结合起来，把我国农耕文明优秀遗产和现代文明要素结合起来，赋予新的时代内涵，让中华优秀传统文化生生不息，让我国历史悠久的农耕文明在新时代展现其魅力和风采。

——习近平

 【案例导入】

草原药香传非遗

内蒙古敦布仁钦香业科技有限公司成立于2013年，是一家以"自然香材、中草医药配方及其制备工艺"为核心，集研发、生产、销售为一体的蒙药香非物质文化遗产传承企业。目前公司拥有养生香、蒙药香、藏药香、贡香、单方香、伴手礼、香材文创七大系列上百款产品。产品畅销全国，部分产品远销日本等海外国家！公司董事长刘威是蒙古族药香制作技艺第四代传承人。

蒙药香以中药四气五味原理，以天然香材或原生本草精心配伍，严格按照古传炮制方法和制作技艺虔制而成。将医药典籍里具有香方特性及香品养生保健功效的药香归纳、结合、运用，制成不同形态的药香制品，如线香、塔香、盘香、药香枕、药香枕垫、香粉、香珠、香牌等，大大方便了喜爱"香"的人，又能满足中医药养生保健者之需。产品传承了1300多年藏传与蒙传配伍，经过"水法、火法"秘方处理以及研磨、揉制、窖藏等多道制香工艺精制而成。

《神农本草经》把365种药分成三等，即上、中、下三个档次，并指出上药是用来养生的，可以久服，中药须斟酌服用，下药是治病的，不可久服。香被列为上药，通过皮毛孔窍进入人体，通肺经、阳明经，起到未病先治的作用。香在生活里的应用不仅仅停留在燃香上，还沿用古方和众多香方、香粉，做香牌、香丸、香囊、香膏、古法口香糖、香垫、香枕、香饼、香饰、香皂、香炭、香化妆品、香薰等众多生活用香。古人不仅用来薰衣、沐浴还用来做香茶、泡酒……

单元一　传统合香基础理论

一、什么是合香

合香是传统制香工艺的核心，按"君臣佐使"中医组方原则配伍，采用天然香材手工制作而成的香品。

（1）君药　针对主病或主证起主要治疗作用的药物，在方剂中不可缺少。

（2）臣药　协助君药加强治疗作用的药物，或针对兼病或兼证起主要治疗作用的药物。

（3）佐药　①佐助药，即配合君、臣药以加强治疗作用，或直接治疗次要症状的药物；②佐制药，即用以消除或减弱君、臣药的毒性，或制约其峻烈之性的药物；③反佐药，即病重邪甚可能拒药时，配用与君药药性相反而又能在治疗中起相成作用的药物。

（4）使药　①引经药；②调和药。

天然香材一般指自然出产无毒性的动植物矿物材料，用时也必须是带有嗅觉体验的材料。有些香友会在古方的基础上再慢慢自己修方，以达到自己喜欢的味道，合香着重于香味的优美，香型的丰富，自古以来就有许多的合香能手，比如黄庭坚、陆游、范成、苏东坡等。

二、合香的种类

按不同的标准来分，合香的种类也有所不同。

（一）按外观形态分类

1. 混合香粉

做合香以前都要把香粉混合起来，其实混合香粉就是合香的最基本、最原始的状态。当然，它都是散的，没有成为一个整体，那严格意义上来说，它算不得合香，但我们做各种形态的合香香体都必须经历混合香粉这一步，所以它特别重要（图15-1）。

2. 香丸

用香药配伍和合后研磨成香粉，调香泥制成的丸状的香，

图15-1　打香粉

是古代常用的香品形式之一，是传统的熏香用香品之一（图15-2）。

3. 香珠

香珠是香药制成的"圆珠"状香品（先研磨成粉粒状，再糅合成圆珠；或以香木雕成），可串成"香串"，道家、佛家多用作挂在身上的佩饰。戴在身上，它自然的香气就会散发出来（图15-3）。

图15-2　香丸

图15-3　香珠

4. 香牌

香牌是一种不需要用烧熏就可以散发出香气的香品，特别是对于女性来说，香味可是非常吸引人，见图15-4。精美的香牌图案，不仅造型美观，而且有吉祥的寓意，比如日进斗金、招财进宝、五谷丰登、弥勒佛、鸳鸯、如意、吉祥、福字……

5. 线香

线香是指用不同的配方制成的，粗细、长短有一定规制的直线状香品，见图15-5。是北方多用的香品形式之一，适用于多种用香场合。古代用手搓或"鲫嘴制香"，现在多用专用机械制造。

图15-4　香牌

图15-5　线香

（二）按使用方法分类

1. 焚热类

焚热类合香又分为明火焚热和通熏焚热。大家很熟悉的线香就是明火焚热的品类，通熏焚热类香品是通过加热让香气散发出来进行熏香、闻香的体验。另外一个比较重要的焚热方式就是空熏。空熏是古代的说法，准备一炉香灰，在香灰中间弄一个洞，把烧到白炽状态的炭埋下去。然后把香灰盖回去，然后在上面放一片银叶。银叶材质有很多，有可能是银或者其他金属，使用较多的品类是云母。在银叶上面，再放上要熏的香材，隔着火借助炭的热力把香气逼出来，然后去闻它的香味。香丸一般也是通过空熏的方式，把它的香气逼出来。空熏的方式与直接明火焚烧相比可不受烟气的影响，能够比较纯粹地去闻到香品的香气。

2. 佩戴类

香珠、香牌可作为饰品戴在衣服上或者手腕脖颈处，香气自然挥发，是现代人比较喜欢熏香的便捷方式。

3. 丹药类

我国古代丹药类香料是非常重要的，古人认为把一些比较特别的香料或者矿物混合在一起，烧成丸药之类的东西吃掉，就可以"修行成仙"，所以丹药也是一种香品的类目。如魏晋时期，当时的大家氏族比较多，名士们经常聚在一起，后来他们就创制出一种叫"五石散"的东西，五种有香味的矿物，其实这就是我们说的混合香粉。古人认为通过吃这种东西，整个身体会散发出一种独特的香气，是一种风度的体现。而且这五种矿物混一起，吃起来会产生幻觉，就达到一种精神药物的效果。然而，长期或过量服用五石散会对身体造成严重的危害，包括燥热、皮肤敏感、精神亢奋甚至癫狂等不良反应。

（三）按社会功用分类

按照社会功用主要可分为宗教祭祀用香、医学养生用香和文人焚香。但几个分类之间其实也没有清晰的界限，经常会互相交叠。

（1）宗教祭祀用香　寺庙香火之类的都是宗教祭祀用香，这些香相对比较粗糙，相较而言，欣赏价值较低。祭祀用香的习惯在我国的原始社会已经开始有了，当时有一些部落会焚烧一些香品、香材。古人认为通过上升的烟进贡给神明，他们认为神明会因此而感到愉悦，然后去保佑他们。

（2）医学养生用香　合香一般都具有医学养生作用，现在市面上很多安神、润肺、滋补、助眠等作用的香品深受大家喜爱。

（3）文人焚香　一炉香袅袅青烟，氛围就出来了。以前的文人喜欢用香来表达自己对名利的淡泊，通过观烟、赏香表现自己的风雅、淡泊名利。除此以外，香材单独闻的时候比较张扬，但做成合香以后，它们之间通过"君臣佐使"的方式，互通有无，药性和香气达到一种比较平衡的状态，所以整个香气会变得汇融内敛，这种内敛的态度很符合中国文人追求中庸的态度，表示自己对生活的一种看法和追求。

单元二　合香中常用的香料

合香中比较有代表性的几种香料有以下几种。

一、植物类

1.按来源分

（1）木类　沉香、檀香木、天木、柏木、杉木、降真、松木等。

特点：香气稳定持久，余味悠长。

（2）树脂类　安息香、苏合香、乳香（古称熏陆香）、松脂、白胶香（枫香脂）等。

特点：留香持久，有树脂味，给人温暖的感觉，有糅合各种香味的作用。

（3）花类　玫瑰花、茉莉花、薰衣草、鸢尾、栀子花、梅花、桂花、夜来香、玉兰花、百合花等。

特点：一般给人甜美温馨的感觉，各种香味差别较大。

2.按味道分

（1）辛香类　丁香、茴香、肉蔻、白蔻、高良姜、三奈、肉桂、荜拨等。

特点：这些香料几乎都可为烹饪所用，有辛辣热烈之感，有行气、开胃的功效，但多用均能耗气。

（2）清香类　迷迭香、松叶、柏叶、柠檬香草、柠檬、佛手柑、柑橘、薄荷等。

特点：给人清爽愉快之感。

（3）龙脑　虽为树木的分泌物，但与其他很多树脂不同，它的香气分子挥发很快，气味浓而刺激，故单独列出，类似的有樟脑、薄荷脑等。

二、动物类

龙涎香、麝香、合香用的有甲香（蝾螺科动物蝾螺或其近缘动物的掩厣盖或壳盖）、穿山甲的鳞片（藏香用）、南格（一种贝壳，藏香用，气味酸），香水中用的有麝猫香、海狸香。

特点：气味一般较浓烈且持久，使人产生温暖或动情的感觉，热性较重。甲香和龙涎香一样在合香中也有聚香（烟）的效果，《证内本草》云："（甲香）稀用，但合香家所须。用时先以酒煮去腥及涩，云可聚香，使不散也。"《本草衍义》："甲香，善能管香烟，与沉、檀、龙、麝用之甚佳。”

木类、树脂类、动物类香型的香气分子都属不大活跃的类型。在香水中，常用于定香剂，多在尾调中出现，能使香味保持长久；在合香中，也稳定圆融香味，确定香味基调的作用，并且这些类型的香味的传播距离是最远的。合香的功用范围远超过香水，故这些香料在合香中的作用与组方、原则尚不止于此。

花类、辛香类香型的香气分子一般有活跃和中等活跃两种。常在香水的前调和中调中出现，能显示出香氛的特色，是一款香水的精华所在。在合香中它们能表现出香味的层次感，引人入胜，香味的传播距离中等，留香时间中等。

清香类、龙脑香型的香气分子属于活跃类型，在香水和合香中给人第一印象的气味，一般出现在香水的前调中，在合香中多起到清爽提神、通气窍、安神等作用，香气传播的距离比较近，挥发快。

三、中药材类

包括木香、藿香、菖蒲、艾叶、白芷、甘松、苍穹、川芎、辛夷、苍术等。

特点：这一类不应该算作一类，它们的气味各异，大多不是传统花果的香味，功能差别也很大，但它们中很多都是中国传统合香中所特有的，深具中医和道家的特色，功用性较强，故归为一类。

明人董若雨（1620—1686年）在《非烟香记》中赞美他喜爱的香为"易香"，即如同易经的卦象一样变化无穷："以一香变千万香，以千万香摄一香。如卦爻可变而为六十四卦三百八十四爻，此天下之至变，易也。"

事实上，仅一种天然香料中往往就含有上千种的成分，然而目前设备能识别的只有上百种，而人们已知命名的只有几十种而已。天然的香品几乎完全采用原生态的香料，或只经过物理加工制作，其原材料药性被更大限度地保留下来。合香组方不仅要考虑气味的美妙与否，其对人体身心的调节作用也是重要的考虑因素。

单元三　养生用香十法

古人在几千年的用香历史中总结出了许多用香的方法，比如内服、佩戴、涂敷、熏烧、熏蒸、泡浴等多种用法，绝大部分仍为今人所用。"阴阳平衡"香药养生法回归"调节阴阳平衡"的原点，融合传统香药养生方法和现代科技，提出更加适宜现代人的养生方法，以满足人们各种不同的生活场景和状态的需要，让养生变得简便易行、无处不在。

一、焚香法

古人焚香是指焚烧香丸、香球、香饼或香粉等合香，现在也指焚烧线香、盘香、塔香等形式的香品，是最为常见的用香方式。焚香法通过焚烧让香气散发，调理气机，去浊存清，扶阳祛邪，外固内调，达到养生的效果。常用于居家和办公等固定场所。

二、熏香法

熏香法通常指隔火熏香或精油熏香，通过熏香疗法安抚人的神经，使紧张的情绪得以舒缓，达到怡神悦心、养生祛病的功效。适用于家居、办公、车载等场所的电子熏香器更加方便，使用古法制成的香丸或精油熏香，可满足消费者的不同养生环境需求。

三、佩香法

佩香法古称佩容臭、佩帏法，是指佩戴用香药制成的香块、香囊、香包等，香气散发，通过皮肤和口鼻吸收，具有解毒祛邪、驱除秽浊、香身爽神、提高人体免疫力的养生作用。

四、香灸法

香灸是灸疗的一种，是古老艾灸法的延伸，属温灸范畴，把用香药制成的条或柱用火点燃，在经络上进行治疗。具有温中散寒、行气活血、培补元阳、健脾祛湿、活血散瘀等功效。香灸法需要经过专业的培训，掌握人体经络知识和施灸手法方可使用。

五、浴香法

浴香法古称澡豆法，又称香浴法。选用各种不同的香药和合配伍，通过熬煮香汤来沐浴、沐足，通过热力和药性的双向调节作用，肌肤腠理疏通，气血流畅，促进香药的吸收，具有通经活络、散寒化湿、祛风解毒、洁身香体、润肤爽神、调节情绪等作用。广泛适用于居家生活。

六、涂香法

涂香法是中国传统美容法，已有几千年历史。在《大唐西域记》中就有记载"身涂诸香，所谓旃檀、郁金也。"采用各种香药与各种功能的香药配伍，再加入辅料调成香粉、香膏等，用以涂抹身体。通过涂抹香药，有洁身美容、增益精气、心神愉悦、耳目精明、令人强壮等功效。适用于居家、美容院等场所。

七、服香法

服香法即内服或食用香药制成的食品，服用按照配伍方法配制的香药或加入香药制成的香食，具有对症治疗、保健养生等功效。需注意的是，内服香药需经专业人员对症施治，非专业人员不可随意服用。常见的香药食品如香糕、香酒、香茶等。

八、枕香法

枕香法又称香枕法、药枕法。这类方法是根据不同病情或个人爱好，根据各种不同香药与其他中药的配伍通过加工，放在枕头中，供睡眠之用。达到预防和治疗疾病的作用，而且有清心除烦、醒脑明目、安神益智、祛病延年等功效。适用于居家生活。

九、蒸香法

蒸香法也称蒸汽熏香法。明代董若雨的《非烟香法》就是专门讲蒸香的香学专著，他在书中详细记载了蒸香的方法，"焚香不蒸香，俗太燥，不可不革。蒸香之鬲，高一寸二分，六分其鬲之高。以其一为之足，倍其足之高以为耳，三足双耳，银薄如纸。使鬲坐烈火，滴水平盈，其声如洪波急涛，或如笙簧。以香屑投之，气游清冷，氤氲太元，沉默简远，历落自然，藏神纳用，消煤灭烟，故名其香曰非烟之香，其鼎曰非烟之鼎，然所以遣恒香也。若遇奇香异等，必有蒸香之格。格以铜丝交错为窗爻状，裁足幂鬲，水泛鬲中引气转静。若香材旷绝上上，又撤格而用箪蒸香，箪式密织铜丝如箪，方二寸许，约束热性，汤不沸扬，香尤杳幂清澈耳。"

结合现代科技开发出了香药熏蒸机，让蒸香法更加简便易行。蒸香法使用严格按照配伍原则配制的香药药包，利用熏蒸机将香药香汤加热为香药蒸汽，通过热力打开皮肤的毫毛孔窍，疏通腠理，香药药力通过皮肤吸收、渗透，进入人体，达到疏通经络、调和气血、活血化瘀、祛风散寒、排出毒素的养生功效。适用于居家、美容院等场所。

十、香禅法

禅就是自然而然，禅与大自然同在。从更广泛的意义上说，禅就是生活，就是践行自我，生活中处处皆禅。

香禅法是佛家养生的重要方法，在佛家养生中强调"晨起未更衣，静坐一支香"，可以看出香在其中的重要性。香是禅修的重要介质，为禅修营造一个宁静、自然、正向的氛围，禅修时香药的纯阳之气可诱发丹田气机，引发先天之气以实现自我疗愈。禅修中以香为引导，培养人体的正能量，提升精神境界，让身、心、灵安详、静谧，回归自然平衡的健康状态。适用于居家、办公、会所等场所。

单元四　打香篆的方法

篆香，也称"香篆""印香""拓香"，是一种直接点燃熏香的过程，现代打香篆是体会打篆过程中养心、静气、减压、祛躁、悦目。现代打篆的模型越来越多样，材质不同的炉具，配以不同形式的"香印"，使得在打篆过程中也能体会到不同的乐趣，打香篆的简装工具见图15-6。

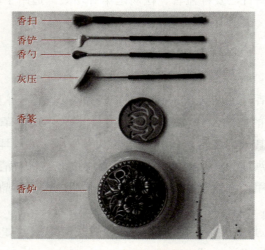

香扫
香铲
香勺
灰压

香篆

香炉

图15-6　打香篆的简装工具

【学习目标】

❖ **知识目标**

了解和学习香篆制作的基本知识和技能。

❖ **能力目标**

培养创造力和想象力。

❖ **素质目标**

促进团队合作和沟通能力。

【实践意义】

1. 学习掌握中国传统技艺，传承非遗智慧。
2. 感受传统文化的魅力，享受独特的艺术美感。
3. 增强民族认同感和民族自豪感。

【准备工作】

1. 香篆制作材料　香材、香炉、炉座、香盒、香匙、香印、香灰、灰押等。
2. 了解关于香篆制作的相关书籍或资料。

【实践过程】

1. 香材的准备

篆香是一种古老的香料，选择合适的香材是打好篆香的基础。常见的篆香香材有沉香、檀香、降真香等，应根据个人喜好和需求进行选择。在选择香材时，应注意以下几点：

（1）香材的品质　选择高品质的香材，能够保证篆香的品质和效果。

（2）香材的适用性　应根据季节、气候和需求选择适合的香材，以达到最佳的香气效果和身心体验。

（3）香材的处理　在制作篆香之前，需要对香材进行处理，如切片、研磨等，以便更好地与其他材料混合。

2. 香印的选择

香印是用来制作篆香的工具，通常由铜、银、玉等材质制成。在设计和选择香印时，需要考虑以下几点：

（1）香印的形状　根据个人喜好和需求，选择不同形状的香印，如圆形、方形、动物形等。

（2）香印的文字　香印上可以刻有不同的文字，如"福""寿""喜"等，应根据自己的需求和心愿选择合适的文字（图15-7）。

图15-7　香印（篆模）

3. 打香篆的步骤

（1）铺香灰　用香押压灰（图15-8），顺时针慢慢压紧实、压平，铺香灰最关键就是"压"，如图15-9所示，压香灰需要平整，但不可以压得太实。

图15-8　铺香灰

图15-9　压香灰

（2）打篆　将香篆模轻轻放在压好的香灰上（图15-10），用香勺将香粉填充在磨具中，用香铲轻轻地把香粉均匀填平（图15-11）。

图15-10　放篆模

图15-11　填香粉

（3）起模　如图15-12所示，用香铲的手柄轻轻敲打香篆的边缘，轻轻垂直向上提起模具，尽量不要抖动，否则会将打好的香粉碰散。

（4）整理、燃篆　将多余的香灰轻轻扫入香铲中。

（5）燃香　用线香去点香篆，这样比较不容易破坏图案。待点燃后就可以安安静静地品香了（图15-13）。

图15-12　起模

图15-13　点香篆

在燃香时，应注意以下几点：

（1）火候的掌握　应掌握火候的大小和温度，避免过度燃烧或未完全燃烧导致烟气过大或香味不足。

（2）时间的控制　应根据篆香的尺寸和数量合理控制燃香的时间，避免过长或过短导致浪费和不适。

（3）安全措施　应采取必要的安全措施，如使用燃具、注意通风等，避免发生火灾或空气污染等问题。

4. 香气调节

在燃香过程中（图15-14），可以根据自己的需求和喜好对香篆的香气进行调节。

图15-14　香篆燃香

在调节时，应注意以下几点：

（1）香气浓淡的调整　可以根据自己的喜好对香气进行浓淡调节，如增加或减少燃香的量和时间。

（2）香气种类的搭配　可以尝试将不同种类的香气进行搭配，以达到更好的效果和体验。

 【拓展阅读】

雅室香氲引幽步——古人眼中的香

古人焚香的鼎盛时期是宋代，宋人焚香，一般是在香炉里熏烤小香饼、香丸或香粉，使之循序燃尽。宋代的焚香文化从皇室贵族、文人士大夫阶层扩散至民间，几乎各行各业的人都喜欢用香。读书人聚集时，品香抚琴，吟诗作画，普通老百姓也有人焚香熏衣待客，可谓"巷陌皆香"。北宋张择端的《清明上河图》上绘有一家"刘家上色沉檀拣香铺"，这间铺子不仅售卖沉香、檀香、乳香等上等香料，还有调理被酒所伤肠胃的香丸等。

宋代的街市不仅有香铺，酒楼里还有向客人供香的香婆，就连路边也有加入香料制成的食品，比如香药木瓜、香药脆梅、香糖果子等。宋人逢年过节还会选购香草和香药食品，比如端午节最受欢迎的物品是葵花、蒲叶、艾条、桃枝等。

当时焚香所用的香料一般是从动物或植物中提取，不同类型的香料在不同场合焚熏，较常见的品类有檀香、苏合香、沉香、麝香、丁香、龙涎香等。焚香所用器具的种类也很丰富，大体可以分为有盖封闭式和无盖敞开式两类，一般封闭式的炉称"熏炉"，敞开式的炉称"香炉"，大多为瓷器，也有金属器。

值得一提的是，古人焚香丸、香饼等，需借助炭火之力，并非直接燃烧，焚香时不断往炉内添加香料，以保证香气持久。一款好香料的标准是无烟而香味悠长。

宋代黄庭坚曾总结出香之十德："感格鬼神、清净心身、能除污秽、能觉睡眠、静中成友、尘里偷闲、多而不厌、寡而为足、久藏不朽、常用无障。"可见，古人对焚香的功能了然于心。除此之外，焚香还有计时的作用，在阅读、抚琴、赏花时焚一炷香，每次焚尽的用时大抵一致。"一炷香"的时间概念起源于僧人打坐，古时候香的规格都差不多，燃尽一炷香的时间大约是半个时辰，也就是现在的一个小时。

宋人极力将香事诗意化，焚香是他们雅致生活的一部分。大文豪苏轼曾终日与香为伴，"焚香引幽步"。晚年他生活在海南，接触香的机会更多了。在写给弟弟苏辙的《沉香山子赋》中，他称赞海南沉香"既金坚而玉润，亦鹤骨以龙筋。惟膏液之内足，故把握而兼斤"。寥寥数语，把"海沉"的特征写得形神毕现。古代的风雅之人常在自己的书斋或庭院中，备好香炉和香，用矮几或香案置炉，然后焚香沏茶。香气悠然里，人们或抱膝观书，或对坐清谈。

 【思考总结】

1. 点一支沉香，静心阅读一篇美文，体会燃香的乐趣。
2. 动手打一炉香篆，体验基本操作步骤。

扫一扫

本模块数字资源

模块十六
中秋月饼的制作

团聚最喜悦，团圆最幸福，团结最有力。中华民族历来重视家庭，家和万事兴。国家富强，民族复兴，最终要体现在千千万万个家庭都幸福美满上，体现在亿万人民生活不断改善上。

——习近平

 【人物导入】

京式月饼手工制作技艺非物质文化遗产传承人——邢景翠

中秋时令，一款走进家家户户的京式月饼，邢景翠用心做了36年。作为北京稻香村京式月饼手工制作技艺非物质文化遗产传承人，她凭手、凭眼、凭心练就了"一秤准"的特技，敬畏、守护、挖掘、创造蕴藏在民间的北京食文化，让传承千年的京式月饼在质朴的味觉记忆中更有现代"京味儿"。

中华饮食文化的变迁、融合几乎是与历史的演化、发展同步。南来北往的古都北京历经朝代更迭，衍生出独特的地域民俗和美食特色。京式月饼就是北京食文化历史传承的精华，也是北方月饼类食品地域文化的代表之一。邢景翠是土生土长的北京人，打小就在老北京浓厚的中秋文化中长大，每到中秋节，摆兔爷、挂宫灯，尤其是大人用油纸包回来的一小匣五仁馅的自来红月饼，隔着薄纸渗出点点油渍，那是节日生活里最有"味道"的消遣，和印刻在记忆中的文化意象。

1983年，高中毕业的邢景翠进入北京稻香村的生产车间工作，成为北京稻香村复业以来的第一批员工。那时还没有现代化加工设备，她一手挥动擀棍、一手拿着底下带有印花的铁圈模子，从老师傅那里承袭了自来红、自来白、提浆宫饼、翻毛月饼等京式月饼的手工制作技艺。邢景翠当时所在的京式月饼手工班组，由老师傅亲自带徒，从和面、打馅、包球、盖戳等最基础工序学起，手把手教学，"师傅做我们看，我们做师傅看，哪有不对的地方随时上来纠正和指导。"没有范本，更没有影像资料可以借鉴，邢景翠说，传统手艺遵循的仍是口传身授、心领神会的方法，以实现手法的统一，让老手艺不至于走样。

京式月饼的制作，和面绝对是"特种工"。学徒初期，邢景翠觉得师傅教的手法一看就懂，但是真正上手拿捏一个面团，尤其是掌握酥皮月饼面点工艺着实费了番功夫。

"酥皮月饼要先和面皮，将面粉、猪油、水、糖等配比后和成面团，这种面团延展性好又柔软，然后再用面粉和猪油制作酥皮的酥。"邢景翠说，月饼口感多半来源于"人"对"食料"的细微掌控：比如猪油的熔点要低于身体的温度，如果面皮在手掌转捏的时间长了，猪油会化掉，面发硬，直接影响月饼的内在层次；面团大小也需要反复掂量，必须符合标准化的重量，在没有精准电子秤的老岁月里，眼睛就是便捷的测量工具，许多老师傅拿起面团"一秤准"，就连面团含水量也可以说得清清楚楚。

"和面主要靠的是经验和手感，至少要学个一年才能出徒。"邢景翠敬佩于老师傅对手上功夫不差分毫的追求，同时也在学艺的过程中慢慢理解了老字号对品牌的坚持坚守。

京式月饼一般是"馅多皮少"。传统的八珍馅需12种配料，看似简单的椰蓉馅也需12种配料，招牌五仁月饼"皮三馅七"，馅料足足有24种配料。

直到如今，京式月饼一直坚持人工拌馅。自来红、自来白这两款京式月饼更是如此，为了避免机器操作破坏食材的颗粒感，许多步骤都是"非手工"不可。传统的制作工艺对食材的选择也十分考究，核桃仁要选山西汾阳、孝义的；杏仁，只选河北承德的；青红丝优选桂林用橘皮制作的，这样的青红丝皮质细腻、光亮，色泽鲜艳。

1999年，邢景翠获北京稻香村京式月饼传承人称号后，便开始倡导组建传承人梯队，将老手艺传承下去。"老手艺的传承靠的不是一朝一夕，靠的是每一天对每一道工序都用心。"邢景翠用自己的坚守埋下了传承的种子。"传承必须有创新，传承的工艺不变，动力就不变。"

单元一　月饼的文化习俗

一、月饼的起源

月饼，又称月团、丰收饼、团圆饼等，是中国的汉族传统美食之一。祭月在中国是一种十分古老的习俗，月饼是古代中秋拜祭月神的供品，也是中秋节的时节食品。在古时候每逢中秋夜都要举行祭月活动。设大香案，摆上月饼、水果等祭品。在月下，将月亮神像放在月亮的那个方向，红烛高燃，全家人依次拜祭月亮，然后由当家主妇切开团圆月饼。月饼作为拜祭月神的供品，其由来历史悠久。"月饼"一词，在现存文献中，最早收录于南宋吴自牧的《梦粱录》中。那时月饼仅是一种点心食品。到后来人们逐渐把赏月与月饼结合在一起，寓意家人团圆，寄托思念。

月饼，在我国有着悠久的历史。月饼一开始并不叫月饼，形状口味也跟现在不一样，普遍认为，月饼发源于殷周时期，流行于唐朝，定名于宋朝。说到中秋，必须提到大名鼎鼎的闻太师——闻仲，商朝太师。江、浙一带有种纪念太师闻仲的"太师饼"，边薄心厚，可谓月饼的鼻祖。汉代张骞出使西域后，引进芝麻，便出现了以芝麻胡桃仁为馅的圆形饼，名曰"胡饼"。到了唐朝，有了一段"胡饼"变"月饼"的传闻。传说唐玄宗和杨贵妃一起赏月，唐玄宗嫌弃"胡饼"不好听，杨贵妃望着月亮，当场脱口而出"月饼"，难听的"胡饼"一下子就进阶为"月饼"。北宋时，月饼因在宫廷内流行仍被称为"宫饼"，后流传到民间，称"小饼"或"月团"。苏东坡有诗云："小饼如嚼月，中有酥与饴。"中秋节以爬山登楼先睹明月为快，然后举行拜月仪式，供品有圆饼。《燕京岁时记·月饼》云："至供月饼，到处皆有，大者尺余，上绘月宫蟾蜍之形，有祭毕而食者，有留至除夕而食者。"或许这是月饼这个名称的来源以及月饼做法的根据。明代起有大量关于月饼的记载，这时的月饼已是圆形，而且只在中秋节吃，是明代起民间盛行的中秋节祭月时的主要供品。《帝京景物略》曰："八月十五祭月，其祭果饼必圆。""家设月光位于月所出方，向月而拜，焚月光纸，撤所供，散之家人必遍。月饼月果，戚属馈相报，饼有径二尺者。"可见，月饼在明代已经成为中秋约定俗成的中秋节标志食品。到了清朝，月饼的制作工艺有了较大提高，部分地区的月饼开始使用分层起酥的工艺。清代大才子袁枚在《随园食单》记载道："酥皮月饼，以松仁、核桃仁、瓜子仁和冰糖、猪油作馅，食之不觉甜而香松柔腻，迥异寻常。"这便是现在的五仁月饼。

二、中秋吃月饼的习俗

相传我国古代，帝王就有春天祭日、秋天祭月的礼制。在民间，每逢八月中秋，也有左右拜月或祭月的风俗。"八月十五月儿圆，中秋月饼香又甜"，这句名谚道出中秋之夜城乡人民吃月饼的习俗。月饼最初是用来祭奉月神的祭品，后来人们逐渐把中秋赏月与品尝月饼，作为家人团圆的象征，慢慢月饼也就成了节日的礼品。明代的《西湖游览志会》才有记载："八月十五日谓之中秋，民间以月饼相赠，取团圆之义"。到了清代，关于月饼的记载就多起来了，而且制作越来越精细。

月饼发展到今日，品种更加繁多，风味因地各异。其中京式、苏式、广式、潮式等月饼广为我国南北各地的人们所喜食。月饼象征着团圆，是中秋佳节必食之品。每逢中秋圆月升起时，人们早早便在庭院、楼台，或屋前的禾坪对着月亮升起的地方，摆出月饼、花生、柚子等果品，准备"敬月光"活动。拜过月后，一家大小在外面赏月、吃东西。赏月是大人们的事，小孩子一般不会端端正正地坐在那里赏月，而是在皎洁的月色下追逐嬉戏，此时是他们的天堂。而吃东西则是有些讲究的。家长往往先让大家吃这些祭祀过月神的祭品。在华夏祭祀文化中，有这样的传统，就是在神主享用后，祭者常常会把祭品分吃掉，这样整个祭祀礼仪结束。我们分吃过程，一方面接受了月神的赐福，一方面履行了传统的祭祀文化。

三、月饼的种类

月饼的品种异彩纷呈，按传统意义分类，月饼可分两大类：传统月饼和非传统月饼。

传统月饼就是我国本土传统意义上的月饼，按产地、销量和特色来分主要有五大派别：京式月饼、晋式月饼、苏式月饼、广式月饼、潮式月饼。

京式月饼（图16-1）是北方月饼的代表，花样众多。起源于京津及周边地区，在北方有一定市场，其主要特点是甜度及皮馅适中，重用麻油，口味清甜，口感脆松。京式月饼外形精美，皮薄酥软，层次分明，风味诱人。

晋式月饼（图16-2）起源于山西。山西是中国比较早制作月饼的地区之一。晋式月饼是以面为馅的特殊工艺，口味醇厚，酥绵爽口，口感松酥，甜香，醇和。

图16-1 京式月饼

图16-2 晋式月饼

苏式月饼（图16-3）是中国的传统食品，更是江南地区人们最喜爱的一种食品。苏州是苏式月饼的发源地，苏式月饼这名字就传下来了。皮层酥松，色泽美观，馅料肥而不腻，口感松酥，是苏式月饼的精华。苏式月饼的花色品种分甜、咸或烤、烙两类，甜咸适口。

广式月饼主要流行于中国的南方地区，特别是广东、广西、江西等地，广式月饼之所以闻名，最基本的还在于它的选料和制作技艺无比精巧，其特点是皮薄松软、油光闪闪、色泽金黄、造型美观、图案精致、花纹清晰、不易破碎和携带方便。

图16-3 苏式月饼

潮式月饼是以糖冬瓜为馅，食之松脆滋润，属酥皮类饼食，主要有绿豆沙月饼、乌豆沙月饼等。潮式月饼身较扁，饼皮洁白，以酥糖为馅，入口香酥。

用猪油做月饼是传统潮式月饼的主角，其中最为传统的潮式月饼主要有两种：一种拌猪油，称作"劳饼"；一种拌花生油，称作"清油饼"。

就口味而言，有甜味、咸味、咸甜味、麻辣味；从馅心讲，有桂花、梅干、五仁、豆沙、玫瑰、莲蓉、冰糖、白果、肉松、黑芝麻、火腿、蛋黄等；按饼皮分，则有浆皮、混糖皮、酥皮、奶油皮等；从造型上又有光面与花边之分。

相对于传统月饼，非传统月饼的油脂及糖分较低，注重月饼食材的营养及月饼制作工艺的创新。非传统月饼的出现，颠覆了人们对于月饼的看法。非传统月饼在外形上热衷新意，追求新颖独特，同时在口感上不断创新，相对于传统月饼一成不变的味道，非传统月饼在口感上更加香醇，也更美味，同时也更符合现代人对美食与时俱进的追求。吃腻了传统口味的月饼，当代人特别是年轻群体对非传统月饼的口感、工艺等给予了极高的评价。

法式月饼（图16-4）是把中国传统节日的精神内涵与法国糕点的制作工艺完美融合，制作而成的中秋节饼礼。中国和法国以各自的美食文化闻名于世，中式的时令美食和法式西点的制作工艺，不仅是单纯的食材与口感的融合，更是中式理性人文和法式感性浪漫的融合。

法式月饼有乳酪、巧克力榛子、草莓、蓝莓、蔓越莓、樱桃等多种口味，口感香醇美味、松软细腻，味道与小蛋糕等法式西点类似。

冰皮月饼（图16-5）的特点是饼皮无须烤，冷冻后进食。以透明的乳白色表皮为主，也有紫、绿、红、黄等颜色。口味各不相同，外表十分谐美趣致。

图16-4　法式月饼

图16-5　冰皮月饼

冰淇淋月饼（图16-6）完全由冰淇淋做成，只是用的月饼的模子，八月十五，已是中秋但炎热未完全去除，美味加清凉，也是很多消费者热衷的选择。

果蔬月饼（图16-7）的馅料主要是果蔬，馅心滑软，风味各异，馅料有哈密瓜、凤梨、荔枝、草莓、冬瓜、芋头、乌梅、橙等，又配以果汁或果酱，因此更具清新爽甜的风味。

图16-6　冰淇淋月饼

图16-7　果蔬月饼

海味月饼（图16-8）是比较名贵的月饼，有鲍鱼、鱼翅、紫菜、瑶柱等，口味微带咸鲜，以甘香著称。

图16-8　海味月饼

除了这些月饼之外，还有纳凉月饼，是最新的创意，把百合、绿豆、茶水糅进月饼馅精制而成，有清润、美颜之功效。椰奶月饼则以鲜榨椰汁、淡奶及瓜果制成馅料，含糖量、含油量都较低，口感清甜，椰味浓郁，入口齿颊留香，有清润、健胃、美颜功能。茶叶月饼，又称新茶道月饼，以新绿茶为主馅料，口感清淡微香。有一种茶蓉月饼是以乌龙茶汁拌和莲蓉，这些都是大家喜欢的月饼样式。

单元二　特色月饼

一、京式月饼

京式月饼主要产品有北京稻香村的自来红月饼、自来白月饼，还有五仁月饼等。

京式月饼具体可分为：

（1）白月饼　指以小麦粉、绵白糖、猪油或食用植物油等制皮，冰糖、桃仁、瓜仁、桂花、青梅或山楂糕、青红丝等制馅，经包馅、成形、打戳、焙烤等工艺制成的皮松酥，馅绵软的月饼。

（2）红月饼　指以精制小麦粉、食用植物油、绵白糖、饴糖、小苏打等制皮，熟小麦粉、麻油、瓜仁、桃仁、冰糖、桂花、青红丝等制馅，经包馅、成形、打戳、焙烤等工艺制成的皮松酥，馅绵软的月饼。

（3）提浆月饼　提浆月饼的皮面是冷却后的清糖浆调制面团制成的浆皮。以小麦粉、食用植物油、小苏打、糖浆制皮，经包馅、磕模、成形、焙烤等工艺制成的饼面图案美观，口感艮酥不硬，香味浓郁的月饼。所谓提浆，是因为过去在熬制饼皮糖浆时，需用蛋白液提取糖浆中的杂质，提浆月饼由此得名。

（4）酥皮月饼类　又称翻毛月饼，指以精制小麦粉、食用植物油等制成松酥绵软的酥皮，经包馅、成形、打戳、焙烤等工艺制成的皮层次分明，松酥，馅利口不粘的月饼。

二、苏式月饼

苏式月饼是我国的传统食品，更受到江南地区人民的喜爱。苏州是苏式月饼的发源之地，苏式月饼这名字就传下来了。经百年积淀形成了苏州稻香村、叶受和等知名品牌。

历经两个多世纪，苏式月饼这项技艺才开始真正被收集、整理、改良、创新、传播。在稻香村和其他老字号的共同努力下，得到了全面发展。苏式月饼制作技艺被列入"中国非物质文化遗产保护名录"。目前苏式月饼制作区域为江浙沪三地，传统的正宗技艺保留在苏州稻香村。此项技艺基本内容包括：选料、初加工、擦馅、制皮、制酥、包酥、包馅、成形、盖章、烘烤、包装等过程。制作过程中没有任何模具，使用器具也比较简单，有刮刀、油光纸、烤盘、木炭基杉木盒等。

苏式月饼的花色品种分甜、咸或烤、烙两类。甜月饼的制作工艺以烤为主，咸月饼以烙为主。苏式月饼选用原辅材料讲究，富有地方特色。甜月饼馅料用玫瑰花、桂花、核桃仁、瓜子仁、松子仁、芝麻仁等配制而成，咸月饼馅料主要以火腿、猪腿肉、虾仁、猪油、青葱等配制而成。皮酥以小麦粉、绵白糖、饴糖、油脂调制而成。其中清水玫瑰、精制百果、白麻椒盐、夹沙猪油是苏式月饼中的精品。

三、广式月饼

广式月饼，是广东省汉族特色名点，起源于清光绪十五年（1889年）广州城西的一家糕酥馆，即现在的"莲香楼"。是目前流传最广的一种月饼，以皮薄、馅足、松软、香甜、上档次等特点著称。现广东、香港、江西、浙江、上海、江苏、安徽、湖南、湖北、福建、山东、广西、海南等地都有生产。

广式月饼品种繁多，主要分为莲蓉馅和杂馅两大类。其中，莲蓉馅乃是广州莲香楼所首创。代表种类有莲蓉月饼、五仁月饼、冬蓉月饼、豆沙月饼、水果月饼等。港式月饼是广式月饼的分支流派，诞生了流心奶黄月饼、冰皮月饼等新派广式月饼。广式月饼闻名于世，最主要的还是在于它的选料和制作技艺无比精巧，其特点是皮薄松软、造型美观、图案精致、花纹清晰、不易破碎、包装讲究、携带方便，是人们在中秋月圆之夜不可缺少的佳品。

广式月饼以小麦粉、转化糖浆、植物油、碱水等制成饼皮，经包馅、成形、刷蛋等工艺加工而成的口感酥软的月饼。莲蓉月饼选用当年产的湘莲、白糖和即榨的花生油制作莲蓉。湘莲莲味清香，颗粒饱满且淀粉多，做出来的莲蓉胶性、黏度和透明度自然就强，无论是手感和口感都会比其他莲子做出来的莲蓉要好。白莲蓉的制作过程较为复杂，需经浸泡、铜镬炖煮、木铲搅拌等，才能熬制出色泽金黄、幼滑清香的白色莲蓉。月饼的饼皮多用浆皮，系用面粉和特制的糖浆调和而成，具有良好的韧性和可塑性，可以防止馅料的水分和油脂向外渗透，使月饼不干心、不走油、不走味、贮存时间更长。

五仁月饼的五仁是指橄榄仁、核桃、黑瓜子仁、白芝麻和杏仁，还要加入糖冬瓜和冰肉混合橘饼搓制而成。正宗的五仁月饼散发着果仁和柑橘的清香，入口能感受馅的香软，慢慢嚼起来会发现果仁的丰富口感，加上冰肉散发的甘香，整体口感脆软兼备、香而不油。

陈皮豆沙月饼是江门地区特色，新会陈皮与红豆沙的组合，加上榄仁，还有玫瑰糖的香甜，甜而不腻，还有淡淡的陈皮清香。

在广式月饼中有一款单属于广东台山的味道，那就是台山的冬瓜蓉月饼，又称"冬蓉月饼"。制作的原料必须挑选本地产单个15千克以上的灰皮老冬瓜为最佳。

广式月饼品种繁多，传统广式月饼按其馅心不同可分果仁型、椰蓉型、蓉沙型等，20世纪90年代后又开发了水果型、果酱型等。广式月饼配料讲究，皮薄馅多，美味可口，花色繁多，不易破碎，便于携带，也易于保藏，因此在国内和国际的食品市场上深受欢迎。它的品名，一般是以饼馅的主要成分而定，如五仁、金腿、莲蓉、豆沙、豆蓉、枣泥、椰蓉、冬蓉等。广式月饼的分支流派——主打轻糖主义的港式月饼在近年来就更受消费者青睐。其实早在20世纪50年代，香港就已经有奶黄月饼了。直到1986年，香港半岛在传统蛋黄莲蓉月饼的基础上开创新风，烘焙师傅们从西点中找灵感，用牛油、面粉、奶油、砂糖做的牛油酥皮当月饼皮，包上奶黄成了首创的"迷你奶黄月饼"。再到2014年，香港美心首度推出"流心奶黄月饼"。除此以外，更有像芝士流心、抹茶流心、咖啡流心、巧克力流心等多种口味的流心月饼衍生。奶黄月饼、流心奶黄月饼、黑松露流心奶黄月饼等是结合了现代与传统的新派广式月饼。

广式月饼的饼皮制作较为特殊，需要用到大量的转化糖浆来赋予饼皮的松软，因此饼皮中糖的含量十分可观。但广式月饼的皮一般都比较薄，所以重点是馅料。莲蓉馅的莲蓉部分用的是莲子和油炒制而成。莲子肉味甘、涩，性平。归脾、肾、心经。具有益肾固精、补脾止泻、养心安神的功能。蛋黄的营养自是不用多说，蛋白质、维生素和矿物质含量都比较高，但同时，其中的脂类物质含量也较高，因此血脂偏高的人，少吃为佳。

四、潮式月饼

潮式月饼，是广东潮汕地区传统糕类名点，属酥皮类饼食，主要特点是皮酥馅细，油不肥舌，甜不腻口；其按内馅种类可分绿豆、乌豆、水晶、紫芋等种类，内核则包括蛋黄或海鲜等，也可以无内核。

潮式月饼是先将麦芽糖中分次加入温水、玉米油、低粉，搅拌均匀揉合成团，盖上保鲜膜静置30分钟；其间，准备油心和蛋黄，油皮包油心像包包子一样收好口，擀成牛舌状，静置15分钟；然后将饼皮再次擀成牛舌状，卷起，收口朝上，压平，擀薄成圆形，放上馅球，两手配合收口；烤盘淋油，将包好的月饼收口朝下，盖章，每个饼表面再淋上一层玉米油，烤箱160～180℃中层烤15分钟后取出，稍微晾凉，挨个翻面，每个饼用竹签扎孔后再烤10到15分钟即可。

五、月饼在内蒙古的传承与发展

在内蒙古阴山之南、黄河流域、河套地区的人们在中秋佳节偏爱吃誉满长城内外的丰镇月饼。其特点是焦黄松软、香脆可口、绵甜悠长、油而不腻、常吃常新。追根溯源，丰镇月饼的起源地在丰镇市的隆盛庄。丰镇月饼传承着中华文化，源远流长。无可复制的地域，独一无二的味道！爱上内蒙古，爱上内蒙古味道！

1. 丰镇月饼

丰镇月饼（图16-9）是内蒙古自治区乌兰察布市丰镇市的特产。丰镇市出产的月饼色泽鲜润、香酥可口、回味悠长。以其多年铸就的盛名和实打实的"内涵"成为内蒙古中西部地区月饼市场中的"大腕儿"。丰镇月饼选用当地的优质深井矿泉水，无污染的特级小麦粉，纯胡麻油和一级的白糖、冰糖、蜂蜜等原料，现磨现用，不加任何添加剂，采用具有两百多年历史的传统工艺烘焙而成。

丰镇月饼之所以广受青睐，是因为它有着人们早已习惯了的"老味道"——没有华丽的"外衣"，却有着实打实的"内涵"，是名副其实的"平民月饼"。在曾经那个食品匮乏的年代，丰镇月饼富油多糖的口感给了人们极大的满足。但随着人们物质生活的不断丰富，丰镇月饼今天依旧红火的原因除了口感好，可能更在于它使人怀旧。

图16-9　丰镇月饼

2. 内蒙古奶皮子月饼

奶皮子月饼（图16-10）是内蒙古地区独具特色的月饼，做法独特，用料讲究。外皮由黄油、面粉结合做成酥皮，皮薄馅多，馅料是用牛奶加工制成的奶皮子，经过烘烤制作而成。这种月饼奶香浓郁，甜而不腻，很

图16-10　奶皮子月饼

多尝过的人表示像是吃到了大草原的味道。

奶皮子月饼一般是油汪汪的，满满的奶味，简直是奶味重度爱好者的救赎，馅和皮紧紧粘在一起，一口咬下去是很敦实的舒服，非常满足。

蒙古族风味的奶制品月饼，在包装和外表上也是非常精致，饼皮上有漂亮的花边，拿在手里吃，也不会掉渣，非常方便。

单元三　月饼的家庭制作

【学习目标】

❖ 知识目标
1. 了解中秋习俗及月饼的起源。
2. 理解月饼所代表的中国传统文化内涵。
3. 了解各式月饼的特点及制作方法。

❖ 能力目标
1. 能够区分各地的特色月饼。
2. 能够根据制作方法制作简单的手工月饼。

❖ 素质目标
1. 培养劳动意识和创新精神、合作意识和团队精神。
2. 提升对中国特色美食的认知以及丰富的文化内涵。
3. 了解中国传统文化源远流长，增强中华民族文化自信。

【实践意义】

1. 通过手工制作，学习月饼制作工艺、食材的选择和搭配等，体验中秋节的传统文化习俗，感受团圆氛围。
2. 提高动手实践能力，培养了团队合作精神和社会责任感。
3. 在欢乐的氛围中感受劳动的乐趣和收获的喜悦。

一、京式月饼的家庭制作

1. 环境场地
对于月饼生产企业来说，生产环境需要满足月饼类糕点通用技术条件（QS要求标准）；

对于个人制作月饼的客观环境只需要具有烘焙的厨房条件即可。

2. 工具材料

制作月饼的各种模具。

熟面粉40g；元贞糖10g；香油20g；色拉油25g；麦芽糖20g；苏打粉1g；核桃（鲜）30g；冬瓜糖12g；冰糖15g。

3. 实践过程

（1）内馅材料：花生仁、核桃仁、冰糖放在食品袋内用擀面杖弄碎（图16-11）。

（2）将弄碎的内馅和切碎的冬瓜糖放在容器内（图16-12）。

图16-11　京式月饼的家庭制作第一步　　　图16-12　京式月饼的家庭制作第二步

（3）再将炒熟的面粉和香油、色拉油倒入容器内（图16-13）。

（4）用刮刀拌至无干粉状（图16-14）。

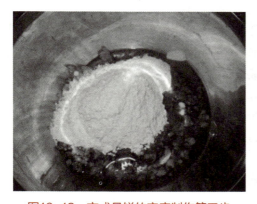

图16-13　京式月饼的家庭制作第三步　　　图16-14　京式月饼的家庭制作第四步

（5）等分成大小均匀的团子，放入冰箱冷藏备用（图16-15）。

（6）将饼皮材料除开水外放在称重后放在容器内，倒入开水，边倒边搅拌（图16-16）。

（7）搅拌成团，用力揉搓15分钟以上，让面团充分光滑起筋，分成大小均等的剂子（图16-17）。

图16-15　京式月饼的
家庭制作第五步

图16-16　京式月饼的
家庭制作第六步

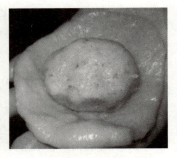
图16-17　京式月饼的
家庭制作第七步

（8）取一个小剂子压扁，擀成薄片状；取一个皮儿，包入内馅，收紧口，收口向下，排在烤盘上（图16-18）。

（9）待所有饼上都盖上红色印子，将烤盘送入烤箱，180℃中层，30分钟（图16-19）。

二、广式月饼的家庭制作

1. 环境场地
同京式月饼家庭制作场地要求。

2. 工具材料
制作月饼的各种模具。

面粉160克，植物油40克，转化糖浆110～120克，碱水1/2小匙（可以用小苏打1/2小匙＋水1小匙代替），盐少许，月饼馅（大月饼需要880克，小月饼需要600克），咸蛋黄（大月饼需要8个，小月饼需要10个），

图16-18　京式月饼的家庭制作第八步

图16-19　京式月饼的家庭制作第九步

酒（米酒或高粱酒都行）2大匙，装饰（蛋黄2个，水或植物油2小匙，搅拌均匀）。

注：以上材料可以做大月饼8个，或者小月饼20个。

3. 实践过程

（1）把油、糖浆、碱水及盐放容器中，微波炉加热几十秒，至糖浆变稀。筛入面粉，用橡皮刀拌匀，做成的月饼皮像耳垂般柔软就可以了。覆盖保鲜膜，室温下放置四小时以上。

（2）咸蛋黄在酒里泡十分钟去腥，然后把蛋黄放烤盘中，不用预热烤箱直接烤，325F（约160℃）烤7分钟。取出待凉。

（3）分割月饼皮。如果做大月饼，把月饼皮分成8份，每份40克；如果做小月饼，每份15克，共20份。

（4）分割月饼馅。如果做大月饼，把月饼馅分成8份，每份110克，分别包好蛋黄搓圆；如果做小月饼，每份30克，共20份，分别包半个蛋黄，搓圆。

（5）包月饼。手掌上放一份月饼皮，两手压平，上面放一份月饼馅。一只手轻推月饼馅，另一只手的手掌轻推月饼皮，使月饼皮慢慢展开，直到把月饼馅全部包住为止。这个技巧可以保证月饼烤好后皮馅不分离。在月饼模型中撒入少许干面粉，摇匀，把多余的面粉倒出。包好的月饼表皮也轻轻地抹一层干面粉，把月饼球放入模型中，轻轻压平，力量要均匀。然后上下左右都敲一下，就可以轻松脱模了。依次做完所有的月饼。

（6）烤箱预热至350F（约180℃）。在月饼表面轻轻喷一层水，放入烤箱最上层烤五分钟。取出刷蛋黄液，同时把烤箱调低至300F（约150℃）。再把月饼放入烤箱烤七分钟，取出再刷一次蛋黄液，再烤五分钟，或到自己喜欢的颜色为止。最后一次进烤箱时，可以只用上火，上色更快。刷蛋可增加饼皮表面光泽。蛋液要稠度适当，能拉开刷子，薄薄地刷上两层，过厚会造成烘烤时着色过深，还会影响花纹的清晰度。

（7）把烤好的月饼取出，放在架子上完全冷却，然后放入密封容器放两至三天，使其回油，即可食用。

（8）成品广式月饼（图16-20）。

图16-20　成品广式月饼

三、潮式月饼家庭式制作

1. 环境场地
同京式月饼家庭制作场地要求。

2. 工具材料
制作月饼的各种模具。

原料：油皮、低筋粉300克、高筋粉200克、细糖90克、纯香猪油150克、蛋黄100克、水240克；油酥：紫兰花低筋粉500克、大8纯香猪油280克。

3. 实践过程
（1）油皮　所有材料混匀，搅拌至面筋扩展，待用。

（2）油酥　将所有材料充分拌透，待用。

（3）用大包酥法将包入油酥的面团擀至均匀厚薄（约3mm），卷起成圆柱形，松弛。

（4）将松弛好的面皮切分，切面朝上擀薄，包入各式馅料成形。

（5）入炉烘烤，出成品潮式月饼（图16-21）。

图16-21　成品潮式月饼

四、丰镇月饼的制作

1. 环境场地
同京式月饼家庭制作场地要求。

2. 工具材料
制作月饼的各种模具。

原材料：小麦面粉 500 克，红糖 150 克，胡麻油 150 克，水 200 克，小苏打 2.5 克。

辅料：胡麻油（刷饼面用）少许。

3. 实践过程
（1）热锅中倒入胡麻油，热至油出香味，表面出气泡，泛起涟漪，微微冒出轻烟，关火，晾至冷却。

（2）另起一锅倒入水和红糖，开火，边煮边搅拌，煮至红糖化开，关火，晾至86℃。

（3）面粉中加入小苏打，混合均匀，倒入晾凉的胡麻油，分次加入红糖水（面粉吸水性不同，酌情增减加入的红糖水量），混合均匀，揉成光滑面团，覆盖保鲜膜，醒40分钟。

（4）醒好的面团均分成4份。

（5）抢圆，按扁，表面均匀撒上熟芝麻，稍加按压，使芝麻固定在饼面上。

（6）把月饼依次放入铺油布的烤盘上，表面刷少许胡麻油，烤箱预热至200℃，中上层，20分钟，出香味后，继续烤10分钟，烘烤到10分钟和20分钟时，饼面再各刷两次胡麻油。

（7）出炉后放置在烤网上晾凉，之后放入密封盆中回油，等待两三天后回油即可食用。

五、奶皮子月饼的制作

1. 环境场地
同京式月饼家庭制作场地要求。

2. 工具材料
制作月饼的各种模具。

月饼馅儿（2次的量）、奶豆腐（或半干奶皮子）550g、黄油320g、糯米粉620g、白糖180g、葡萄干（或蔓越莓干）70g、月饼皮儿、花生油150g、普通面粉480g、蜂蜜100g、碱水30g。

其他辅料：蛋黄1个、水适量。

3. 实践过程
（1）称重各种食材。

（2）奶豆腐选新做的，软乎乎的。

（3）微微解冻（室温10分钟）。

（4）搓成细细的粉（如果要做奶皮子馅儿，即半干奶皮子，需要用刀切碎，越碎越好，如果有捣子，再用捣子按压成黏黏的沫沫）。

（5）微微解冻黄油，放到奶豆腐里。

（6）炒糯米粉，凉2～3分钟就倒入黄油奶豆腐中，搅拌均匀。

（7）反复拌匀，细腻后倒入白糖，混合均匀。

（8）葡萄干洗净晾干，切碎，混入馅儿中搅拌均匀，碱水中加蜂蜜，搅拌均匀。

（9）碱水蜂蜜倒入花生油中，搅拌均匀，倒入面粉，搅拌成絮，团匀。

（10）准备模具，里面刷油；皮子团圆，压成皮；馅料团圆，放入模具中，倒过来压。

（11）烤5分钟拿出来抹蛋液再继续烤，烤箱220℃预热5分钟，上下火220℃烤10分钟，再换成上下火180℃，8～10分钟。

（12）奶皮子月饼成品出烤箱（图16-22）。

图16-22　成品奶皮子月饼

【拓展阅读】

记录着民俗与文化的非遗技艺

——马家"精点心"

中秋月更圆、家国情愈浓；满满的爱国、思乡之情，寄语圆月，祝福祖国和家人：繁荣昌盛，和美团圆。

中秋节是我国的传统佳节，丰富的文化内涵孕育于小小的月饼当中，品味的是美食、体会的是人间烟火。

马家"精点心"制作技艺，是内蒙古自治区第七批非物质文化遗产名录代表性项目扩展项目，这项传承四代人的老手艺，承载着几代呼和浩特人的味蕾记忆。

马家"精点心"：年节的仪式感

"精点心"是受大众喜爱的食品，具有一定的地域特色，因此在呼和浩特糕点铺中颇有名气，很受欢迎。其中由马利传承下来的赛罕马家纯手工"精点心"更是别具一格，有着很深的历史渊源。

马利的太姥爷马世宗，曾跟随宫廷的师傅在天津桂顺斋学做糕点手艺。相传师傅让他和好面后，会一直让他拍打，直到听到清脆的声音才能罢手。马世宗将手艺传给大儿子马树林，在饽饽铺当了一辈子饼师的马树林又将手艺传给女儿马凤霞，马凤霞又传给嫁到呼和浩特市赛罕区的女儿马利。

马利以前是学美术教育的，最早是一名美术老师，后来发现美术跟自己做点心有很多相通之处，就辞职专心做点心。她说："糕点背后的文化内涵特别深，每个朝代都对糕点有讲究。中式点心怎么符合现代人的口味？怎么和二十四节气养生结合起来？古代春天要吃饼，夏天要吃酥，秋天要吃糕，冬天要吃糖。这么一块小点心都能和人的身体结合起来，秋天阳气下降就要吃酥皮点心，热量大一些。八月十五要吃月饼，端午要吃五毒饼，七夕要吃巧果，每个节气都有独特的点心。"

马利是马家"精点心"的第四代传承人。这项老手艺传到她这里已有百年的历史了。如今，马利做的"精点心"总共有百余种，主要有酥皮、油炸、混糖、蛋糕四大类。其中酥皮类的割花系列是马家"精点心"的代表作，酥皮"精点心"制作过程非常严谨，总共分为六大步骤：和面、和酥、破酥、包馅、割花、烘烤。凡是逢年过节、婚丧嫁娶、亲友往来及妇女生育、老人祝寿，都有很多人找上门来请求帮忙制作"精点心"。因此"精点心"具有广泛的群众性和民间传承性。"'精点心'主要以手工成形为主，不仅要好吃还要好看、上场面，我们现在尽量还原历史口味，用最好的油，最好的面，完全无添加的手艺，让中式传统手工糕点散发出历久弥新的'古今味'。我就希望能延续这种美味、技艺和文化，璀璨如新，永久流传。"

承载味蕾记忆

学做中式点心是个慢活儿，光是和面，马利就用了三年时间去学习。如今，马利已经做了25年点心，仍保持着就就业业的初心。多年钻研其中，马利愈发感受到了古法点心与古人的智慧、天地万物的生灵之间的无穷奥义。

看马利做点心，就像一场高超的手工技艺的表演展示。一斤面在面板上打成圆圈，鸡蛋在中间摊开，油和水混合浇在上面，再撒上一把白糖，靠着手工将蛋液、油混在面粉里，搅、抓、揪、搓、揉、摔，一系列动作行云流水，一气呵成，面团在她手里很快就变得乖巧，配合做成各种造型，散发着面粉和糖油的独特香味。

传承传统技艺和文化

随着时代的变迁，很多文化习俗和传统技艺面临失传的困境，在朋友的建议下，马利开始为马家"精点心"制作技艺申请非遗，2019年，马利成为市级"非物质文化遗产代表性传承人"。2022年，马利又被评为"内蒙古自治区级非物质文化遗产代表性传承人"。而马利筹建的点心博物馆，现在有藏品一万多件，旨在传承并研发中国传统点心，让人们找到儿时的味道，让更多年轻人喜欢中国传统点心。

随着马家"精点心"的不断发展，马利的社会角色多了起来。她不仅是马家"精点心"的传承人，也是中式糕点文化的发掘者。除了在店里的厨房中，呼和浩特市非遗中心举办的各种社会活动经常能看到她的身影，她总是耐心细致地为市民现场制作展示古法点心。此外，她还和学校联合举办了点心学习班，已培训多名爱好宫廷古法点心制作技艺的人才。在传统节日里，她会准备相应的点心和参加活动的孩子们一起互动，为他们讲述节气知识、传统习俗，启蒙他们领悟中华传统文化的魅力。

马家"精点心"，难忘的儿时味道

物美价廉的中式糕点曾经是我们儿时的美味记忆，走亲访友、拜年婚嫁，总要随手带些中式糕点，这是民间传统的生活习俗。吃茶、看戏、品糕点……这些风靡大街小巷的生活逐渐定格为20世纪的影像。现如今，西点和多元化的快消品冲击转移了人们的生活重心。不过，随着一些中式糕点制作技艺传承人的努力，让中式糕点重回人们的生活日常。马家"精点心"作为青城老味道的代表，让许多40岁以上的市民回味起儿时的美味记忆。

走进马家"精点心"的门店，首先映入眼帘的是各式各色的点心，新鲜出炉的点心香味扑鼻，让人垂涎欲滴。在店里右手边的墙面上，挂满了各种各样的木质老模具；左手边的老粮票、老面包包装纸、旧式饼干盒、包月饼的牛皮纸、旧式面粉袋等物件一下子就勾起中年人儿时的回忆。马家"精点心"俨然一座小型食品博物馆，每一块糕点、每一个老物件背后都有自己的故事。

"这些老物件，一部分是由老人使用并传承下来的。另一部分是我和我爱人收藏的。"马家"精点心"第四代传承人马利告诉呼和浩特晚报记者，除了做点心，她最大的爱好就是收集与中式点心有关的老物件和文化、民俗资料。马家"精点心"不仅专注于点心制作，更意在挖掘中式点心内涵，保护和传承非遗技艺。

做点心如做人

马利做起点心来娴熟而优雅，一斤面在面板上打成圆圈，鸡蛋在中间摊开，油和水混合浇在上面，再撒上一把白糖，靠着手工将蛋液、油混在面粉里，搅、抓、揪、搓、揉、摔，一系列动作行云流水，一气呵成。面团在她手里很快就变得乖巧，配合做成各种造型，散发着面粉和糖油的独特香味。"在制作点心的过程中，我家祖训有严格要求，目的是制作出更好吃的点心，也是为了让我们踏踏实实做人。做点心不能偷工减料，做人也要童叟无欺。"马利说。

 【思考总结】

1. 月饼表面光泽度不理想，有什么方法改进？
2. 简单概括月饼的制作方式，用思维导图形式画出步骤。
3. 在美好的中秋佳节前夕，和家人一起制作喜欢的月饼，共度团圆佳节。

模块十七
创新创业大赛

扎根中国大地了解国情民情，在创新创业中增长智慧才干，在艰苦奋斗中锤炼意志品质，在亿万人民为实现中国梦而进行的伟大奋斗中实现人生价值，用青春书写无愧于时代、无愧于历史的华彩篇章。

——习近平

 【故事导入】

"互联网+"大学生创新创业大赛
营造创新生态　培育青年力量

磁场控制技术攻克靶向医疗、新范式驱动药物和材料理性设计、直肠癌诊疗评估一体化AI系统……2023年4月9日，第八届中国国际"互联网+"大学生创新创业大赛冠军争夺赛在重庆大学举行，场上处处涌动着青年创新创业的热潮。

据了解，中国国际"互联网+"大学生创新创业大赛创立于2015年，将高校的教育教学、科技创新转化、人才集聚等环节和要素有机结合，在培养大学生创新意识、创新思维、创新能力，促进创业链、就业链、产业链深度联通等方面发挥独特作用。

在入围本届大赛冠军争夺赛的6个项目中，南京理工大学"光影流转"团队的"亿像素红外智能计算成像的开拓者"项目最终获得冠军。"信息化和智能化的时代已经到来，我国新一代青年更应肩负责任，抓住创新创业的机遇，去挑战和突破自己。"南京理工大学"光影流转"团队讲解人王博文说。

赛场上，选手们神采奕奕地展示着科技前沿成果，为了站上这一舞台，他们也付出了不少汗水。回忆起创业之初的艰辛，本届大赛季军、北京大学"深势科技"团队的讲解人孙伟杰说，2020年初北京深势科技有限公司起步时，员工分布在全球各地，不得不以"8小时接力"的工作模式抢时差。"创新能在解决问题过程中给社会创造更多的价值，这也是我们克服困难、坚定前行的动力。"孙伟杰说。

大赛举办以来，累计有943万个团队、3983万名大学生参赛，一批有理想、有本领的新青年在历练中增长智慧，不少创新产品成功实现落地转化，良好的创新生态为我国深入实施创新驱动发展战略培育了新生力量。

第五届大赛冠军、北京清航紫荆装备科技有限公司的创始人李京阳从小热爱飞行器事业："小时候每当听到天空传来轰隆隆的声响，就迫不及待跑到屋外仰头看，惊讶于这庞然大物飞行的奥妙，那时我便立志要为造出世界领先的飞行器而读书。"

从清华大学航天航空学院博士毕业后，李京阳带领团队创业，完成大中小多谱系无人直升机定型及产业化，产品实现无人直升机在消防救援部门的批量列装。

第三届大赛冠军、浙江光珀智能科技有限公司董事长白云峰担任本届大赛评委。他告诉记者，时隔多年以不同身份再次站在赛场，自己感慨万千："大赛改变了我的人生轨迹，让我在科技创业的道路上不断精进。这次重返赛场，明显感到项目科技含量更高，高校科研成果转化更加有效。不变的是，一代代青年人奋进在创新路上的澎湃热情。"

单元一　　中国国际"互联网+"创新创业大赛

中国国际"互联网+"大学生创新创业大赛自2015年起设立，全国已有2100多所高校的75万大学生直接参赛，中国国际"互联网+"大学生创新创业大赛以比赛的形式充分培养学生的思维方式，并让学生将自己的专业技能融入项目中去，使之学有所用，从2015年至2023年已举办了九届。

一、中国国际"互联网+"大学生创新创业大赛的logo

大赛logo（图17-1）由字母"e"和符号"+"两种元素组成，整体效果充满动感且富有现代气息，"e"代表互联网，右下角的双重符号"+"合并，以点明"互联网"的主题。

叠加所形成的像素化晶格，寓意"互联网+"相关产业的高科技技术含量。同时，形同于互联网中的工具——计算机显示屏蕴含互联网大赛举办的技术核心特点，赋予标志以空间上的视觉张力感，logo中由两个e成一个无限符号"infinity"，标志整体形似眼睛，意指在大赛中见识的拓展。同时，状似眼睛的 logo 标志也寓意着大学生的专注、坚定及创新的精神。

波浪上方有一轮东升的旭日，寓意"互联网+"相关产业的蓬勃生命力及蒸蒸日上的发展前景。波浪的形态也像是承托着太阳的手，寓意大学生托举着明日朝阳，满怀对未来的希望。

图17-1　"互联网+"
大学生创新创业大赛logo

二、中国国际"互联网+"大学生创新创业大赛的开创目的

中国国际"互联网+"大学生创新创业大赛，是由教育部与政府、各高校共同主办的一项技能大赛。大赛旨在深化高等教育综合改革，激发大学生的创造力，培养造就"大众创业、万众创新"的主力军；推动赛事成果转化，促进"互联网+"新业态形成，服务经济提质增效升级；以创新引领创业、创业带动就业，推动高校毕业生更高质量创业就业。

三、中国国际"互联网+"大学生创新创业大赛对学生的意义

中国国际"互联网+"大学生创新创业大赛对学生的意义在于全面提升学生的综合素质，包括思维境界、知识维度、实践能力和事业格局的提升。

首先，这项大赛有助于学生思维境界和认知水平的提升。通过参与大赛，学生可以全面了解大赛的政策、流程和重要意义，开拓视野和认知水平，提升对创新创业的兴趣和思想认识，促进创新创业意识的提升、家国情怀的培养、国际视野的开拓。

其次，大赛也促进了学生知识维度和综合素质的提升。参赛过程中，学生需要对自己的创业项目从项目来源、商业模式、设计运营到计划书撰写等方面不断学习和优化，提高自身创新创业能力，培养综合素养，为更好地立足社会、适应社会奠定坚实的基础。

此外，大赛还提升了学生的实践能力和事业格局。作为一次模拟创业实践活动，参赛过程通过市场调查、竞品分析、商业模式、团队构建、财务分析、企业管理和风险规避等环节模拟创业实战，全面评估项目的创新性、可行性、实用性等，对开展创业活动的实践能力提升具有积极影响，同时也为未来可能开展创业活动做好思想准备和创业能力的储备。

综上所述，中国国际"互联网+"大学生创新创业大赛不仅为学生提供了一个展示和锻炼的平台，更重要的是通过参与大赛，学生在思维、知识、实践和事业格局等多个方面得到显著提升，为未来的职业发展和创新创业奠定了坚实的基础。

四、参赛组别和对象

根据参赛申报人所处学习阶段，项目分为高教主赛道（本科生、研究生）、职教赛道、"青年红色筑梦之旅"赛道、产业命题赛道、萌芽赛道。根据所处创业阶段不同，高教主赛道分为创意组、初创组、成长组。职教赛道分为创意组、创业组。"青年红色筑梦之旅"赛道分为创意组、公益组、创业组。

（一）高教主赛道（本科生组）

1. 创意组

（1）参赛项目具有较好的创意和较为成型的产品原型或服务模式，在大赛通知下发之日前尚未完成工商等各类登记注册。

（2）参赛申报人须为项目负责人，项目负责人及成员均须为普通高等学校全日制在校本专科生（不含在职教育）。

（3）学校科技成果转化项目不能参加本组比赛（科技成果的完成人、所有人中参赛申报人排名第一的除外）。

2. 初创组

（1）参赛项目工商登记注册未满3年（以大赛通知发布之日为准），且获机构或个人股权投资不超过1轮次。

（2）参赛申报人须为项目负责人且为参赛企业法定代表人，须为普通高等学校全日制在校本专科生（不含在职教育），或毕业5年以内的全日制本专科学生（即从毕业年份到大赛通知发布年份不超过5年，不含在职教育）。

（3）企业法定代表人在大赛通知发布之日后进行变更的不予认可。

3. 成长组

（1）参赛项目工商登记注册须满3年及以上（以大赛通知发布之日为准）；或注册未满3年，但获机构或个人股权投资2轮次及以上。

（2）参赛申报人须为普通高等学校全日制在校本专科生（不含在职教育），或毕业5年以内的全日制本专科学生（不含在职教育），可以是项目负责人或团队核心成员。

（3）参赛项目已进入市场，具有良好的经营业绩、创新能力、市场前景和团队执行力，在行业内具有一定的影响力和竞争力。

（二）高教主赛道（研究生组）

1. 创意组

（1）参赛项目具有较好的创意和较为成型的产品原型或服务模式，在大赛通知下发之日前尚未完成工商等各类登记注册。

（2）参赛申报人须为项目负责人，须为普通高等学校全日制在校研究生。项目成员须为普通高等学校全日制在校研究生或本专科生（不含在职教育）。

（3）学校科技成果转化项目不能参加本组比赛（科技成果的完成人、所有人中参赛申报人排名第一的除外）。

2. 初创组

（1）参赛项目工商登记注册时间不超过3年（以大赛通知发布之日为准），且获机构或个人股权投资不超过1轮次。

（2）参赛申报人须为项目负责人且为参赛企业法定代表人，须为普通高等学校全日制在校研究生，或毕业5年以内的全日制研究生（即从毕业年份到大赛通知发布年份不超过5年，不含在职教育）。

（3）企业法定代表人在大赛通知发布之日后进行变更的不予认可；参赛项目的股权结构中，参赛成员合计持股比例不低于1/3。

3. 成长组

（1）参赛项目工商登记注册须满3年及以上（以大赛通知发布之日为准）；或注册未满3年，但获机构或个人股权投资2轮次及以上。

（2）参赛申报人须为普通高等学校全日制在校研究生，或毕业5年以内的全日制研究生（不含在职教育），可以是项目负责人或团队核心成员。

（3）参赛项目已实现规模化生产和经营，拥有较为成熟的商业模式、稳定的客户群体和持续的盈利记录；在技术创新、市场拓展、行业影响力等方面具有突出表现，具备较强的市场竞争力和发展潜力。

（三）职教赛道

1. 创意组

（1）参赛项目具有较好的创意和较为成型的产品原型、服务模式或针对生产加工工艺进行创新的改良技术，在大赛通知下发之日前尚未完成工商等各类登记注册。

（2）参赛申报人须为团队负责人，须为职业学校的全日制在校学生或国家开放大学学历教育在读学生。

（3）学校科技成果转化项目不能参加本组比赛（科技成果的完成人、所有人中参赛申报人排名第一的除外）。

2. 创业组

（1）参赛项目在大赛通知下发之日前已完成工商等各类登记注册。

（2）参赛申报人须为企业法定代表人，须为职业学校全日制在校学生或毕业5年内的学生、国家开放大学学历教育在读学生或毕业5年内的学生。企业法人在大赛通知发布之日后进行变更的不予认可。

（3）项目的股权结构中，企业法定代表人的股权不得少于10%，参赛团队成员股权合计不得少于1/3。

（四）"青年红色筑梦之旅"赛道

参加"青年红色筑梦之旅"赛道的项目应符合大赛参赛项目要求，同时在推进农业农村、城乡社区经济社会发展等方面有创新性、实效性和可持续性。

以团队为单位报名参赛。允许跨校组建团队，每个团队的参赛成员不少于3人，不多于15人（含团队负责人），须为项目实际核心成员。参赛团队所报参赛创业项目，须为本团队策划或经营的项目，不得借用他人项目参赛。

参赛申报人须为项目负责人，须为普通高等学校全日制在校生（包括本专科生、研究生，不含在职教育），或毕业5年以内的全日制学生。企业法定代表人在大赛通知发布之日后进行变更的不予认可。

1. 创意组

（1）参赛项目基于专业和学科背景或相关资源，解决农业农村和城乡社区发展面临的主要问题、助力乡村振兴和社区治理，推动经济效益和社会效益的共同发展。

（2）参赛项目在大赛通知下发日之前尚未完成工商等各类登记注册。

2. 公益组

（1）参赛项目不以营利为目标，积极弘扬公益精神，在公益服务领域具有较好的创意、产品或服务模式的创业计划和实践。

（2）参赛申报主体为独立的公益项目或社会组织，注册或未注册的成立公益机构（或社会机构）的项目均可参赛。

3. 创业组

（1）参赛项目以商业手段解决农业农村和城乡社区发展面临的主要问题、助力乡村振兴和社区治理，实现经济价值和社会价值的共同发展，推动共同富裕。

（2）参赛项目在大赛通知下发日之前已完成工商等各类登记注册，学生须为法定代表人。项目的股权结构中，企业法定代表人的股权不得少于10%，参赛成员股权合计不得少于1/3。

（五）产业命题赛道

中国国际"互联网＋"大学生创新创业大赛产业命题赛道旨在发挥开放创新效用，打通高校智力资源和企业发展需求，协同解决企业发展中所面临的技术、管理等现实问题。引导高校将创新创业教育实践与产业发展有机结合，促进学生了解产业发展状况，培养学生解决产业发展问题的能力。立足产业发展，深化新工科、新医科、新农科、新文科建设，校企协同培育产业新领域、新市场，推动大学生更高质量创业就业。

产业命题赛道针对企业开放创新需求，面向产业代表性企业、行业龙头企业、专精特新企业等征集命题。命题聚焦国家"十四五"规划战略性新兴产业方向，倡导新技术、新产品、新业态、新模式。组委会围绕新工科、新医科、新农科、新文科对应的产业和行业领域，基于企业发展真实需求发布命题，参赛团队根据命题制定解决方案并报名参加比赛。

（1）本赛道以团队为单位报名参赛，每支参赛团队只能选择一题参加比赛，允许跨校组建、师生共同组建参赛团队，每个团队的成员不少于3人，不多于15人（含团队负责人），须为揭榜答题的实际核心成员。

（2）项目负责人须为普通高等学校全日制在校生（包括本专科生、研究生，不含在职教育），或毕业5年以内的全日制学生。参赛项目中的教师须为高校教师。

（3）参赛团队所提交的命题对策须符合所答企业命题要求。参赛团队须对提交的应答材料拥有自主知识产权，不得侵犯他人知识产权或物权。

（六）中国国际"互联网+"大学生创新创业大赛萌芽赛道

项目应紧密融合学习、生活、社会实践，能创造性地解决问题或提供解决思路，具有可预见的应用性与成长性，可以是教育部公布的面向中小学生的性竞赛活动名单中学生赛事获奖项目或作品。项目不只限于"互联网+"项目鼓励各类创新创业项目参赛。

项目须真实、健康、合法，无任何不良信息，不得借用他人项目参赛。项目立意应弘扬正能量，践行社会主义核心价值观。参赛项目不得侵犯他人知识产权；所涉及的发明创造专利技术、资源等必须拥有清晰合法的知识产权或物权，涉及他人知识产权的，报名时须提交完整的具有法律效力的所有人书面授权许可书、专利证书等；抄袭盗用他人成果、提供虚假材料等违反相关法律法规的行为，一经发现即刻丧失参赛相关权利并自负一切法律责任。

单元二　"挑战杯"

挑战杯是"挑战杯"全国大学生系列科技学术竞赛的简称，是由共青团中央、中国科协、教育部和全国学联（中华全国学生联合会，简称学联）共同主办的全国性的大学生课外学术实践竞赛。"挑战杯"竞赛在中国共有两个并列项目，一个是"挑战杯"中国大学生创业计划竞赛，另一个则是"挑战杯"全国大学生课外学术科技作品竞赛。这两个项目的全国竞赛交叉轮流开展，每个项目每两年举办一届。

"挑战杯"诞生于20世纪80年代，彼时正值改革开放后社会经济高速发展时期，加之我国与全球体系的快速接轨使当时的高等教育在面临诸多机遇的同时也遭遇诸多挑战。这些挑战也是作为"新生事物"的"互联网+""挑战杯"所必须直面的。纵观"互联网+""挑战杯"的发展历程，在组织模式赛题命制等方面，多次针对社会、经济和科技的新动态进行主动调整。20世纪90年代互联网浪潮席卷而来。清华大学从第九届"挑战杯"开始引入计算机专项展厅，并在1998年"互联网+"挑战杯期间连续举办了7场信息主题论坛，引导学生与信息化浪潮接轨。20世纪末"创新创业教育"逐渐进入公众视野，但很多人对此仍存在误解和质疑。1998年，首届清华大学学生创业计划大赛在该校举行，吸引了全国超过1.6万名学生报名参赛，这也是亚洲范围内的首个大学生创业竞赛。次年清华承办了首届"挑战杯"全国大学生创业计划竞赛，汇聚了全国120所高校的400多项创业项目，其间，诞生了由清华大学学生邱虹云等创办的第一家大学生创业公司"视美乐"，从这一年起，挑战杯的内涵被进一步扩展创新创业教育逐步发展成为高校人才培养的重要环节。

一、往届"挑战杯"logo

往届挑战杯logo如图17-2所示。

图17-2 往届"挑战杯"logo

二、"挑战杯"的开创目的

挑战杯的开创目的是引导和激励高校学生实事求是、刻苦钻研、勇于创新、多出成果、提高素质，并在此基础上促进高校学生课外学术科技活动的蓬勃开展，发现和培养一批在学术科技上有作为、有潜力的优秀人才。这一目的通过崇尚科学、追求真知、勤奋学习、锐意创新、迎接挑战的竞赛宗旨得以体现。挑战杯系列竞赛被誉为中国大学生科技创新创业的"奥林匹克"盛会，包括"挑战杯"中国大学生创业计划竞赛（简称"小挑"）和"挑战杯"全国大学生课外学术科技作品竞赛（简称"大挑"）。这两个并列项目注重学生的科技创新能力、对社会问题的关注以及分析解决问题的能力，旨在引导和激励高校学生弘扬时代精神，把握时代脉搏，将所学知识与经济社会发展紧密结合，发现和培养一批具有创新思维和创业潜力的优秀人才。

三、大学生参加"挑战杯"的意义

1. 撰写能力

通过撰写项目策划书，大学生可以系统地规划和呈现自己的创业想法，这有助于其更好地理解创业的各个环节和要点，如市场分析、竞争策略、财务规划等。因此，撰写项目策划书不仅是比赛的要求，更是大学生提升自我、实现梦想的重要途径，同时全面锻炼参赛学生的写作能力。

2. 协同能力

创赛没有个人参赛的途径，每个类型都是至少3人的团队组合，非常考验团队协作能力。一个团队里成员基本都是不同专业，所擅长的领域也不同，因此，协同交流对于参赛人员是非常重要的。如果你是队长，同时也可以体现和锻炼自身的管理能力，对就业有较大的帮助。

3. 创新能力

每一个项目计划书的成品都是经过团队成员不断头脑风暴创作出来的，能够有效开发大家的创新意识、创新思维，在看待事物的同时也在思考。当你拥有很强的创新能力时，在当代大学生中就具有很大的竞争优势。

4. 演讲能力

创赛类比赛在初赛选拔阶段只用提供项目计划书，但通过初选拔后，迎面而来的就是决赛的路演环节，路演就需要大家体现自身的演讲功底，尽管最开始没有经验，不够自信，但是当站上演讲台的次数多了后，习惯面对几十上百的人的观众时，就掌握到了一种所谓的气场和提高自己的自信。

5. 资料收集能力

撰写项目计划书需要团队不断收集相关资料，然后整合、分析、再收集。这个过程是超级磨人的，这很考验耐心和专注度。在如今这个科技时代，同为大学生的话，拥有资料收集能力，从某种程度上来说会更出众。

四、"挑战杯"的参赛方式

"挑战杯"分为"大挑"和"小挑"，是由共青团中央、中国科协、教育部、全国学联和地方政府共同主办，国内著名大学、新闻媒体联合发起的一项具有导向性、示范性和群众性的全国竞赛活动，是全国推广度最高、承认度最高的大学生竞赛，被誉为当代大学生科技创新的"奥林匹克"盛会。

1. "大挑"

"挑战杯"全国大学生课外学术科技作品竞赛，简称"大挑"。由共青团中央、中国科协、教育部和全国学联地方省级人民政府共同主办的全国性的大学生课外学术科技类竞赛；为进一步引导学生崇尚科学，勤奋学习，追求真知，锐意创新，全面提高大学生的自身修养和科研素质而设。作品类型分为自然科学类学术论文、哲学社会科学类社会调查报告和学术论文、科技发明制作类三大类。

2. "小挑"

"挑战杯"中国大学生创业计划竞赛，简称"小挑"。该竞赛旨在进一步促进"大众创业、万众创新"，培养和提升大学生的创造精神、创新意识和创业能力。"小挑"下设5个主题参赛组别：科技创新和未来产业、乡村振兴和农业农村现代化、社会治理和公共服务、生态环保和可持续发展、文化创意和区域合作。

第十三届"挑战杯"中国大学生创业计划竞赛聚焦为党育人功能，突出数字化办赛特色，共吸引来自3011所高校142.4万名学生参赛，累计提交33万余个创新创业项目，经过校级初赛、省级复赛、全国决赛初评、全国决赛终评等环节，共评选产生金奖项目154个，银奖项目309个，铜奖项目1079个，内蒙古自治区获得银奖3枚，铜奖21个。

五、内蒙古自治区参赛取得的部分成绩

项目名称：两轮共轴自平衡机器人（图17-3）
来源：第十一届"挑战杯"国赛作品
小类：机械与控制
大类：科技发明制作A类
项目名称：通用外置式笔记本水冷模块（图17-4）
来源：第十一届"挑战杯"国赛作品
小类：能源化工
大类：科技发明制作B类

图17-3　两轮共轴自平衡机器人

图17-4　通用外置式笔记本水冷模块

单元三　中国国际"互联网＋"大学生创新创业大赛实践

【学习目标】

❖ 知识目标

1. 了解"互联网＋"创新创业的背景和趋势。

2. 掌握创新创业的基本知识和技能。

3. 了解"互联网＋"大学生创新创业大赛赛项设置和比赛要求。

4. 掌握"互联网＋"大学生创新创业大赛参赛基本方式和技巧。

❖ 能力目标

1. 能独立完成项目策划，撰写申报书。

2. 能够按要求完成项目路演展示。

3. 能够团队配合完成整体工作，具有较强沟通能力。

❖ 素质目标

培养创新意识、团队精神。

【实践意义】

"互联网＋"创新创业大赛可以提高学生的综合素质和就业竞争力，为他们未来的创业打下坚实的基础。通过比赛，学生可以锻炼自己的团队协作能力和沟通能力，提高自己的领导能力和组织能力。比赛可以为学生提供一个展示自己创新能力和创业精神的平台，帮助他们更好地认识自己、发掘自己的潜力。"互联网＋"创新创业大赛旨在提高学生的创新意识和创新能力，培养他们的创业精神和创业能力，同时为学生提供一个展示自己才华和能力的平台。

【准备工作】

1. 环境场地

办公室、会议室或其他公共空间。确保场地有足够的空间容纳所有团队成员，并考虑是否需要额外的空间来存放设备或展示产品。

2. 硬件设备

根据参赛项目需要，准备必要的硬件设备，如电脑、打印机、扫描仪等。如果项目需要特定的硬件设备，如无人机、机器人等，则需要提前购买或租用。

3. 软件工具

根据参赛项目需要，准备必要的软件工具。例如，如果项目涉及数据分析，则需要准备数据处理软件；如果项目涉及产品设计，则需要准备绘图工具等。

4. 样品材料

如果项目需要制作样品或模型，则需要提前购买或制作必要的材料。确保样品或模型符合项目要求，并在制作过程中注意安全。

【实践过程】

1. 制订计划

制订详细的项目计划，包括时间表、任务分配和预期成果。确保每个团队成员都了解自己的职责和目标，并按照计划进行工作。

2. 团队协作

鼓励团队成员之间的协作和沟通。定期举行团队会议，讨论项目进展、遇到的问题和解决方案。确保团队成员之间的信息共享和资源共享。

3. 培训和学习

为团队成员提供必要的培训和学习机会，以确保他们具备完成项目所需的知识和技能。这可以包括在线课程、研讨会或专业培训。

4. 反馈和调整

定期收集团队成员的反馈，并根据反馈进行调整。这有助于确保项目按照预期进行，并提高团队的效率和生产力。

5. 风险管理

识别并评估可能的风险和障碍，并制订相应的应对策略。这包括市场风险、技术风险、资金风险等。

6. 法律和合规性

确保团队了解相关法律和合规性要求，并遵守所有适用的法规和政策。这可能涉及知识产权、数据保护和隐私等问题。

7. 保持更新

密切关注"互联网+"创新创业大赛的最新动态和要求，以便及时调整准备工作。

 【拓展阅读】

中国国际"互联网+"大学生创新创业大赛评分细则

1. 高教主赛道创意组项目评审要点

高教主赛道创意组项目评审要点如表17-1所示。

表17-1　高教主赛道创意组项目评审要点

评审要点	评审内容	分值
创新性	突出原始创新和技术突破的价值，不鼓励模仿。在商业模式、产品服务、管理运营、市场营销、工艺流程、应用场景等方面寻求突破和创新。鼓励项目与高校科技成果转移转化相结合，取得一定数量和质量的创新成果（专利、创新奖励、行业认可等）	40
团队情况	团队成员的教育和工作背景、创新思想、价值观念、分工协作和能力互补情况。项目拟成立公司的组织构架、股权结构与人员配置安排合理。创业顾问、潜在投资人以及战略合作伙伴等外部资源的使用计划和有关情况	30
商业性	商业模式设计完整、可行，项目盈利能力推导过程合理。在商业机会识别与利用、竞争与合作、技术基础、产品或服务设计、资金及人员需求、现行法律法规限制等方面具有可行性。行业调查研究深入翔实，项目市场、技术等调查工作形成一手资料，强调田野调查和实际操作检验。项目目标市场容量及市场前景，未来对相关产业升级或颠覆的可能性，近期融资需求及资金使用规划是否合理	20
社会效益	项目发展战略和规模扩张策略的合理性和可行性，预判项目可能带动社会就业的能力	10

2. 高教主赛道初创组、成长组、师生共创组项目评审要点

高教主赛道初创组、成长组、师生共创组项目评审要点如表17-2所示。

表17-2　高教主赛道初创组、成长组、师生共创组项目评审要点

评审要点	评审内容	分值
商业性	商业模式设计完整、可行，产品或服务成熟度及市场认可度，已获外部投资情况。经营绩效方面，重点考察项目存续时间、营业收入、企业利润、持续盈利能力、市场份额、客户（用户）情况、税收上缴、投入与产出比等情况。成长性方面，重点考察项目目标市场容量大小及可扩展性，是否有合适的计划和可靠资源（人力资源、资金、技术等方面）支持其未来持续快速成长。现金流及融资方面，关注维持企业正常经营的现金流情况，以及企业融资需求及资金使用规划是否合理	40
团队情况	团队成员的教育和工作背景、创新思想、价值观念、分工协作和能力互补情况，重点考察成员的投入程度。公司的组织构架、股权结构、人员配置以及激励制度合理。项目对创业顾问、投资人以及战略合作伙伴等外部资源的整合能力。师生共创组须特别关注师生分工协作、利益分配情况及合作关系稳定程度	30
创新性	具有原始创新或技术突破，取得一定数量和质量的创新成果（专利、创新奖励、行业认可等）。在商业模式、产品服务、管理运营、市场营销、工艺流程、应用场景等方面寻求突破和创新。鼓励项目与高校科技成果转移转化相结合，与区域经济发展、产业转型升级相结合	20
社会效益	项目发展战略和规模扩张策略的合理性和可行性，项目实际带动的直接就业人数，考察项目未来持续带动就业的能力	10

3. 红旅赛道公益组项目评审要点

红旅赛道公益组项目评审要点如表17-3所示。

表17-3　红旅赛道公益组项目评审要点

评审要点	评审内容	分值
公益性	项目以社会价值为导向，以解决社会问题为使命，不以营利为目的，有可预见的公益成果，公益受众的覆盖面广。在公益服务领域有良好产品或服务模式	20
项目团队	团队成员的基本素质、业务能力、奉献意愿和价值观与项目需求相匹配；团队或公司组织架构与分工协作合理；团队权益结构或公司股权结构合理；团队的延续性或接替性	20
实效性	项目对精准扶贫、乡村振兴和社区治理等社会问题的贡献度；在引入社会资源方面对农村组织和农民增收、地方产业结构优化的效果；项目对促进就业、教育、医疗、养老、环境保护与生态建设等方面的效果	20
创新性	鼓励技术或服务创新、引入或运用新技术，鼓励高校科研成果转化；鼓励组织模式创新或进行资源整合	20
可持续性	项目的持续生存能力；创新研发、生产销售、资源整合等持续运营能力；项目模式可复制、可推广、具有示范效应等	20
必要条件	参加由学校、省市或全国组织的"青年红色筑梦之旅"活动，符合公益性要求	

4. 红旅赛道商业组项目评审要点

红旅赛道商业组项目评审要点如表17-4所示。

表17-4　红旅赛道商业组项目评审要点

评审要点	评审内容	分值
项目团队	团队成员的基本素质、业务能力、奉献意愿和价值观与项目需求相匹配；团队或公司组织架构与分工协作合理；团队权益结构或公司股权结构合理	20
实效性	项目对精准扶贫、乡村振兴和社区治理等社会问题的贡献度；在引入社会资源方面对农村组织和农民增收、地方产业结构优化的效果；项目对促进就业、教育、医疗、养老、环境保护与生态建设等方面的效果	20
创新性	鼓励技术或服务创新、引入或运用新技术，鼓励高校科研成果转化；鼓励在生产、服务、营销等商业模式要素上创新；鼓励组织模式创新或进行资源整合	20

评审要点	评审内容	分值
可持续性	项目的持续生存能力；经济价值和社会价值适度融合；创新研发、生产销售、资源整合等持续运营能力；项目模式可复制、可推广等	20
社会效益	项目发展战略和规模扩张策略的合理性和可行性，项目实际带动的直接就业人数，考察项目未来持续带动就业的能力	20
必要条件	参加由学校、省市或全国组织的"青年红色筑梦之旅"活动	

5. 职教赛道创意组项目评审要点

职教赛道创意组项目评审要点如表17-5所示。

表17-5　职教赛道创意组项目评审要点

评审要点	评审内容	分数
创新性	鼓励原始创意、创造；鼓励面向培养"大国工匠"与"能工巧匠"的创意与创新；项目体现产教融合模式创新、校企合作模式创新、工学一体模式创新；鼓励面向职业和岗位的创意及创新，侧重于加工工艺创新、实用技术创新、产品（技术）改良、应用性优化、民生类创意等	40
团队情况	团队成员的教育和工作背景、创新思想、价值观念、分工协作和能力互补情况。项目拟成立公司的组织构架、股权结构与人员配置安排合理。创业顾问、潜在投资人以及战略合作伙伴等外部资源的使用计划和有关情况	30
商业性	商业模式设计完整、可行，项目盈利能力推导过程合理。在商业机会识别与利用、竞争与合作、技术基础、产品或服务设计、资金及人员需求、现行法律法规限制等方面具有可行性。行业调查研究深入翔实，项目市场、技术等调查工作形成一手资料，强调田野调查和实际操作检验	20
社会效益	项目发展战略和规模扩张策略的合理性和可行性，预判项目可能带动社会就业的能力	10

6. 职教赛道创业组项目评审要点

职教赛道创业组项目评审要点如表17-6所示。

表17-6　职教赛道创业组项目评审要点

评审要点	评审内容	分数
商业性	商业模式设计完整、可行，产品或者服务成熟度及市场认可度，已获外部投资情况。经营绩效方面，重点考察项目存续时间、营业收入、企业利润、持续盈利能力、市场份额、客户（用户）情况、税收上缴、投入与产出比等情况。成长性方面，重点考察项目目标市场容量大小及可扩展性，是否有合适的计划和可靠资源（人力资源、资金、技术等方面）支持其未来持续快速成长。现金流及融资方面，关注维持企业正常经营的现金流情况，以及企业融资需求及资金使用规划是否合理	40
团队情况	团队成员的教育和工作背景、创新思想、价值观念、分工协作和能力互补情况，重点考察成员的投入程度。公司的组织构架、股权结构、人员配置以及激励制度合理。项目对创业顾问、投资人以及战略合作伙伴等外部资源的整合能力	30
创新性	鼓励原始创意、创造；鼓励面向培养"大国工匠"与"能工巧匠"的创意与创新；项目体现产教融合模式创新、校企合作模式创新、工学一体模式创新；鼓励面向职业和岗位的创意及创新，侧重于加工工艺创新、实用技术创新、产品（技术）改良、应用性优化、民生类创意等	20
社会效益	项目实际带动的直接就业人数，考察项目未来持续带动就业的能力	10

 【思考总结】

1. 中国国际"互联网+"大学生创新创业大赛对大学生有什么用？

2. 参加中国国际"互联网+"大学生创新创业大赛需要提前准备什么？

3. 试着策划一个参加"三创"大赛的项目。

参考文献

[1] 胡君进，檀传宝.马克思主义的劳动价值观与劳动教育观——经典文献的研析[J].教育研究，2018，39(5):8.

[2] 中共中央马克思恩格斯列宁斯大林著作编译局.马克思恩格斯选集[M].北京：人民出版社，1995.

[3] 王辑东.零起点茶艺全书[M].北京：中国轻工业出版社，2019:150-157.

[4] 关文玲，蒋军成.我国化工企业火灾爆炸事故统计分析及事故表征物探讨[J].中国安全科学学报，2008，18(3):103-107.

[5] 孙士铸，刘德志.化工安全技术[M].北京：化学工业出版社，2022.

[6] 冯肇瑞，杨有启.化工安全技术手册[M].北京：化学工业出版社，1993.

[7] 中华人民共和国国家质量监督检验检疫总局，中国国家标准化管理委员会.危险货物分类和品名编号：GB 6944—2012[S].北京：中国标准出版社，2012.

[8] 刑娟娟.劳动防护用品与应急防护装备实用手册[M].北京：航空工业出版社，2007.

[9] 王建辉.化工火灾的扑救对策与组织指挥[J].中国新技术新产品，2010(16):103.

[10] 陈锋.褚玉峰新时代劳动教育理论与实践[M].上海：同济大学出版社，2020.

[11] 刘向兵.新时代高校劳动教育论纲[M].北京：社会科学文献出版社，2019.

[12] 郭亮，刘雅丽.大学生劳动教育理论与实践教程[M].上海：同济大学出版社，2020.

[13] 刘丽红，肖志勇，赵彤军.新时代劳动教育理论与实践教程[M].北京：中国民主法制出版社.